Biblioteca de Derecho Civil

Filippo Viglione
(Director)

Carlos Antonio Agurto Gonzáles
Sonia Lidia Quequejana Mamani
Benigno Choque Cuenca
(Coordinadores Generales)

DOMINGO BELLO JANEIRO
Catedrático de Derecho Civil de
la Universidad de La Coruña
(España)
Académico de número de la Academia
Gallega de Jurisprudencia y Legislación

El plazo de la acción de retracto legal

Edición al cuidado de
Carlos Antonio Agurto Gonzáles
Sonia Lidia Quequejana Mamani
Benigno Choque Cuenca

Ediciones Olejnik

Título: El plazo de la acción de retracto legal.

Primera Edición en Ediciones Olejnik: 2022.

Ediciones Olejnik
Huérfanos 611, Santiago-Chile
E-mail: contacto@edicionesolejnik.com
Web site: http://www.edicionesolejnik.com

ISBN: 978-956-407-237-1

Diseño de carátula: Ena Zuñiga

Diagramación: Hayden Méndez. hayden.mendezq@gmail.com

Impreso en España 2022 Printed in Spain

ÍNDICE

2. SELECCIÓN DE SENTENCIAS

ABREVIATURAS UTILIZADAS

AC	Actualidad Civil
AP	Audiencia Provincial.
ApNDL	Apéndice 1975-1985 al Nuevo Diccionario de Legislación Aranzadi.
Ar.	Repertorio de Jurisprudencia Aranzadi.
Ar. C.	Aranzadi Civil
art.	artículo.
AT	Audiencia Territorial.
BOE	Boletín Oficial del Estado.
CC	Código Civil.
CCJC	Cuadernos Cívitas de Jurisprudencia Civil.
CE	Constitución Española.
Cfr.	Confróntese.
Cit.	Citada.
CL	Colección Legislativa. Jurisprudencia Civil. Ministerio de Justicia.
Co	Colección oficial de resoluciones referentes al Registro de la Propiedad formada por la DGRN.
DGRN	Dirección General de los Registros y del Notariado.
JC	Jurisprudencia Civil. Colección de SSTS publicada por la RGLJ.
La Ley	Revista Jurídica Española La Ley.
LAR	Ley de Arrendamientos Rústicos.
LAU	Ley de Arrendamientos Urbanos de 1964.
LEC	Ley de Enjuiciamiento Civil.
Lh	Ley hipotecaria.
n.	Número.
NDL	Nuevo Diccionario de Legislación Aranzadi.
núms.	Números.
P.	Página.
pp.	Páginas.
R.	Resolución

RCL	Repertorio Cronológico de Legislación Aranzadi.
RGD	Revista General de Derecho.
RGLJ	Revista General de Legislación y Jurisprudencia.
Rh	Reglamento de la Ley Hipotecaria.
RP	Registro de la Propiedad.
S.	Sentencia.
SS.	Sentencias.
ss.	Siguientes.
SSTS	Sentencias del Tribunal Supremo.
STC	Sentencia del Tribunal Constitucional.
STS	Sentencia del Tribunal Supremo.
T.	Tomo.
TC	Tribunal Constitucional.
TSJ	Tribunal Superior de Justicia.
vid.	Véase.
vol.	Volumen.

I. INTRODUCCIÓN

Uno de los aspectos centrales sobre los que ha recaído más litigiosidad de la regulación de los retractos legales, según los denomina el Código Civil, es, precisamente, el atinente al transcurso del plazo de ejercicio de la acción que se contiene en el art. 1.524 de dicho cuerpo normativo, que, a pesar de haber determinado en buen número de pleitos la desestimación de la pretensión actora, se encuentra, en gran parte, huérfano de desarrollo doctrinal.

Si ello, de por sí, justifica la atención que debe prestarse a la materia, a los efectos, al menos, de la oportuna exposición sistemática y análisis pormenorizado —y crítico, en su caso— de la doctrina legal existente sobre el particular, ha de añadirse la novedad que representa la dirección jurisprudencial en torno a los efectos de la celebración del acto de conciliación y al comienzo del plazo en los casos de subastas públicas.

Asimismo, pueden agregarse en igual sentido las eventuales alteraciones que en la materia se derivan de la Ley 29/1994, de 24 de noviembre, de Arrendamientos Urbanos puesto que, aun centrándonos en el plazo regulado en el CC, buena parte de las declaraciones y conclusiones que expondremos pueden extrapolarse, en términos más amplios, a otros derechos retractuales distintos de los de comuneros y colindantes que se regulan en la Sección Segunda, que lleva por rúbrica «Del retracto legal», del Capítulo VI del Título IV del Libro IV del CC y a los cuales me he referido de modo más específico en un anterior trabajo[1].

En efecto, si bien el punto de partida de este trabajo se encuentra en la disposición contenida en el art. 1.524 CC, sin embargo, las afirmaciones que haremos resultan, con las debidas reservas que su específica regulación exige, de posible aplicación analógica a otros derechos ubicados fuera de la Sección referida al retracto legal en el CC o, también, a derechos retractuales recogidos en otros textos legales.

Desde luego, entre estas otras normas jurídicas destaca, por su específica significación y relevancia social, el retracto arrendaticio urbano a que se refiere el actual art. 25 de la mentada Ley 29/1994, que, en

1 Cfr. *El retracto de comuneros y colindantes del Código Civil*, Pamplona, 1995.

relación con la derogada Ley de 1964, ha alterado de modo sustancial el objeto, restringido al supuesto de «venta»[2], con específicas exclusiones[3] y la forma de su ejercicio[4] siendo de particular interés también la orientación que se mantiene en dicho nuevo precepto en el extremo sobre el que centraremos nuestra atención del plazo del retracto así como también resulta relevante el pronunciamiento expreso en favor de la validez de la renuncia al derecho de retracto[5].

En concreto, a continuación, analizaremos la naturaleza jurídica de dicho plazo de la acción retractual, singularmente de aquellos aspectos de la misma que tengan repercusión práctica, como su carácter de plazo civil o su condición de plazo de caducidad, con las consecuencias que ello conlleva.

En este punto también resulta de especial transcendencia el examen de los efectos que produce sobre el mentado plazo el acto de conciliación, tras la reforma de la Ley de Enjuiciamiento Civil de 6 de agosto de 1984, que suprime el carácter obligatorio del referido acto y elimina

---

2 En el vigente artículo 25, frente al amplio desarrollo de los artículos 47 a 55 de la derogada LAU, el objeto del retracto se restringe, en los números 1, 2, 3, 5, 6 y 7 de dicho art. 25, al supuesto de «venta», sin mención específica a la «dación o adjudicación en pago de deuda» de los antiguos arts. 36/2 o 41/2 o «cesión solutoria» del art. 47/1 ni a la «división de cosa común» del art. 47/3 de la LAU derogada...

3 Así, en el art. 25/7, se excluye del retracto la venta conjunta de la vivienda arrendada con todas las demás viviendas o locales del arrendador que formen parte del mismo inmueble, de modo absolutamente contrario al antiguo art. 47/1, así como también resulta excluida la venta de todos los propietarios del inmueble al mismo comprador, desapareciendo la prohibición del viejo art. 51 de no poder enajenar individualmente durante dos años el arrendatario de vivienda que ejercitó el retracto y también la del art. 52 respecto del adquirente por actos *inter vivos,* que no podía enajenar hasta transcurridos cuatros años las viviendas arrendadas.

4 En cuanto al ejercicio del retracto arrendaticio urbano tras esta Ley 29/1994, se plantean algunas cuestiones que serán, posiblemente, objeto de controversia judicial, tales como la sujeción genérica de los procesos sobre litigios relativos a los contratos regulados en dicha ley al juicio de cognición (art. 39/2), con la única excepción del desahucio para los casos previstos (art. 39/3) y del verbal (art. 39/4), de modo que, en principio, el ejercicio de la acción retractual se tramitará por las normas del juicio de cognición, quedando excluidas las del juicio de retracto en los arts. 1.618 ss. LEC, con la consiguiente exención del cumplimiento del requisito de la consignación del precio conocido o de afianzamiento si no lo fuera, lo cual es difícilmente cohonestable, por otra parte, con la mención específica del art. 1.518 CC en el art. 25/3 de la nueva Ley 29/1994, que parecía prever una remisión a los cauces procedimentales ordinarios, así como con la paradójica previsión en la Disposición Transitoria Tercera, en el párrafo 5.º de la regla 11.ª, de la «acción de desahucio por el procedimiento establecido para el ejercicio de la acción de retracto», que, para este caso singular, parece seguir vigente, por más que sea, cuando menos, difícilmente practicable.

5 En el número 8 del art. 25 que consagra la validez en contratos de vivienda de duración pactada superior a cinco años del «pacto por el cual el arrendatario renuncia a los derechos de tanteo y retracto», lo que no tiene ningún límite temporal en los contratos para uso distinto del de vivienda, que se rigen por la autonomía de la voluntad (arts. 4/1, 4/3 y 31).

el antiguo plazo de dos meses durante los cuales habría de interponerse la acción para la virtualidad del acto de conciliación formulada dentro de plazo de suerte tal que el acto de conciliación incluso ha perdido su facultad de ejercicio anticipado del retracto.

Seguidamente, hemos procedido a estudiar el momento a partir del cual se comienza a computar el plazo en cuestión, diferenciando básicamente entre, por una parte, enajenaciones inscritas, en que el plazo comienza desde el día siguiente a aquél en que se practicó la inscripción, y ello aunque la inscripción sea ineficaz, que no por eso deja de producir efectos mientras no se produzca la cancelación y, por otro lado, transmisiones que no han accedido al Registro de la Propiedad, en las cuales el plazo comenzará a contarse siempre, previa prueba por el demandado, desde el día siguiente a aquél en que el retrayente tuvo conocimiento cumplido y cabal de los extremos relevantes de la enajenación.

Sobre ello conviene adelantar que con la posterior inscripción, en su caso, no se verá revalidada la posibilidad de ejercitar el derecho de retracto, siendo, de cualquier modo, el cómputo desde el conocimiento, si se prueba que es anterior al acceso al Registro de la transmisión, la regla general también para enajenaciones inscritas, todo lo cual será convenientemente destacado por su relevancia pues, precisamente, sobre este extremo del *dies a quo* ha recaído la mayor parte de la controversia en torno al ejercicio del retracto legal.

En cuanto a los caracteres que ha de reunir la enajenación para que pueda tener lugar el retracto, se estudiará si se requiere la consumación de la venta por el pago del precio y, sobre todo, la entrega de la cosa, real o simbólica, resultando sobre este particular una de las cuestiones también de más interés la referente a las enajenaciones realizadas en pública subasta.

En efecto, en estos casos de subasta judicial, frente al anterior criterio sustentado por la jurisprudencia en virtud del cual el nacimiento de la acción de retracto no se produce hasta el correspondiente otorgamiento de la escritura pública de la venta, por el contrario, la más reciente doctrina de la Sala 1.ª del TS se inclina por mantener que el plazo se empieza a contar desde la aprobación judicial de la subasta, lo que estimamos correcto pues la aprobación del remate y la subsiguiente adjudicación al rematante constituye un caso de tradición simbólica con lo que se opera ya la consumación del contrato, no siendo para ello necesaria la escritura pública, que ha perdido su relevancia tras la reforma de la Ley de Enjuiciamiento Civil producida por la Ley 10/1992, de 30 de abril, al suprimirse la participación judicial en la subasta en términos que, asimismo, serán convenientemente desarrollados a continuación.

El siguiente capítulo de este libro lleva por rúbrica la renuncia del derecho de retracto y aunque su temática tiene un contenido propio e independiente, es indudable su conexión con el plazo de la acción según puede fácilmente evidenciarse del simple enunciado de los aspectos que en este epígrafe se tratan, puesto que se distinguirá en función de que la renuncia se efectúe dentro del plazo de ejercicio del retracto, en cuya hipótesis ninguna duda debería plantearse pues a igual resultado se llega si el titular, a quien no se permite la renuncia, deja transcurrir el plazo de la acción o, por el contrario, con anterioridad a la posibilidad de interponer la acción retractual, caso en el cual resulta más conflictiva la mentada renuncia.

Ahora bien, si se admite, como debe hacerse, la renuncia desde que ha nacido la acción habrá de aceptarse, igualmente, por las mismas razones, cuando ya ha surgido el derecho retractual por disposición de la Ley, al margen o con independencia de que se hubiese verificado la transmisión patrimonial, que, según se verá, solo da origen a la posibilidad de apertura del plazo de caducidad de la acción.

Quizá más dudosa puede ser la eventualidad de renuncia del derecho de retracto antes, incluso, de su nacimiento, lo que también consideramos viable pues no se trata tanto de renunciar al derecho que aún no ha nacido sino de establecer, por voluntad de las partes, la supresión de uno de los efectos —el nacimiento del derecho retractual— que produce, por ministerio de la Ley, un acto —la adquisición de la condición de comunero o de colindante, por ejemplo, y la enajenación—, lo que estimamos posible porque las normas que regulan los derechos de retracto establecidos en el CC no tienen carácter cogente, apareciendo ya contemplada de modo específico en el ordenamiento jurídico español tal hipótesis de renuncia del retracto —arrendaticio urbano— en el número 8 del artículo 25 de la Ley 29/1994, de 24 de noviembre, de Arrendamientos Urbanos.

A continuación, una vez admitida la renuncia del derecho de retracto legal, nos hemos centrado en el estudio de su forma, significativamente, dado que la expresa no plantea mayores problemas, en los actos de los que puede inferirse tal renuncia tácita, que habrán de ser concluyentes, indicativos de la voluntad contraria al retracto de su titular o del reconocimiento de la cualidad de propietario en el nuevo adquirente, sin que pueda entenderse como tal renuncia tácita el mero conocimiento de la enajenación y sin que el retrayente pueda ser compelido, antes del plazo legal de caducidad de la acción retractual, a manifestar su voluntad favorable al retracto.

En cuanto al último apartado del libro, se refiere al retracto voluntario y su relación con el plazo de la acción retractual, pareciéndonos, al respecto, racional la admisión general del ejercicio extrajudicial del derecho de retracto a los efectos de que otorgada la escritura por el comprador no se considere venta voluntaria, puesto que ningún texto legal prohíbe tal posibilidad y, siquiera sea por razones de economía procesal, desde que se cumplen los requisitos legales y, en consecuencia, nace el derecho, parece posible —y resulta aconsejable— que por el simple acuerdo de voluntades entre retrayente y comprador, acaso amenazado por el ejercicio de la acción, se alcance el objetivo previsto en el art. 1.521 CC sin otra limitación que la derivada de la necesidad de fehaciencia.

Ahora bien, en relación con el objeto central del libro, el plazo de la acción retractual, tal admisión del ejercicio extrajudicial del derecho de retracto presenta algunos riesgos tales como que, intentado el acuerdo sin éxito, quede vedada la vía judicial por la posibilidad del transcurso del plazo para la interposición de la demanda, que, desde luego, es el único modo de evitar la caducidad de la acción.

Precisamente en la práctica forense el ejercicio voluntario del retracto se manifiesta con demasiada asiduidad en colisión con otro derecho retractual ejercitado anteriormente en un proceso y con la finalidad, más o menos velada, de defraudar las expectativas del retrayente judicial de modo tal que el TS, si bien no se pronuncia en términos generales sobre la admisión o no del ejercicio consensuado del derecho retractual, decide siempre denegar tal otorgamiento voluntario del retracto que se pretende justamente cuando se halla pendiente de resolución judicial una demanda retractual, dando, con todo ello, por concluida esta primera aproximación sumaría al contenido del presente libro, que tiene, se reitera, un preferente carácter jurisprudencial, lo que resulta obligado dado el enfoque práctico que se pretende.

En concreto, en el presente estudio, se trata a continuación de analizar e interpretar la regulación legal del plazo de la acción de retracto y de exponer críticamente las resoluciones judiciales dictadas en aplicación de dicho texto legal, con la intención de proponer adecuadas soluciones a los problemas que, en la vida diaria, se suscitan en la materia y ello tanto para el momento clave de sostener una argumentación en el proceso que pueda recibir acogida en la sentencia cuánto, incluso, para el instante mismo de la propia redacción de la decisión judicial, completándose el mismo no solo con la obligada referencia a la bibliografía usada, sino también con un índice temático de la jurisprudencia usada, de la cual se reproducen los Considerandos y Fundamentos Jurídicos de mayor relevancia, todo ello con la manifiesta intención de proporcionar algún material que pueda resultar de utilidad en la práctica forense.

II. NATURALEZA JURÍDICA DEL PLAZO

1. PLAZO JUDICIAL O CIVIL

El art. 1.524 CC señala como plazo general de ejercicio de los retractos legales el de 9 días, siendo tal regulación prevista para los supuestos generales perfectamente compatible con el texto constitucional según concluye el Pleno del TC en la sentencia 54/1994, de 24 de febrero (BOE de 17 de marzo) sin que la regulación del plazo en otros retractos con mayor amplitud constituya discriminación alguna prohibida por el art. 14 CE, porque esas otras previsiones están sobradamente justificadas a criterio del TC, que, además, rechaza la pretendida vulneración del derecho a la tutela judicial efectiva que se esgrimía con base en la brevedad del plazo fijado en el referido precepto.

En concreto, en esta sentencia se señala que, en el retracto ejercitable por el arrendatario de viviendas urbanas, la especialidad tiene su justificación en la alta relevancia del bien objeto del retracto, que goza, incluso, de específica tutela constitucional en el art. 47 CE, siendo parecida la justificación que concurre en el caso del arrendatario rústico.

Tras dicho razonamiento se añade que en los supuestos de coherederos es claro que el tronco común de los bienes y la relación hereditaria justifican un tratamiento especial, de modo tal que «ni el plazo establecido en el art. 1.524 del Código Civil, ni el momento legalmente previsto para iniciar su cómputo constituyen, por ello, discriminación alguna», a lo que, desde luego, cabría oponer diversas objeciones que no es oportuno formular en un trabajo de este tipo, para lo cual resulta suficiente remitirme a los términos críticos vertidos sobre el particular por J. A. COBACHO GÓMEZ[1] con ocasión de comentar el fallo de nuestro Alto Tribunal cuando pone de relieve que, frente al contenido de dicho precepto, es mucho más adecuada la regulación que corresponde

1 Vid. «El plazo para el ejercicio del retracto de comuneros (Comentario a la STC 54/1994, de 24 de febrero)», *Derecho Privado y Constitución*, año 2, número 3, 1994, pp. 270 a 273, quien, en sede de conclusiones (pp. 294 y 295), considera que la regulación del mentado art. 1.524 es defectuosa y estima que, por las razones que se aducen en el texto, «la constitucionalidad del artículo 1.524 del Código Civil es bastante dudosa y que aunque el Tribunal Constitucional pensara lo contrario, hay razones, a las que hay que añadir la gran litigiosidad suscitada por la interpretación del artículo citado, que hubieran aconsejado que por la vía de la recomendación al legislador no se hubiera desaprovechado la ocasión para instar una reforma del artículo 1.524 del Código Civil».

a la mayoría de los retractos legales en la que se dispone una notificación al posible retrayente para que este tenga constancia de la transmisión y si no existe tal notificación el retrayente tiene un plazo más amplio para ejercitar la acción de retracto.

Por lo demás, en la cuestión de inconstitucionalidad 2057/1991 que dio origen a la mentada STC se aduce que la brevedad del plazo de 9 días del art. 1.524 CC hace de imposible ejercicio, en la práctica, el derecho de retracto, lo que contradice la previsión contenida en el art. 24 CE[2], a lo que el TC opone que «ninguna relación existe entre el derecho a la tutela judicial efectiva, que es típicamente un derecho al proceso y en el proceso, y el precepto controvertido, que regula un derecho preferente a adquirir la propiedad en determinados supuestos»[3], supeditado a que se ejercite durante «un plazo sustantivo, no procesal», como se verá posteriormente.

En cualquier caso, dicho plazo de 9 días, al coincidir con el previsto en el art. 1618/1 LEC, plantea el ya clásico problema de su naturaleza, civil o procesal, lo cual tiene enorme transcendencia práctica ante el diferente sistema de cómputo de uno y otro, de conformidad con lo dispuesto al respecto en los arts. 5 CC y 304 y 305 LEC, respectivamente, puesto que, en el cómputo civil de los plazos no se excluyen los días inhábiles, según sanciona expresamente el número 2.º del art. 5 CC[4].

---

2 Vid. también J. A. COBACHO GÓMEZ, «El plazo», *cit.*, pp. 268 a 270, así como también M. FERNÁNDEZ ARROYO, «Una aproximación al estudio del retracto legal en el Código Civil español», Anuario de la Facultad de Derecho de la Universidad de Extremadura, n. 10, 1992, p. 259, quienes consideran que la brevedad puede generar indefensión al retrayente, obstaculizando la tutela judicial efectiva.

3 Vid. F. CORDÓN MORENO, «Los presupuestos del juicio de retracto», Ar. C, abril 1995, núm. 1, p. 23, que parece manifestarse de acuerdo con el criterio del Tribunal Constitucional acerca de la conformidad con la Constitución de la brevedad del plazo de la acción de retracto legal.

4 Vid. STS de 29 de mayo de 1992 (Ar. 4828) sobre la distinción entre plazos o términos sustantivos y procesales, y allí amplio aparato jurisprudencial, de conformidad con el que se destaca que solo ofrecen carácter procesal aquellos plazos que tienen su origen o punto de partida en una actuación de igual clase procesal, o sea los que comienzan a partir de una notificación, citación, emplazamiento o requerimiento, pero no cuando se asigna el plazo para el ejercicio de una acción, todo ello para concluir que, en el caso, el plazo previsto en el art. 38/7 de la Ley 50/1980, de 8 de octubre, sobre Contrato de Seguro, para impugnar el acta de peritación —referida a los daños producidos al paso del ciclón Hortensia por Galica, dicho sea de paso— es un plazo, de caducidad, de carácter sustantivo.

Al respecto, tan solo cierta doctrina antigua[5] y alguna aislada y añeja decisión, como la STS de 8 de marzo de 1904[6], en un caso de censo enfitéutico, se muestra favorable a la naturaleza procesal del plazo con el argumento de tratarse de un plazo para interposición de demanda y de que el propio art. 1.640 CC habla de días útiles aparte de considerar que el art. 1.976 CC no afecta en modo alguno en términos generales y en el aspecto procesal a la fuerza y vigor de la LEC que, por ser de tal carácter, subsiste no obstante el precepto últimamente mencionado del CC.

En la mentada sentencia de 1904, para justificar el referido carácter procesal del plazo, se continúa argumentando que el artículo 1.619 LEC no contradice en modo alguno ningún precepto del CC que, en consecuencia no puede derogarlo porque, entre otras razones, además, este, el CC, se encuentra desarrollado por el propio art. 1.619 LEC[7], cuando dispone el modo de contar el término en los casos en que el retrayente no residiese en el pueblo en que se ha otorgado la escritura, limitándose a conceder un día por cada treinta kilómetros que dicho pueblo contase del de la residencia.

Por el contrario, frente a ese criterio, la citada STC, Pleno, 54/1994, de 24 de febrero considera que el derecho de retracto regulado en los arts. 1.521 y ss. CC es un derecho de carácter sustantivo y el plazo que para el ejercicio de ese derecho se prevé en el art. 1.524 CC es también un plazo sustantivo y no procesal, esto es, un plazo —sustantivo— para el ejercicio de un derecho sin que, como hemos adelantado, ello tenga en modo alguno relación con el acceso a los órganos judiciales a los efectos de obtener una resolución judicial motivada, cuya pretendida

---

5 Vid., prácticamente en solitario, J. M.ª. MANRESA Y NAVARRO, *Comentarios a la LEC*, t. VI, Madrid, 1929, p. 125, quien, a pesar de admitir la derogación del art. 1.619 LEC por el art. 1.524 CC, considera que «aunque el Código civil ha fijado el término para el retracto, nos parece indudable que debe seguir teniendo el carácter de término judicial que se le ha dado hasta ahora por hallarse establecido para la interposición de una demanda...», tras lo cual concluye que se descontarán los días inhábiles para actuaciones judiciales, como lo previene el art. 1.640 CC para el caso al que se refiere, lo que considera extrapolable a los demás retractos análogos.

6 JC, t. 97, n. 84, p. 572 ss., que revoca la sentencia de instancia que desestimó la demanda de retracto del dominio útil por no haber sido interpuesta dentro de los 9 días contados desde el otorgamiento de la escritura de venta sin tener en cuenta el art. 1.619 LEC, que, según el Tribunal Supremo, al igual que los arts. 1.618 y 1.620 de la misma Ley rituaria, «como de ley procesal que está vigente, no han sido derogados por los citados primeramente —arts. 1.637 a 1.639 CC—, sino en aquellos preceptos que estén en oposición o no puedan coexistir con los del Código».

7 Precisamente, dicha sentencia de 8 de marzo de 1904 ha sido tomada por E. PÉREZ ARDÁ, «Del plazo en los retractos legales», RGLJ, 1907, t. 111, p. 506, como base para concluir que, además de los diversos plazos fijados en el Código Civil para el ejercicio de la acción de retracto legal, existe ese otro plazo de la ley procesal, aplicable a toda clase de retractos, sin distinción de matices.

vulneración se alegaba para justificar la inconstitucionalidad del art. 1.524 CC en la cuestión de inconstitucionalidad 2057/1991 que dio origen a la reiterada decisión del TC que rechaza la pretendida vulneración del art. 24 CE.

Ahora bien, al margen de la bondad intrínseca de la doctrina sentada por esta sentencia, parece prudente advertir que caben pocas vacilaciones acerca de las numerosas dificultades e inconvenientes que la brevedad del plazo, sin duda, plantea para el potencial retrayente en un sistema, como el nuestro, de inscripción voluntaria en términos que ulteriormente desarrollaremos.

En todo caso, retomando el análisis del carácter, procesal o no, del plazo de la acción retractual, en esta misma línea que el TC se produce la mayor parte de la doctrina[8], siendo abrumadoramente mayoritario el número de sentencias del TS que se inclinan por considerar el plazo del retracto legal del art. 1.524 CC como plazo civil y no judicial.

En este sentido se produce, entre otras muchas, la STS de 14 de noviembre de 1962[9], que señala que, si el último día del plazo es inhábil, no puede utilizarse el siguiente, si bien es posible consignarse dentro de los 9 días a través de un acto de jurisdicción voluntaria, como prescribe, al respecto, el art. 1.812 LEC.

Asimismo, con análoga orientación, un nutrido cuerpo doctrinal[10] y jurisprudencial se inclina por considerar que los arts. 1.618, 1.619

8 Vid., entre otros, M. SERRA DOMÍNGUEZ, «Proceso de retracto», *Estudios de Derecho Procesal*. Barcelona, 1969, p. 485; L. PRIETO CASTRO Y FERRÁNDIZ, *Tratado de Derecho Procesal Civil,* t. II, 2.ª edic., Pamplona, 1986, pp. 79, nt. 33, y 85; V. GIMENO SENDRA, en CORTÉS/GIMENO/MORENO, *Derecho Procesal. Proceso Civil,* Valencia, 1993, p. 503; F. RAMOS MÉNDEZ, *Derecho Procesal Civil,* t. II, 5.ª edic., Barcelona, 1992, p. 848, y J. A. COBACHO GÓMEZ, «El plazo», *cit.,* págs.. 280 y 281, mientras que tan solo en contrario se había pronunciado J. M.ª. MANRESA Y NAVARRO, *Comentarios a la LEC, cit.,* VI, p. 125, que, al considerar que se trata de un término judicial, estima que se descontarán los días inhábiles para actuaciones judiciales, como lo previene el art. 1.640 CC para el caso al que se refiere «y no hay razón para no aplicarlo a los demás análogos» y todo ello a pesar de que, según se expondrá en la nota siguiente, considera que el art. 1.619 LEC debe entenderse derogado por el art. 1.524 CC.

9 Ar. 4.539, produciéndose en igual dirección las SSTS de 13 de junio de 1921 (JC, t. 153, n. 75, p. 384 ss.) donde, en un retracto de colindantes, se concluye, en su Cuarto y último Considerando, «que el término que para ejercitar el derecho de retracto señala el art. 1.524 del Código Civil, derogatorio en este punto del 1.618 de la ley Rituaria, no es procesal, sino de prescripción *–sic–* de la acción»; 14 de noviembre de 1953 (*Ar.* 2711); 12 de mayo de 1956 (*Ar.* 1976); 20 de noviembre de 1958 (*Ar.* 3457); 11 de febrero de 1959 (*Ar.* 472) y 12 de febrero de 1959 (*Ar.* 1064), siguiendo todas ellas la línea iniciada por la STS de 8 de abril de 1920 (JC, t. 150, n. 7, p. 48 ss.) al decidirse por no excluir del cómputo los días inhábiles justamente razonando que el plazo del art. 1.524 CC no es un término procesal regido por el art. 303 LEC.

10 En favor de la conclusión mantenida en el texto se manifiesta incluso J. M.ª. MANRESA Y NAVARRO, *Comentarios a la LEC, cit.,* VI, p. 125, quien, aunque, como hemos señalado en la nota 10, considera que el plazo del retracto es un término judicial, sin embargo, concluye

y 1.620 LEC han sido derogados por los arts. 1.524 y 1.639 CC, por lo que destaca que no es de aplicación el art. 1.619 LEC en cuanto a la prórroga que establece, lo que, especialmente, ha sido puesto de relieve, últimamente, por la STS de 28 de abril de 1992[11].

Finalmente, en este punto, y de acuerdo con el carácter civil del plazo, de conformidad con la disposición contenida en el art. 5 CC —y 1130, por analogía—, ha de advertirse que no se computa de momento a momento y, en consecuencia, que habrá de comenzar a contarse desde el día siguiente a aquél en que se inscribió en el RP[12] o, como había advertido en esta dirección la STS de 24 de junio de 1927[13], a aquél en que el retrayente tuvo conocimiento de la transmisión, que son los dos sistemas que el art. 1.524 CC disciplina para determinar el día inicial en el cómputo del plazo en términos que posteriormente desarrollaremos.

---

que no debe concederse al retrayente ausente la prórroga de un día por cada 30 kilómetros de distancia, que le concedía el art. 1.619 de la LEC porque el CC no la concede y porque habiendo fijado este otro punto de partida para contar el término de los 9 días, no puede ya tener aplicación al caso el otorgamiento de la escritura a que se refiere el precepto de la Ley rituaria lo que, desde luego, comparten M. SERRA DOMÍNGUEZ, *Estudios, cit.*, p. 485; L. PRIETO CASTRO Y FERRÁNDIZ, *Tratado, cit.*, II, p. 80, nt. 36, que considera evidente la derogación de las disposiciones de los arts. 1.618 y 1.620 LEC en cuanto al *dies a quo* por ser discordantes con las del CC y ello «a pesar de que, como claramente se aprecia, parecen más sensatas las de la L.E.C. que aquellas otras del Cód. Civil» *y A.* DE LA OLIVA SANTOS en DE LA OLIVA/FERNÁNDEZ, *Derecho Procesal Civil,* t. IV, 1.ª reimpr. de la 3.ª edic., Madrid, 1993, p. 260.

11 *Ar.* 3418, siendo representativas de tal dirección jurisprudencial las SSTS de 3 de julio de 1906 (JC, t. 105, n. 4, p. 29 ss.); 20 de marzo de 1925 (JC, t. 165, n. 168, p. 880 ss.); 21 de febrero de 1931 (Ar. 1945);, 4 de junio de 1955 (Ar. 1722); 20 de febrero de 1978 (Ar. 586); 27 de octubre de 1986 (Ar. 6011); 21 de marzo *y* 30 de octubre de 1990 (Ar. 1716 y 8268) y 21 de julio de 1993 (Ar. 6106).

12 Cfr. SSTS de 2 de abril y 15 de diciembre de 1956 (Ar. 1540 y 1131/1957, respectivamente); 11 de mayo de 1965 (Ar. 2534) y 21 de julio de 1993 (Ar. 6106), en las que se parte de esta premisa, así cuino en la S. AP de Madrid, Sección 13.ª, de 20 de septiembre de 1994 (RGD, enero-febrero 1995, núms. 604 y 605, pp. 937 y 938), donde se contiene una nutrida información de la más reciente doctrina legal recaída sobre este extremo y el resto de los aspectos que se han referenciado en el texto.

13 JC, t. 175, n. 184, p. 962 ss., donde, en su Tercer Considerando, se establece que el art. 1.524 CC no establece otras exigencias que la de que las acciones que por su consecuencia se utilicen «resulten ejercitadas dentro de los nueve días siguientes al de que se tenga conocimiento de la perfección y consumación de la enajenación por la transmisión y entrega del inmueble a la libre disposición del comprador, según tiene ya declarado con repetición la jurisprudencia de este Tribunal, resolviendo casos análogos al discutido en el presente litigio».

2. CADUCIDAD O PRESCRIPCIÓN

Respecto a la calificación del plazo de la acción de retracto como de caducidad, las declaraciones jurisprudenciales son constantes, manifestándose en esta dirección, recientemente, las SSTS de 11 de julio y 30 de septiembre de 1992[14] y, desde luego, la práctica unanimidad de la doctrina[15].

Esta coincidencia resulta altamente significativa al haber transcurrido ya más de 8 décadas desde la introducción en la doctrina española de la categoría de la caducidad[16] y cerca de 10 lustros desde su recepción jurisprudencial en nuestro país a partir de las SSTS de 27[17] y 30 de abril de 1940[18], constituyendo, desde entonces, preocupación continua

---

14 *Ar.* 6280 y 7419, habiéndose producido anteriormente, con dicha orientación, entre otras, las SSTS de 7 de junio de 1945 (*Ar.* 699); 9 de abril de 1948 (*Ar.* 628); 27 de enero de 1950 (*Ar.* 338); 4 de mayo de 1956 (*Ar.* 2412); 8 y 20 de noviembre de 1958 (*Ar.* 3439 y 3457), todas las cuales siguen el mismo criterio de la STS de 30 de abril de 1940 (*Ar.* 304), que, por primera vez, se pronuncia por la caducidad del plazo, rechazando que fuese susceptible de prescripción.

15 Por todos, L. PRIETO-CASTRO, *Tratado, cit.*, II, p. 85; F. RAMOS MÉNDEZ, *op. cit.*, II, p. 848; V. GIMENO SENDRA, en CORTÉS/GIMENO/MORENO, *op. cit.*, p. 503; DE LA OLIVA, en DE LA OLIVA/FERNÁNDEZ, *op. cit.*, IV, p. 260 y A. L. REBOLLEDO VARELA, *Comentario del Código Civil. Ministerio de Justicia*, tomo II, Madrid, 1993, p. 1015, mientras que prácticamente en solitario, desde la distinción entre prescripción y caducidad, A. M. BORRELL Y SOLER, *El contrato de compraventa según el Código Civil español*, Barcelona, 1952, p. 274, lo sigue considerando de prescripción.

16 Se refieren a la distinción entre prescripción extintiva y decadencia de los derechos C. VALVERDE Y VALVERDE, *Tratado de Derecho Civil Español*, t. I, Parte General, Valladolid, 1909, p. 568, quien señala ya que mientras la prescripción puede ser suspendida por varios casos, la decadencia no, y, con más detalle, ALAS, DE BUEN y RAMOS, *De la prescripción extintiva*, Madrid, 1918, pp. 65 y ss., dedican un capítulo entero a tal distinción entre prescripción y caducidad; cfr. sobre el origen histórico del concepto de caducidad en la doctrina española, por todos, y allí referencias, B. GÓMEZ CORRALIZA, *La caducidad*, Madrid, 1990, pp. 34 a 40.

17 *Ar.* 303, siendo esta la primera ocasión en que el Alto Tribunal aborda la distinción entre los dos conceptos cuando, con motivo de la validez de un testamento ológrafo, precisa que el art. 689 CC «establece un plazo de caducidad o decadencia, de cesación del valor jurídico del testamento, con efecto radical y automático y con determinación precisa del día en que comienza su computación, en tanto que el artículo 1969 del mismo Código Civil, invocado para la interpretación del 689, solo es aplicable a la prescripción, institución esta sujeta a otros principios en atención a que reconociendo por causa la inercia del titular del derecho, admite impedimentos *ratione initii y* motivos de interrupción y suspensión».

18 *Ar.* 304, donde se puntualiza, en un retracto de colindantes, que existen dos maneras en la Ley procesal civil para «impedir que prosperen ante los Tribunales los derechos cuya virtualidad se ha extinguido por el transcurso del tiempo prefijado para su eficaz ejercicio, la caducidad y la prescripción, conceptos no bien diferenciados ni definidos pero que, aun respondiendo ambos a la misma finalidad de que no permanezcan indefinidamente inciertos los derechos y fundándose en una común presunción de abandono [*sic*] ofrecen la nota diferencial, entre otras, de que mientras la prescripción es renunciable, por lo que solo cuando se alega puede ser estimada, la caducidad no requiere su alegación y opera por sí misma obligando al juzgador a declararla de oficio».

en la doctrina y jurisprudencia la de encontrar un criterio firme para determinar los casos en que ha de ser aplicada la prescripción o la caducidad[19].

Incluso, en la nueva Ley 29/1994, de 25 de noviembre de 1994, de Arrendamientos Urbanos, a pesar de que la Disposición Adicional Décima lleva a cabo una declaración genérica de sumisión a la prescripción de todos los derechos y acciones que resulten de los contratos contemplados en dicha Ley, incluidos los subsistentes a la entrada en vigor de la misma, que *prescribirán,* «cuando no exista plazo específico de prescripción previsto, de acuerdo con lo dispuesto en el régimen general contenido en el Código Civil», sin embargo, a pesar de tal previsión, en el art. 25/3, se exceptúa de modo expreso el derecho de retracto, que *caducará*[20].

Esta, la caducidad, fundada «exclusivamente en la seguridad del tráfico» [STS de 29 de septiembre de 1950[21]], se caracteriza porque «una vez transcurridos los plazos de caducidad fijados a una acción, originan los correspondientes acuerdos y mandatos judiciales de oficio, o sea, sin precisión de previa excitación de parte» [STS de 8 de noviembre de 1983[22]], pues la caducidad se impone por ministerio de la

19 Cfr. F. DE CASTRO Y BRAVO, *Temas de Derecho civil,* Madrid, 1972, p. 178.

20 Sobre ello, vid. los comentarios a la Disposición Adicional Décima de J. M. LETE DEL RÍO, en *Comentarios a la Ley de Arrendamientos Urbanos* (*Ley 29/1994, de 24 de noviembre*), dirigidos por X. O'CALLAGHAN MUÑOZ, Madrid. 1995, pp. 735 y 736; D. BELLO JANEIRO, en *La Ley de Arrendamientos Urbanos,* dirigido por V. GUILARTE GUTIÉRREZ, Valladolid, 1994, pp. 681 a 700, así como de L. F. REGLERO CAMPOS en *Comentarios a la Ley de Arrendamientos Urbanos,* coordinados por R. BERCOVITZ RODRÍGUEZ-CANO, Pamplona, 1995, pp. 991 a 1004, quien también destaca el ejercicio de los derechos de tanteo y retracto como primera excepción de la regla general contenida en la Disposición (ibidem, p. 995).

21 *Ar.* 1411; en el mismo sentido, las SSTS de 8 de noviembre de 1983 (*Ar.* 6065), 18 de diciembre de 1984 (Ar. 6135) y 29 de mayo de 1992 (Ar. 4828), si bien, en ocasiones, el TS, fundamenta también la caducidad, al igual que la prescripción, en un criterio subjetivo; así, en la Sentencia de 18 de octubre de 1963 (RJA 4138), en su Primer Considerando entiende que «las excepciones de prescripción y caducidad, responden a una (misma) finalidad la presunción de abandono de acciones, derechos y obligaciones», idea en la que abunda la STS de 28 de enero de 1983 (Ar. 393), en su Considerando Segundo, cuando afirma que «las mencionadas instituciones, (que) responden a la común razón de la presunción de abandono tanto de los derechos como de las acciones».

22 Ar. 6066, en la cual se contiene la declaración transcrita con ocasión de la apreciación por parte del Tribunal de la caducidad de una acción redhibitoria sin que el demandado hubiese siquiera invocado en la contestación a la demanda tal situación de caducidad de la acción ejercitada por el demandante, lo que, según el Alto Tribunal, carece de consistencia precisamente porque, de conformidad con reiterada doctrina legal, que cita, la caducidad se aprecia de oficio «habida cuenta los fundamentos que dan vida a la institución de la caducidad, y primordialmente por afectar la misma al interés general que depara la seguridad de las contiendas jurídicas, evitando dilaciones innecesarias en el desarrollo de todo juicio civil».

Ley cuando transcurre determinado plazo[23], sin que resulte necesaria, pues, su alegación por las partes[24].

Asimismo, al tratarse de un plazo de caducidad, «no admite interrupción, originándola el mero transcurso del tiempo, porque solo el propio ejercicio de la acción deduciéndola mediante formalizar el oportuno juicio contencioso, impide el efecto preclusivo de su fatal perecimiento»[25], resultando absolutamente extraordinaria la admisión de la suspensión del plazo[26].

En conclusión, en la actualidad son claramente diferenciables la caducidad y la prescripción, siendo las características fundamentales de la primera anteriormente expuestas mantenidas ya por un nutrido cuerpo legal y en las que no solo se ha detenido el TS, sino también el TC (STC, 215/1989, de 21 de diciembre, Sala 1.ª, Segundo Fundamento Jurídico, BOE de 11 de enero de 1990) y a cuyos requisitos y condiciones ha de someterse el plazo del art. 1.524 CC al ser de tal naturaleza según hemos visto.

---

23 Así lo había concluido ya la STS de 7 de abril de 1956 (*Ar. 1552*) *y,* en igual sentido, así como, más recientemente, con buena información jurisprudencial, la ya citada STS de 29 de mayo de 1992 (Ar. 4828), donde, como se ha adelantado, se contiene también la distinción entre términos o plazos sustantivos y procesales y en la que se precisa que existe «... caducidad al señalar la ley un plazo fijo para la duración del derecho de impugnación, de tal manera que, al no ejercitarse el poder o facultad jurídica en el tiempo señalado, ya no cabe su ejercicio».

24 Vid. en la misma dirección, SSTS de 30 de abril de 1940 (Ar. 304), que, precisamente, después de destacar en los términos ya adelantados que «mientras la prescripción es renunciable, por lo que solo cuando se alega puede ser estimada, la caducidad no requiere su alegación y opera por sí misma obligando al juzgador a declararla de oficio», consideró el plazo del art. 1524 CC como de caducidad «por cuanto su transcurso se opone al ejercicio del derecho de retracto legal sin necesidad de que se alegue...» y 9 de abril de 1948 (Ar. 628).

25 Así se produce la STS de 18 de diciembre de 1984 (Ar. 6135) en un caso en que, ante un acuerdo frontalmente opuesto a las normas estatutarias de un edificio, y habiendo dejado el demandante transcurrir el plazo del art. 16/2-4.ª de la Ley de Propiedad Horizontal, el Tribunal Supremo concluye que, al ser dicho plazo de caducidad descansa, frente a instituciones análogas y especialmente a la prescripción, sobre la necesidad de dar seguridad a las situaciones jurídicas y opera por el mero transcurso del tiempo sin que la impugnación ante la autoridad judicial pueda sustituirse, como se pretendía, para evitar el fatal perecimiento, por las reclamaciones extrajudiciales, tras lo que se añade la frase copiada en el texto con amplio aparato jurisprudencial en su apoyo.

26 La suspensión de los plazos de caducidad se encuentra prohibida expresamente por el *Codice civile,* en el inciso final del artículo 2964, si bien no impide su admisión en el futuro en el caso de *che sia disposto altrimenti y,* en el mismo sentido, por el artículo 328 del CC portugués, también salvo *nos casos em que a lei o determine.* Señalan el carácter excepcional de la suspensión de la caducidad en nuestro país J. PUIG BRUTAU, *Caducidad y prescripción extintiva,* Barcelona, 1986, pp. 108 y 109; F. RIVERO HERNÁNDEZ, en J. L. LACRUZ BERDEJO, *Elementos de Derecho Civil,* t. I, vol. 3, Barcelona 1990, p. 380; L. PRIETO CASTRO Y FERRÁNDIZ, *Tratado de Derecho Procesal Civil,* t. I, 2.ª edic., Pamplona, 1985, p. 496 y B. GÓMEZ CORRALIZA, *La caducidad,* cit., p. 281.

3. INTERRUPCIÓN POR ACTO DE CONCILIACIÓN

El plazo del art. 1.524 CC, al ser de caducidad, no es, pues, susceptible de interrupción, como ha venido precisando una nutrida doctrina legal a la que nos hemos referido y cuya cita lleva a cabo la S. AP Madrid, Sección 13.ª, de 16 de febrero de 1993[27], que también da cuenta de las sentencias que han dado carácter interruptivo de la caducidad a la interposición de la papeleta de conciliación, si bien en el caso no se considera de aplicación.

Sobre este particular, la jurisprudencia, conforme a la anterior redacción de la LEC (arts. 460/1; 462/2 y 479) mantuvo, aunque no unánimemente[28], la posibilidad de ejercitar las acciones sujetas a caducidad dentro de los dos meses siguientes a la conciliación si esta se formuló dentro de plazo[29] y ello «ya se estime que la conciliación significa una ampliación legal de la caducidad, ya que implica el ejercicio de la acción o la iniciación de tal ejercicio» según se manifiesta en la STS de 18 de octubre de 1988[30], en la cual se advierte que «cuando las sentencias citadas hablan de interrupción de la caducidad no lo hacen en el sentido de que el plazo haya de empezar a contarse de nuevo, sino de que queda sin efecto por implicar la conciliación el ejercicio

---

27 *Ar.* C. 197/1993, en la que se concluye que la jurisprudencia que considera que el acto de conciliación interrumpe el plazo del art. 1524 CC no es aplicable en este supuesto concreto en que el retrayente pretendía que tuviese tal función interruptiva el ejercicio del derecho de retracto en proceso anterior y distinto, siendo dicha alegación rechazada.

28 Vid. en contra SSTS de 20 de mayo de 1972 (*Ar.* 3589); 26 de junio de 1974 (*Ar.* 3375); 7 de mayo de 1981 (*Ar.* 1984) y 30 de mayo de 1984 (*Ar.* 2808).

29 SSTS de 22 de mayo de 1965 (*Ar.* 3013); 25 de mayo de 1976 (*Ar.* 2362); 17 de febrero de 1979 (*Ar.* 517); 8 de noviembre y 23 de diciembre de 1983 (*Ar.* 6066 y 6995); 24 de enero de 1986 (*Ar.* 407) y 11 de marzo y 26 de octubre de 1987 (*Ar.* 1430 y 7472).

30 *Ar.* 7587, donde se contiene en estos términos la doctrina que se expone en el texto con motivo de declarar haber lugar al recurso de casación contra la sentencia dictada por la extinta AT Burgos que, confirmando la del Juzgado de Primera Instancia, había desestimado la demanda que había formulado una Compañía de Seguros contra una naviera portadora y otra consignatoria con la pretensión de reclamar una cantidad abonada a su aseguradora en concepto de faltas, pérdidas y daños sufridos por el café transportado por un determinado buque, siendo uno de los motivos del recurso precisamente que no había caducado la acción como entendió la Sala de instancia pues, como concluye el Tribunal Supremo, el plazo de un año —de caducidad— de la acción para reclamar la responsabilidad por pérdidas o daños al porteador y el buque del art. 22/4.º de la Ley de 22 de diciembre de 1949 había sido ampliado mediante pacto, lo que, con apoyo en reiterada doctrina legal, se considera perfectamente válido salvo que se tratase, que no es el caso, de materia indisponible, dentro de cuyo término de caducidad prorrogado se celebró el acto de conciliación sin avenencia, presentándose la demanda rectora de la litis dentro de los dos meses siguientes, de todo lo cual se concluye que la acción no había caducado, conteniéndose al respecto también una nutrida información jurisprudencial sobre el carácter del acto conciliatorio en tales supuestos.

del derecho o el inicio de tal ejercicio, que habría de completarse en los dos meses siguientes».

Ahora bien, tras la reforma de la LEC de 6 de agosto de 1984, en tanto que el actual art. 460 LEC suprime el carácter obligatorio del acto de conciliación y el art. 479 de la misma Ley rituaria elimina el antiguo plazo de dos meses, parece claro que mientras el acto de conciliación desde el momento de la presentación, si se admite, interrumpe el plazo prescriptivo sin necesidad de demanda posterior, como advierte una nutrida jurisprudencia[31], sin embargo, por el contrario, no cabe ya que interfiera o interrumpa el ejercicio de una acción sujeta a plazo de caducidad, al no ser ya, se reitera, obligatorio dicho acto de conciliación[32].

Haciendo un paréntesis obligado en el desarrollo de nuestra exposición, conviene advertir que tal doctrina sobre la voluntariedad del acto de conciliación no debe extenderse a la solicitud del beneficio de justicia gratuita, como a veces se pretende[33], pues dicha petición es obligado antecedente de la demanda principal y, en consecuencia, implica el ejercicio de la acción de retracto, según, acertadamente, se concluye en la S. AP Las Palmas, Sección 1.ª, de 20 de enero de 1994[34], que argumenta que, de lo contrario, «no se tutelaría judicialmente el derecho del retrayente que no dispone de recursos económicos para poner en marcha el proceso», por lo cual se revoca la sentencia del

---

31 SSTS de 15 de marzo de 1985 (*Ar.* 1167); 21 de abril y 10 de octubre de 1986 (*Ar.* 1864 y 5509); 25 de marzo, 14 de mayo y 18 de septiembre de 1987 (*Ar.* 1724, 3441 y 6006); 19 de octubre de 1990 (*Ar.* 7984) y 15 de diciembre de 1993 (*Ar.* 9991), donde se pone de manifiesto la diferencia al respecto con la prescripción adquisitiva en la cual el acto de conciliación no tiene eficacia interruptora si no va seguido del correspondiente juicio promovido dentro de los dos meses siguientes, lo que, sin embargo, no es necesario en la prescripción extintiva «para cuya interrupción no rige la necesidad de promover el correspondiente juicio dentro de los dos meses siguientes al acto de conciliación».

32 Cfr. sobre la virtualidad del acto de conciliación, antes y después de la reforma de la LEC de 1984, M. ALBALADEJO GARCÍA, *Derecho Civil,* t. 1, vol. 2, Barcelona, 1989, pp. 521 y 522; F. PANTALEÓN PRIETO, *Cuadernos Civitas de Jurisprudencia Civil,* n. 3, pp. 831 a 836 y 962 a 968; n. 4, pp. 1208 a 1210 y 1261 a 1262 y n. 6, pp. 1983, 1984, 1986 y 1989; B. GÓMEZ CORRALIZA, «Comentarios jurisprudenciales sobre la caducidad», *La Ley,* 1988/4, pp. 803, 804, 813 y 814 y F. RAMOS MÉNDEZ, *Derecho procesal civil,* t.1, 5.ª edic., Barcelona, 1992, pp. 424 y 425.

33 Vid. en cambio B. GÓMEZ CORRALIZA, *La caducidad, cit.,* quien considera que la solicitud del beneficio de justicia gratuita es un acto facultativo, aunque pueda ser subjetivamente necesario, aduciendo que, al ser dicha solicitud voluntaria y previa al ejercicio de la acción, está todavía no se ejercita, de suerte que no produce el efecto impeditivo de la acción.

34 *Ar.* C. 81/1994, citando en apoyo de tal conclusión que se expone en el texto un nutrido cuerpo de sentencias del TS que, aun referidas a la interrupción de la prescripción, equiparan la demanda de justicia gratuita al ejercicio de la acción principal, sentando la doctrina de que la referida solicitud es obligado antecedente de la demanda principal y debe identificarse con el propio ejercicio procesal de la acción, que ha revestido la forma de solicitud de justicia gratuita, por todo lo que se estima que la acción no ha caducado.

Juzgado de 1.ª Instancia, que había desestimado la acción de retracto —arrendaticio urbano— por caducidad al partir de la base de que el primer acto por el que se utilizó válidamente el derecho retractual es la interposición de la demanda una vez transcurrido el plazo prevenido en la ya derogada LAU de 1964 desde que el arrendatario tuvo conocimiento de la venta sin dotar de ninguna relevancia a la previa presentación de solicitud de justicia gratuita, incluyendo el nombramiento de Abogado y Procurador de Oficio, de lo que, con toda razón, discrepa la Audiencia, que precisa que, si bien tal doctrina es válida para el supuesto de demanda de conciliación, al ser, como se ha adelantado, voluntaria, sin embargo no lo es para el beneficio de justicia gratuita.

En cambio, de lo que no cabe ninguna duda es de que la manifestación ante Notario, para su notificación al comprador de una finca, de la voluntad de retraer por parte del retrayente no puede ser considerada como ejercicio del derecho, ni tiene por tanto, efectos enervatarios de la caducidad del derecho, como, con todo acierto, se concluye en la S. A. P. Granada, Sección 4.ª, de 29 de octubre de 1990[35], en un caso de retracto arrendaticio urbano, porque, según se advierte en igual sentido, ante un retracto gentilicio, en la S. A. P Pamplona, Sección 2.ª, de 24 de septiembre de 1990[36], de lo contrario «se crearía un clamoroso vacío regulador, una inadmisible indeterminación, pues "ejercitado" el retracto ante el Notario, el sedicente retrayente no quedaría sujeto ya a plazo alguno para acudir a los Tribunales, salvo el prescriptivo... de treinta años»[37].

Así, pues, y tras esta doble advertencia, admitido que el plazo de la acción de retracto es de caducidad y que tal circunstancia de que el ejercicio del derecho de retracto se inicie mediante intento de acto conciliatorio con consignación y cumplimiento de los demás requisitos legales no altera la naturaleza de la acción, ni la convierte, por tanto, en prescriptible[38], no resulta posible ya reproducir las antiguas de-

35 *RGD*, septiembre 1991, n. 564, pp. 8438 y 8439, donde se argumenta tal conclusión expuesta en el texto con base en la STS de 12 de febrero de 1981 (Ar. 391) que, posteriormente, será analizada.

36 *RGD*, julio-agosto 1991, núms. 562 y 563, pp. 6899 a 6902, en la cual, igualmente con la cita correspondiente de la STS de 12 de febrero de 1981, se considera que no existe otra forma de ejercitar el retracto, a la vista de la regulación del Fuero Nuevo de Navarra, que a través de la correspondiente demanda o acto procesal equivalente, que, pudiendo ser, a juicio de la Sala, el acto de conciliación, nunca puede ser la vía notarial, tras lo que se lleva a cabo la afirmación reproducida en el texto.

37 Vid. en igual sentido F. CORDÓN MORENO, «LOS presupuestos del juicio de retracto», *cit.*, p. 24, quien, no obstante, considera que esta doctrina debe replantearse a la vista de la establecida en la STC 54/1994, de 24 de febrero, anteriormente expuesta.

38 Cfr. STS de 17 de noviembre de 1967 (*Ar.* 4616), que se produce en tales términos, para añadir a continuación al respecto «que lo único que sucede es que en tal supuesto, el

claraciones jurisprudenciales que configuraban al acto de conciliación como medio interruptivo de la prescripción de la acción retractual[39].

Ni siquiera tienen en la actualidad consistencia tales consideraciones en su forma más atenuada que, aceptando tal efecto del acto conciliatorio para interrumpir la prescripción, mantenía que la acción prescribe porque la caducidad solo es predicable del derecho de retracto[40], lo que se rechaza rotundamente por el propio Tribunal Supremo[41], puesto que, como ha señalado J. M.ª. SANTOS VIJANDE[42] «si en la prescripción se extingue la acción y en la caducidad el derecho, *a fortiori*, difícilmente puede entenderse que, caducado el derecho, la acción se ha visto sometida a algo que no sea la decadencia».

Tampoco deviene ineludible, para dotar de significado al acto de conciliación en la materia que nos ocupa, sostener la posibilidad de interrupción de la caducidad que, aunque en ocasiones ha sido sugerida por el mismo TS, tal y como se manifiesta la sentencia de 23 de diciembre de 1983[43], que reconoce que los plazos de caducidad pueden admitir excepcionalmente interrupción, sin que haya razón para sostener que solo se ejercita el derecho a través de la interposición de la demanda, así como también, en la misma línea, por un autorizado sector

proceso de ese modo incoado sigue su curso normal si la demanda se presenta dentro de los dos meses siguientes al acto, y por el contrario, si no se deduce dicha demanda, todo lo actuado pierde su eficacia, como si hubiera estado sometido al cumplimiento de una condición resolutoria, que, al sobrevivir, hace ineficaz la intentada conciliación, como si no se hubiese efectuado y queda automáticamente extinguida la acción por caducidad».

39 SSTS de 13 de junio de 1921 (JC, t. 153, n. 75, p. 384 ss.) y 12 de junio de 1936 (*Ar.* 1485). Vid. sobre el particular, L. PRIETO CASTRO Y FERRÁNDIZ, *Tratado, cit.*, II, p. 86.

40 SSTS de 30 de abril de 1940 (*Ar.* 304) y 30 de octubre de 1965 (Ar. 4754).

41 Así, expresamente, se manifiesta en contra de tal eventualidad la STS de 12 de febrero de 1981 (*Ar.* 391), cuyo razonamiento, que, según se ha dicho, será expuesto con más detalle ulteriormente, es asumido en sus mismos términos por la STS de 20 de julio de 1993 (*Ar.* 6170).

42 Cfr. «El derecho y la acción de retracto: su caducidad», *La Ley* 1988/2, p. 1174, que advierte, con apoyo en las autorizadas opiniones de L. DÍEZ PICAZO, J. PUIG BRUTAU, A. DE LA OLIVA SANTOS y L. PRIETO CASTRO, que la acción «dimanante» de un derecho no puede prescribir y aquél caducar, dado que la acción no es un mero ejercicio judicial de los derechos subjetivos privados, sino que es, en sí misma, un derecho subjetivo público —frente al Estado— a una tutela jurisdiccional concreta, siendo distinta de los derechos subjetivos privados, lo cual se hace aún más evidente en el caso de los derechos potestativos, al no encajar estos en la estructura y contenido de aquéllos, existiendo la posibilidad evidente de acción ante los tribunales, sin que todo esto implique olvidar las relaciones que de forma ineludible deben mantener acción y derecho, siendo una de ellas que la naturaleza de este determina, porque la ley así lo dispone, el plazo de prescripción de aquélla.

43 Ar. 6995, con comentario a cargo de E. ROCA TRÍAS en CCJC 1984, n. 4, pp. 1222 ss.

de la doctrina[44], sin embargo, resulta de difícil viabilidad práctica ante el nutrido cuerpo jurisprudencial que, según se ha dicho, lo niega[45].

A nuestro parecer, no son necesarios dichos argumentos porque, de ninguna manera, en la actualidad, la virtualidad del acto de conciliación en materia retractual radica en su facultad «para interrumpir el plazo preclusivo» (*rectius,* de caducidad), como sigue afirmando la STS de 21 de octubre de 1985[46] ni tampoco consiste, según ha mantenido en alguna ocasión el propio TS, en ser un medio extrajudicial de ejercicio del derecho[47], ni siquiera en constituir una verdadera forma normal de ejercicio del propio derecho de retracto[48].

Así las cosas, discrepamos en este punto de las declaraciones contenidas en la S. AP La Rioja de 4 de junio de 1993[49] cuando, después

---

44 Así, R. BERCOVITZ RODRÍGUEZ-CANO, CCJC 1984, n. 6, p. 1824, con ocasión de comentar la STS de 30 de mayo de 1984 (*Ar.* 2808), pone de manifiesto que «una posible elasticidad al interpretar y aplicar los diversos plazos de caducidad es la que ha permitido a nuestro Tribunal Supremo aceptar en algunos supuestos la interrupción del plazo (Sentencia de 30 de noviembre de 1974, *Ar.* 4497...)».

45 Cfr. en tal sentido J. M. LETE DEL RÍO, «Comentario al artículo 25» en *Comentarios a la Ley de Arrendamientos Urbanos* (*Ley 29/1994, de 24 de noviembre*), dirigidos por X. O'CALLAGHAN MUÑOZ, cit., p. 342.

46 *Ar.* 4957, en la misma dirección, entre otras, mantenida por la STS de 6 de mayo de 1961 (*Ar.* 2312), que admite que el plazo de caducidad de la acción de retracto se interrumpe por el acto de conciliación siempre que en él se llenen sustancialmente todas las exigencias legales determinadas para su ejercicio. Vid. información sobre este extremo en el comentario a la STS de 21 de octubre de 1985 realizado por J. A. COBACHO GÓMEZ en CCJC 1985, n. 9, pp. 3024 y 3025, donde pone de relieve que en el caso carece de virtualidad el acto conciliatorio al no haberse cumplido a la par el requisito de la consignación que fija el art. 1518 CC.

47 Así lo apunta la STS de 15 de julio de 1985 (*Ar.* 4059) ante la prescripción —y no, desde luego, en un caso de caducidad— con motivo de revocar la sentencia de la Audiencia que había considerado prescrita la acción personal de reclamación de honorarios profesionales ejercitado por un arquitecto al estimar que el acto conciliatorio no producía efecto interruptivo del plazo prescriptorio, lo cual se rechaza por el Alto Tribunal, que concluye que el acto de conciliación, incluso a través de la mera presentación de la papeleta de demanda, interrumpe por sí solo la prescripción extintiva de acciones sin necesidad de que dentro de los dos meses siguientes se interponga la demanda, como exigía el antiguo art. 479 LEC por varias razones, entre las que interesan ahora la de que «el acto de conciliación no puede ser de inferior condición que las simples reclamaciones extrajudiciales, las que, según el artículo mil novecientos setenta y tres del Código Civil, interrumpen la prescripción» y que la voluntad del titular del derecho de mantener su titularidad «es evidente que se manifiesta de modo indiscutible por el cauce del acto de conciliación que, además, tiene sobre otros medios extrajudiciales interruptivos la superioridad de su fehaciente constatación documental».

48 Ello parece deducirse de los términos de la STS de 18 de septiembre de 1987 (*Ar.* 6066) y, en igual sentido, se manifiestan las SSTS de 7 de julio, 29 de septiembre y 9 de diciembre de 1983 (Ar. 4113, 4683 y 6926).

49 Ar. C. 1243/1993, donde se concluye la desestimación de la pretendida caducidad del plazo de la acción retractual no solo por las razones aducidas en el texto en cuya virtud

de advertir que el plazo del art. 1.524 CC es de caducidad, admite que es susceptible de interrupción, pues «la interposición del acto de conciliación implica el ejercicio del derecho...porque mediante él se pretende la constitución del negocio jurídico de subrogación que la Ley otorga, y por consecuencia, si se ha efectuado dentro del plazo, la interrumpe..., como consecuencia de ser un acto universal válido...» con apoyo en diversas decisiones en tal sentido del TS[50].

Pues bien, en la actualidad, como se ha advertido[51] tal doctrina ha visto reducida su importancia al haberse suprimido la necesidad con carácter general del acto de conciliación, que ahora se configura como un acto facultativo del demandante (art. 460 LEC).

En nuestra opinión, a partir de la reforma procesal de 1984 no tiene sentido ya la mayoritaria doctrina legal que, para concluir el adecuado ejercicio del retracto a través del acto de conciliación, exige el cumplimiento de todos los requisitos posteriores de la demanda, en especial la consignación[52], y, se reitera, no tiene razón justificativa alguna tal doctrina porque, como hemos adelantado, en estos momentos no puede seguir manteniéndose que «el acto conciliatorio con ofrecimiento del precio de la venta implica el ejercicio del derecho» de retracto,

---

dicho plazo puede interrumpirse, a pesar de tratarse de caducidad y no de prescripción, que, como se cuida de destacar dicha sentencia, se diferencia de esta en muy diversos caracteres, como que es apreciable por ello de oficio pues la misma se impone por ministerio de la ley cuando transcurre determinado plazo sin requerirse su alegación por las partes, operando por sí misma una vez conocida su existencia, a continuación de lo cual se añade la viabilidad de la interrupción que, en último término, no tuvo ninguna repercusión en el pleito, tratándose de una declaración *obiter dictum,* por cuanto que «aun cuando se llegase a admitir la no interrupción, tal plazo no había transcurrido» y porque, además, la Audiencia declara haber lugar al recurso de apelación interpuesto por el demandado contra la sentencia del Juzgado de Primera Instancia de Logroño que había estimado el retracto de colindantes incurriendo, a juicio de la Audiencia, en incongruencia al conceder y otorgar cuestión distinta de la pretendida en la demanda, lo cual, a la postre, determinó su rechazo.

50 Así, SSTS de 22 de mayo de 1965 (*Ar.* 3013); 17 de febrero de 1979 (*Ar.* 517) y 8 de noviembre de 1983 (*Ar.* 6065).

51 Cfr. A. L. REBOLLEDO VARELA, *Comentario Ministerio, cit.,* II, p. 1017, R. BARBER CARCAMO, *El retracto gentilicio, cit.,* p. 351 y M. FERNÁNDEZ ARROYO, *op. cit.,* p. 260.

52 SSTS de 21 de febrero de 1931 (*Ar.* 699); 12 de junio de 1936 (*Ar.* 1485); 30 de abril de 1940 (*Ar.* 304); 10 de marzo y 7 de junio de 1945 (*Ar.* 683 y 699); 27 de enero de 1950 (*Ar.* 338); 8 de julio y 30 de octubre de 1953 (*Ar.* 2169 y 2911); 30 de mayo y 5 de noviembre de 1955 (*Ar.* 1717 y 3565); 4 de febrero de 1957 (*Ar.* 381); 11 y 12 de febrero y 3 de julio de 1959 (*Ar.* 472, 1064 y 2954); 6 de mayo de 1961 (*Ar.* 2312); 16 de abril de 1963 (*Ar.* 1973); 30 de octubre de 1965 (*Ar.* 4754); 30 de mayo de 1969 (*Ar.* 2986); 16 de febrero y 14 de julio de 1982 (*Ar.* 741 y 4238); 23 de diciembre de 1983 (*Ar.* 6995, con comentario a cargo de E. ROCA TRÍAS en CCJC 1984, n. 4, p. 1222 ss.) y 21 de octubre de 1985 (*Ar.* 4957, comentada por J.A. COBACHO GÓMEZ en CCJC 1985, n. 9, p. 3021 ss.), en la que no se considera ejercitada la acción de retracto —arrendaticio rústico— por medio del acto de conciliación precisamente porque no se cumplió el requisito de la consignación.

como había sostenido el Tribunal Supremo[53], que, incluso, admitía la posibilidad de realizar la consignación con posterioridad a la interposición de la conciliación siempre que se hiciese dentro del plazo de ejercicio del retracto[54].

No podemos compartir dicha conclusión, puesto que, según se destaca en la STS de 19 de mayo de 1992[55] «como consecuencia de lo prevenido en la Ley 34/1984, de 6 de agosto, quedaron tácitamente derogados los arts. 1.621 y 1.622 de la Ley de Enjuiciamiento Civil en lo referente a la obligatoriedad del acto de conciliación en los juicios de retracto».

Por ello, como se señala en la STS de 2 de julio de 1992[56], «dicho acto conciliatorio previo a las demandas retractuales ha de entenderse necesariamente referenciado a las acciones postuladas antes de la Ley 34/1984... ya que esta nueva normativa ha quitado a la conciliación su fuerza obligatoria, así como su condición de ejercicio anticipado de las acciones...», todo lo cual había sido ya destacado en anteriores ocasiones por el propio Tribunal Supremo[57], como se cuidan de resaltar las dos decisiones anteriormente mentadas de 1992.

---

53 Vid., entre otras, la STS de 25 de septiembre de 1950 (*Ar.* 1406), que, con anterioridad a la reforma procesal de 1984, consideraba que la conciliación suponía el verdadero ejercicio del derecho y, especialmente, en la buena dirección, las SSTS de 19 de mayo y 2 de julio de 1992 (*Ar.* 4911 y 6501) y 16 de diciembre de 1993 (*Ar.* 9997).

54 SSTS de 21 de febrero de 1953 (*Ar.* 576); 25 de noviembre de 1955 (*Ar.* 3118); 17 de noviembre de 1967 (*Ar.* 4616) y 8 de junio de 1979 (*Ar.* 2346).

55 *Ar.* 4911, donde prospera el retracto de comuneros interpuesto a pesar de la omisión del acto conciliatorio, que no da lugar a la nulidad de las actuaciones tras la mentada derogación tácita de los arts. 1621 y 1622 LEC por la reforma de 1984 y en la que, además, se considera ejercitada la acción dentro de plazo, que se computa, en el caso, desde la inscripción registral de la enajenación del tercio indiviso de la finca que es objeto de este procedimiento al no haber constancia de que el retrayente tuviera conocimiento anterior de la venta *y* menos que ese conocimiento fuera completo, lo que, según adelantamos, es necesario para comenzar a contarse el plazo desde ese instante.

56 *Ar.* 6501, en la que, de nuevo, prospera el retracto —de colindantes en este caso— interpuesto y se rechaza el pretendido quebrantamiento de las formas esenciales del juicio por alegada infracción de las normas que rigen los actos y garantías procesales al no haber aportado el retrayente con su demanda la correspondiente certificación de la conciliación previa que establece el art. 1621 LEC, lo que se desestima por el Alto Tribunal, que advierte que «evidentemente el artículo procesal citado 1621 pugna con el contenido normativo de la reforma procesal operada mediante Ley de 6 de agosto de 1984, al suprimir la obligatoriedad de las conciliaciones previas a la interposición de los procesos, salvo las excepciones que se prevén. De esta manera el precepto queda aislado del contexto legal y como residual, por olvido en que cayó el legislador y con equivalencia de entenderse tácitamente derogado».

57 Vid. en tal sentido SSTS de 21 de marzo y 7 de julio de 1990 (*Ar.* 1716 y 5781) y 20 de mayo de 1991 (*Ar.* 3773), lo que, asimismo, es asumido por la STS de 16 de diciembre de 1993 (*Ar.* 9997) en un supuesto de retracto de comuneros, donde, después de reproducir las declaraciones expuestas en el texto en los mismos términos, sin embargo, de modo extra-

En consecuencia, según se concluye en la S. AP Granada, Sección 4.ª, de 14 de enero de 1991[58], «las referencias al acto de conciliación de los artículos mil seiscientos veintiuno y mil seiscientos veintidós, aunque subsistan en el texto, carecen ya virtualmente de contenido, por cuanto que, ni de estos preceptos dimana la obligatoriedad del acto conciliatorio y ni existe ninguno otro en la Ley en tal sentido», siendo la única razón justificativa de la subsistencia en el texto legal de las referencias al acto de conciliación la desidia del legislador como también se añade en otra decisión de la misma Sección de la Audiencia granadina[59].

Así pues, como bien se ha precisado en las SS. de la Sección 3.ª de la AP de Granada de 6 de febrero de 1992 y 3 de marzo de 1993[60] así

---

vagante, parece concluir que la conciliación inicia un nuevo plazo de nueve días, siendo tal desafortunada declaración al margen del texto legal, totalmente *obiter dictum* en tanto que, en el caso, el nuevo plazo contado desde tal conciliación había transcurrido «muy sobradamente antes de ser presentada la demanda de retracto», que es el único modo de ejercitar la acción retractual, según se verá a continuación *supra*.

58 *RGD*, septiembre 1992, n. 576, p. 9225, en la cual, con apoyo en otras decisiones de la misma Audiencia y con cita en igual sentido de la STS de 21 de marzo de 1990 (*Ar.* 1716), se advierte que los arts. 1618 y siguientes de la LEC, destinados a regular la tramitación de los juicios de retracto, no contienen disposición imperativa alguna que exija la celebración previa del acto de conciliación para que sean admisibles a trámite las demandas de retracto «y si en dichos preceptos se hace alguna referencia a tal acto conciliatorio, es dando por supuesto lo que con carácter general se establecía en otras disposiciones de la misma Ley que efectivamente contenían tal exigencia» por lo que, al haber sido derogadas estas disposiciones por la Ley de seis de agosto de 1984, que suprime la obligatoriedad de previo intento conciliatorio para todos los juicios declarativos, es por ello que carecen de efectividad las referencias de la LEC al citado acto de conciliación.

59 S. AP. Granada, Sección 4.ª, de 15 de septiembre de 1992 (*Ar. C.* 1195/1992) en un caso en que se había acordado suspender la tramitación de la demanda de retracto —arrendaticio urbano— hasta que se presentara certificación del acto de conciliación, destacando la Audiencia que tal exigencia, que ha originado una innecesaria dilación del pleito, ha dejado de ser legal después de la reforma de la LEC operada por la Ley de seis de agosto de 1984, añadiendo, con apoyo en diversas sentencias del Alto Tribunal, ya citadas, y en otras sentencias de la misma Audiencia de Granada, que los arts 1618 y ss. de dicha Ley procesal, destinados a regular la tramitación de los juicios de retracto «no contienen disposición imperativa alguna que exija la celebración previa del acto de conciliación para que sean admisibles a trámite las demandas de retracto y, si en dichos preceptos subsiste alguna referencia a tal acto conciliatorio, es dando por supuesto lo que con carácter general se establecía en otras disposiciones de la misma Ley que efectivamente contenían tal exigencia, de tal modo que, al haber sido derogadas estas disposiciones por la citada Ley de reforma, es claro que las referencias al acto de conciliación que por desidia del legislador subsisten en el texto legal, carecen ya virtualmente de contenido en cuanto que, ni de los artículos relativos al retracto dimana la obligatoriedad, ni existe ninguno otro en la Ley en tal sentido».

60 Ar. C. 279/1992 y 309/1993, respectivamente, en las que se destaca que «de forma terminante y que no ofrece duda, la citada Sala Primera —del TS— ha roto con el sentir jurisprudencial anterior y entiende que no cabe el ejercicio del retracto por medio del acto de conciliación después de la reforma de 6-8-1984» para concluir en ambos casos la

como en la S. AP Valencia, Sección 8.ª, de 9 de julio de 1994[61], aunque el propio TS había admitido que el acto de conciliación, deducido dentro de plazo, con consignación del precio contractual, constituye instrumento procesal idóneo y modo adecuado de ejercicio del derecho, ello ha de entenderse referido necesariamente a las acciones de retracto postuladas judicialmente antes de la reforma de la Ley 34/1984, ya que, al haber quitado obligatoriedad a la conciliación y su condición de ejercicio anticipado de las acciones la nueva normativa, es claro que no cabe en la actualidad el ejercicio del retracto por medio del acto de conciliación.

Por todo lo dicho, no compartimos las afirmaciones vertidas en la STS de 16 de diciembre de 1993[62] en la cual, en un retracto de comuneros, después de declarar que tras la reforma procesal de 6 de agosto de 1984 no puede hablarse ya de interrupción de la prescripción, o de la caducidad, por dos meses a partir de la celebración del acto de conciliación, ya que la nueva normativa ha quitado a la conciliación su fuerza obligatoria así como su condición de ejercicio anticipado de acciones, suprimiendo toda referencia a dos meses a que hacía alusión la anterior redacción del art. 479 LEC, sin embargo, extrañamente, concluye que «por lo tanto, es claro que el acto de conciliación tuvo únicamente no el efecto de ejercicio de la acción sino una mera significación de interrumpir la prescripción o la caducidad, interrupción que se refiere lógicamente al plazo de nueve días que establece el art. 1.524 del CC, de modo que la fecha de conciliación...inició el nuevo plazo, plazo que concluyó a los nueve días», sin que, en cualquier

---

caducidad de la acción «pues, por la condición de dicho plazo, no cabe su interrupción, y la conciliación no es procedimiento apto para el ejercicio anticipado de la acción», según se advierte en la sentencia de 3 de marzo de 1993 en parecidos términos a los empleados en la de 6 de febrero de 1992 en donde «incluso bajo las premisas de la anterior jurisprudencia se llega a la misma conclusión de extemporaneidad en el ejercicio de la acción de retracto, toda vez que lo admitido era la conciliación con consignación del precio contractual...que no se ha cumplido en el caso de autos, dado que en conciliación lo que se hizo fue 'ofrecer' la consignación...».

61 *Ar. C.* 1355/1994, en la cual se contiene una amplia información jurisprudencial acerca de la inoperancia a efectos interruptivos del acto de conciliación a partir de la entrada en vigor de la Ley 34/1984, de 6 de agosto.

62 *Ar.* 9997. Vid., también en la misma dirección, de la que discrepamos, la STS de 25 de marzo de 1994 (*Ar.* 2536), donde, después de poner de relieve que las acciones se ejercitan mediante demanda judicial y que cualquier otra fórmula de satisfacción de derecho o solución de conflictos tiene carácter extrajudicial de suerte que cuando se pretende hacer uso de un derecho de retracto —de coherederos en el caso— el cauce jurídico es la demanda siempre que las partes no hayan respetado el derecho de preferente adquisición, a continuación de ello, añade que, sin embargo, es medio apto para el ejercicio del derecho retractual «la conciliación siempre que se acuda a ella dentro del plazo y cumplimiento con el requisito de la consignación», si bien se trata, de nuevo, de una declaración *obiter dictum* puesto que el dinero no se consignó hasta transcurrido el plazo de caducidad.

caso, deba de darse mayor relevancia a tal desafortunada declaración que, al margen del texto legal, sitúa un nuevo *dies a quo* en la fecha de la conciliación pues resulta una afirmación totalmente *obiter dictum* en tanto que, en el caso, el nuevo plazo contado desde tal conciliación había transcurrido «muy sobradamente antes de ser presentada la demanda de retracto».

Con todo, si se admitiera la conciliación como forma normal de ejercicio del derecho de retracto, el mayor problema que, tras la Ley 34/1984 surge, es que el art. 479 LEC ha suprimido el plazo de dos meses dentro de los que habría de interponerse la demanda si la conciliación se celebraba sin avenencia para interrumpir la prescripción, lo que la jurisprudencia extendía al derecho de retracto.

Así las cosas, siendo necesario, por elementales razones de orden público y seguridad jurídica, que se regule un plazo para el posterior ejercicio procesal en caso de celebración del acto conciliatorio sin avenencia, pudiera parecer razonable acudir al plazo de dos meses subsistente para la usucapión en el art. 1.974 CC ante el mismo evento de conciliación sin avenencia[63], lo que, siendo admitido por la S. AP Pamplona de 24 de septiembre de 1990[64], sin embargo, con mejor fundamento, fue rechazado por el propio TS recientemente en la STS de 16 de diciembre de 1993[65] donde, por lo que ahora interesa, no se considera admisible aplicar el art. 1.947 CC a la relación jurídica de retracto legal, por tratarse, según ha declarado en otras ocasiones que se citan el propio TS, de un precepto legal dictado solamente para la prescripción adquisitiva.

Por último, al margen de la posición que al respecto se mantenga, ha de tenerse en cuenta que el acto de conciliación, cuando menos una vez ejercitada la acción retractual con la demanda, es un «mero trámite procesal», de suerte tal que con ello se indica su falta de sustancia determinante de la pérdida del derecho, según se concluye en

63 Cfr., en tal sentido, J. M.ª. SANTOS VIJANDE, «El derecho y la acción de retracto», *cit.*, pp. 1180 y 1181, quien estima oportuno extrapolar al retracto el referido plazo previsto para la usucapión, y a cuyo parecer se suma R. BARBER CARCAMO, *El retracto gentilicio, cit.*, pp. 360 y 361.

64 *RGD*, julio-agosto 1991, núms. 562 y 563, pp. 6899 a 6902, siquiera se inclina en tal sentido de modo incidental.

65 *Ar.* 9997 en la que, en un retracto de comuneros, aunque se considera, *obiter dictum*, que la conciliación pudiera interrumpir el plazo de nueve días que establece el art. 1524 del CC, lo que, en modo alguno, compartimos, sin embargo, se lleva a cabo la advertencia que se reproduce en el texto tras haber destacado que la fecha de conciliación inicia un nuevo plazo de 9 días, rechazándose de manera tajante que tal interrupción del plazo por el acto conciliatorio pueda ser por dos meses puesto que el art. 479 LEC está modificado, suprimiéndose toda referencia a los dos meses.

la STS de 30 de mayo de 1969[66], en que se diferencia, por una parte, la misión del acto conciliatorio como trámite de celebración inexcusable en determinados procesos y, por otro lado, la función que la doctrina legal le ha otorgado cuando, con dicho acto, se quiere actuar judicialmente el derecho de retracto en tanto que solo en este último supuesto el acto conciliatorio —que se integra por presentación de papeleta, consiguiente citación y ulterior comparecencia ante el Juez—, debe reunir todos los requisitos de la demanda, ya que, en realidad, equivale a ella, mientras que «en cambio, cuando el ejercicio de la acción de retracto, se inicia de modo normal, con la consiguiente demanda —como ocurrió en el caso de autos—, es esta la que debe estar adornada de todas las formalidades y contener todos los compromisos que la ley exige en cada especie de retracto, y, entonces, ya nada significa el acto conciliatorio con relación a la acción ejercitada en la demanda y queda reducido al cumplimiento de un mero trámite procesal no previo a la iniciación del pleito...».

Así, presentada la demanda dentro de plazo antes de intentarse el acto de conciliación, no puede entenderse la caducidad por retraso en la justificación del acto de conciliación intentado[67], lo que, desde luego, tiene menos transcendencia todavía si se admite la ausencia de virtualidad del acto de conciliación en los términos expuestos.

---

66 *Ar.* 2986, en la cual se puede contemplar dicha expresión definitoria del carácter del acto de conciliación como «trámite procesal» precisamente para rechazar que la demanda de retracto de comuneros pueda verse obstaculizada por la pretendida ineficacia del acto conciliatorio, pues se considera que el recurso planteado en tales términos confunde la función del acto conciliatorio como trámite inexcusable *y* tal acto como equivalente a la demanda en los términos expuestos en el texto, reproduciéndose a continuación el contenido del entonces vigente art. 461 LEC, derogado por la Ley 34/1984, de 6 de agosto, cuando prescribía que no era necesario el acto de conciliación para la interposición de las demandas de retracto, si bien, si hubiere de seguirse el pleito, entonces, se exigirá tal acto o la certificación de haberlo intentado sin efecto.

67 Vid. tal conclusión en la S. AP Oviedo de 21 de abril de 1993 (*Ar. C.* 494/1993) en la que se termina rechazando el retracto por la ausencia de prueba de los requisitos de colindancia de las fincas y su carácter agrícola a pesar de que se habían desestimado tanto la excepción de falta de litisconsorcio pasivo necesario que se había alegado con base en no haberse demandado a la esposa del comprador de la finca objeto de retracto que la adquirió para su sociedad de gananciales, cuanto también la pretendida caducidad de la acción por las razones expuestas en el texto de presentación de la demanda en plazo sin que pueda verse ello obstaculizado por el retraso del acto conciliatorio intentado con posterioridad.

III. COMIENZO DEL PLAZO

En torno al ejercicio del retracto legal, uno de los problemas de mayor interés se centra en concretar exactamente el día inicial a partir del cual se han de computar los 9 días a que se refiere el art. 1.524 CC.

Al respecto, y en línea teórica, existen tres sistemas para determinar el mentado *dies a quo*[1]: al margen del criterio «subjetivo» de conocimiento de la transmisión que se consagra en el art. 88 LAR, por lo que ahora nos interesa, existe, por una parte, un sistema «objetivo», regulado en el art. 1.618.1 LEC, que lo sitúa al día siguiente del otorgamiento de la escritura de venta, prescindiendo de que el retrayente tenga o no conocimiento de la misma y, por otra, uno «mixto», consignado en el art. 1.524 CC, en virtud del cual solo comienza el plazo desde que el retrayente hubiese tenido conocimiento de la venta en el supuesto de que esta no figure inscrita en el RP pues en caso contrario el comienzo es un dato objetivo, desde tal inscripción registral.

Ahora bien, dicho doble sistema, el «objetivo» y el mixto, ha de ser matizado en dos aspectos: en primer lugar porque, según hemos visto, un nutrido cuerpo jurisprudencial[2] estima que el art. 1.618.1 LEC ha sido derogado o, si se quiere, corregido o matizado por el art. 1.524 CC y, en segundo lugar, por cuanto que el propio art. 1.524 CC no excluye que, aun habiendo inscripción registral, el plazo comience, igualmente, desde el conocimiento en aquellos supuestos en que, según se expondrá, se acredite que el mismo es anterior al acceso al RP.

---

1 Vid., en análogos términos a los empleados en el texto, las tres posibilidades de determinación del día inicial del cómputo del plazo de la acción de retracto, en la STS de 30 de noviembre de 1967 (*Ar.* 4915), tras la advertencia de que «por implicar —el retracto— cierta inseguridad en las relaciones jurídicas pactadas, la Ley señala un breve plazo para su ejercicio eficaz y establece el momento de arranque de este, optando por uno de estos tres criterios».

2 Entre las últimas, SSTS de 30 de octubre de 1990 (*Ar.* 8268) y 30 de septiembre de 1992 (*Ar.* 7419), ambas con ocasión de sendos retractos de comuneros, especificándose en concreto en la primera que la acción ha de ejercitarse «en el inexorable plazo de 9 días contados según el citado art. 1524 del CC —que en ello revisa lo preceptuado— tanto en el art. 1618.1 como en el 1620 de la LEC...» y señalándose en la sentencia de 1992 que el meritado art. 1524 CC «modificó el señalamiento del día inicial del cómputo del plazo para ejercitar la acción de retracto, refiriéndolo a la fecha en que el retrayente tenga conocimiento de la venta...».

1. ENAJENACIONES INSCRITAS

Cuando se trata de enajenaciones inscritas en el RP, por lo general el plazo de 9 días se cuenta desde la inscripción de la escritura de transmisión en el Registro de la Propiedad, estimándose con presunción *iuris et de iure* que en ese momento el retrayente conoce la enajenación[3] y solo cuando se acredita que el retrayente conoció la venta con anterioridad a la fecha de la inscripción, dicho plazo se computa desde el día siguiente a aquél en que se prueba el conocimiento de la venta por el retrayente en los términos que posteriormente señalaremos[4].

Según hemos anticipado, en la cuestión de inconstitucionalidad 2057/1991 se ha alegado que tal modo de computar el plazo desde que la inscripción registral hubiere tenido lugar, y, de modo significativo, la brevedad del plazo de 9 días, convierte en ilusorio el ejercicio del derecho retractual, al obligar al eventual retrayente a consultar con una alta periodicidad el Registro de la Propiedad a los efectos de poder saber si se ha producido la enajenación que hace posible el ejercicio del retracto, con lo que se aduce que se vulnera el derecho a la tutela judicial efectiva consagrado en el art. 24 CE.

Frente a tal argumento, el pleno del TC, en la sentencia 54/1994, de 24 de febrero (BOE de 17 de marzo) razona que el legislador puede regular el derecho de retracto con la amplitud o restricción que considere más apropiada a la efectividad de los intereses en atención a los cuales lo crea, resultando dentro de los límites que establece la Constitución la exigencia de que la preferencia que el CC otorga al copropietario o al colindante se ejerza en un período determinado transcurrido el cual decae, sin que, en modo alguno, el ejercicio del derecho retractual se configure como un requisito para obtener precisamente la tutela judicial efectiva, que es un derecho procesal, al proceso y en el proceso, lo cual es bien distinto del plazo sustantivo, no procesal,

---

3 Así, ante un retracto de comuneros, en la STS de 21 de julio de 1993 (Ar. 6106) se especifica, con amplio apoyo jurisprudencial, que «el art. 1524, al señalar, como comienzo del cómputo de los nueve días para el ejercicio del derecho de retracto, la fecha de la inscripción de la venta, estima como presunción *iuris et de iure* que en ese momento conoce el retrayente la enajenación de la finca, con lo que aquel plazo se contará desde el día siguiente a realizarse la inscripción», todo ello, salvo, como veremos, que se acredite el conocimiento anterior a la fecha de la inscripción, en que se computará el plazo desde tal conocimiento.

4 Vid., al respecto, también con ocasión de un retracto de comuneros, la STS de 20 de mayo de 1991 (*Ar.* 3773), donde se contiene la doctrina expuesta en el texto, aclarándose que «el término mencionado —de la acción retractual— comienza a contarse desde la inscripción de la escritura de transmisión en el Registro de la Propiedad y en su defecto, es decir, cuando se da ocultación maliciosa, dicho plazo solo se computa desde el día siguiente "al en que se acreditare" que los retrayentes han tenido conocimiento de la venta (artículo 1524 del Código Civil y 1620 de la Ley de Enjuiciamiento Civil)», siendo el alcance del mentado conocimiento una cuestión de hecho.

del tan reiterado art. 1.524 CC[5], todo ello al margen de que, a nuestro juicio, no cabe duda de que el cómputo desde la inscripción en el Registro en tan breve plazo es altamente inconveniente y perjudicial por las numerosas dificultades que, sin duda, plantea para el potencial retrayente en un sistema, como el nuestro, de inscripción voluntaria, según han puesto de manifiesto, entre otros, M. de la Cámara Álvarez[6] y J. A. Cobacho Gómez[7].

Una vez clarificada la acomodación al texto constitucional de la disposición contenida en el art. 1.524 CC a juicio, claro está, del Alto Tribunal, por lo que respecta en concreto a la regla general en los supuestos de enajenaciones inscritas, el plazo de la acción retractual se comienza a contar señaladamente desde la fecha de la inscripción, sin que pueda estimarse que empieza a correr en la fecha de la presentación de la escritura en la oficina liquidadora de derechos reales[8] y tampoco en la del asiento de presentación (art. 24 Lh), según se destaca en la STS de 27 de febrero de 1954[9].

---

5 En concreto, en la mentada STC 54/1994, de 24 de febrero, el Pleno del TC considera que las exigencias del art. 1524 CC para ejercitar el derecho de retracto, legalmente reconocido, no vulneran, de ninguna manera, el derecho a la tutela judicial efectiva pues no impiden la obtención de los órganos judiciales de una resolución motivada, que constituye el contenido primario del derecho reconocido en el art. 24/1 CE, que es un derecho a accionar, a acceder a los órganos judiciales y obtener de estos una resolución, que no se encuentra vedado por el momento legalmente previsto para iniciar el cómputo del plazo de ejercicio del retracto en los supuestos de enajenaciones inscritas.

6 Vid. *Comentario Ministerio, cit.*, I, p. 1506, que critica el contenido del artículo 1524 con ocasión de compararlo con el 1067, ambos del Código Civil, advirtiendo precisamente que la inscripción en el Registro de la Propiedad no es instrumento adecuado para que a partir de la práctica del asiento empiece a correr el plazo para el retracto pues dicha tesis solo puede fundarse en un equivocado concepto de la publicidad registral o en la ficción de que el contenido del Registro es conocido por todos.

7 Cfr. «El plazo», *cit.*, pp. 285 a 289, quien, asimismo, pone de manifiesto, con toda razón, la multitud de dificultades de orden práctico y las numerosas dudas desde el punto de vista teórico de comenzar a contar el plazo de la acción retractual desde la inscripción en el Registro de la Propiedad.

8 Vid., sobre este aspecto, la STS de 22 de febrero de 1961 (Ar. 901) en la que precisamente se rechaza que el plazo pueda computarse desde la presentación del documento en la oficina de liquidación de derechos reales y se estima el retracto legal de colindantes interpuesto en plazo «pues ni el otorgamiento de la escritura de compraventa a favor del demandado...ni su presentación en la oficina liquidadora de derechos reales, que no tiene el alcance en cuanto a presunción de publicidad que la presentación en el Registro de la Propiedad, ni el contenido de la certificación del acto de conciliación...acusan de modo auténtico el conocimiento por el actor en aquellas fechas de las condiciones de la venta...» con anterioridad al acceso de la escritura al Registro de la Propiedad, a partir de la cual se comienza a contar, en el caso, el plazo de la acción retractual.

9 *Ar.* 981, con cita en apoyo de la referida doctrina de la STS de 11 de junio de 1902 (JC, t. 93, n. 167, p. 949 ss.), que expondremos en la nota siguiente, declarándose en concreto que «no es el momento de la presentación del título en el Registro desde el que debe empezar a contarse el plazo para ejercitar la acción de retracto, sino el de la inscripción, y no podía

En esta última decisión, al igual que había mantenido el propio TS en otras anteriores sentencias[10], se razona la improcedencia de situar el comienzo del cómputo en la fecha del asiento de presentación porque este no produce efectos si no va relacionado con la inscripción, a lo que se añade que, como veremos, el plazo de la acción retractual no empieza a contarse desde que el retrayente tiene una simple, vaga o indeterminada noticia de la transmisión sino desde que conoce esta con todos los detalles suficientes para que pueda apreciar si le conviene subrogarse en todas las obligaciones que por ese contrato contrae el adquirente demandado y esas condiciones no tienen la publicidad registral más que por la inscripción del título y no por el asiento de presentación, puesto que, como se había concluido en igual sentido en la STS de 6 de marzo de 1942[11] «el artículo 1.524 del Código Civil no autoriza a extender a la simple presentación en el Registro la presunción *iuris et de iure* que el mismo establece, teniendo esta Sala declarado en repetidas sentencias que el término para retraer no se cuenta desde aquélla».

Asimismo, ha de tenerse en cuenta que la inscripción en el Registro no puede ser otra que la causada por la escritura pública en que se haga constar la venta de la finca que se pretende retraer porque en dichos documentos es donde se hacen constar los pactos y condiciones en que la venta se otorgó y que el futuro retrayente tiene derecho a conocer para poder hacer uso de su derecho si le conviniere utilizarlo, de lo cual se concluye que la inscripción en el Registro no es asimilable en modo alguno a la inscripción de un expediente posesorio[12].

---

ser de otra manera, en términos generales, porque el asiento de presentación no produce efectos si no va relacionado con la inscripción...» según se expone en el siguiente párrafo del texto. Vid., sobre ello, J. A. COBACHO GÓMEZ, «El plazo», *cit.*, pp. 288 y 289.

10 SSTS de 11 de junio de 1902 (JC, t. 93, n. 167, p. 949 ss.), aplicando el derecho de retracto legal a la constitución de censo reservativo y 3 de julio de 1906 (JC, t. 105, n. 4, p. 29 ss.), en idéntico sentido, ante un retracto de colindantes, produciéndose en igual dirección, con amplia información de precedentes judiciales, la S. AP de Madrid, Sección 13.ª, de 20 de septiembre de 1994 (*RGD*, enero—febrero 1995, núms. 604 y 605, pp. 937 y 938).

11 *Ar.* 622, en la cual, de nuevo, se pretende tomar en consideración para comenzar a computar el plazo para interponer la acción retractual la presentación de la escritura de venta en el Registro de la Propiedad del que fue retirada apenas se presentó, lo que se rechaza pues en ese momento el actor, aun cuando tenía perfecta constancia de la venta, sin embargo desconocía el precio y sus condiciones, declarándose que «la enunciación de la venta no es bastante para dar lugar al ejercicio de la acción de retracto, toda vez que desconociéndose las condiciones en que tuvo lugar, como se conocen por la publicidad del Registro de la Propiedad en virtud de la inscripción, mal podrá saber el retrayente si le conviene o no sustituir al comprador en la adquisición de la finca».

12 Vid. singularmente en tales términos, con ocasión de un retracto gentilicio, la STS de 19 de noviembre de 1919 (JC, t. 148, n. 20, p. 143 ss.), lo cual lo consideramos acertado frente a la desafortunada STS de 21 de octubre de 1927 (JC, t. 177, n. 108, p. 508 ss.) que, por el contrario, estima iniciado el plazo desde el expediente posesorio, confirmando la sentencia de

En concreto, el plazo comienza el día siguiente a aquél en que se practicó el asiento sin que, como hemos adelantado, en su cómputo sea incluible el día en que este tuvo lugar[13] y teniendo presente que el inicio del plazo no se ve afectado por la ineficacia de la inscripción hasta tanto no se produzca la cancelación, como señala la STS de 1 de julio de 1959[14].

En esta sentencia se desestima que el transcurso de 3 meses a que se refiere el artículo 205 Lh sin la obligada publicidad, por llevar aparejado la cancelación de oficio de aquélla, impida que la fecha de la inscripción pueda ser arranque del fatal término en que la acción debe de ser ejercitada puesto que la tesis en cuya virtud se niega toda eficacia a la inscripción registral, por la posibilidad de ser cancelada, requiere estimar, contrariamente a la precisión del art. 1.524 CC, que en él solo se comprenden una clase de inscripciones, debiendo de entenderse excluidas las verificadas conforme al art. 205 Lh, que si bien, por lo en él dispuesto y en el art. 207 y concordantes del Rh, «tienen limitados sus efectos hipotecarios por razones totalmente distintas a las que la señalan como inicial del término para ejercitar la acción, ello no impide despojarlas de su cualidad de "inscripción" y por consecuencia eficiente desde su fecha a dar comienzo al término de nueve días...», tras lo que se añade, para finalizar, que la cancelación de las inscripciones, por lo demás, exige una decisión de quien ha de hacerla constar y que en tanto no se produzca no las priva de sus efectos, aparte de que «el término de caducidad, una vez transcurrido no puede reconocer (*sic*, retroceder)».

---

instancia en la que se había concluido que «amillarada la finca a favor del comprador, la inscribió por medio de expediente posesorio en el Registro de la Propiedad..., constando en la inscripción nota suficiente del título de adquisición y de los nombres del vendedor y comprador, desde cuya fecha habría que partir en primer término para el cómputo de los días que para ejercitar el derecho de retraer señala el artículo 1524 del Código Civil, a tenor del que supletoriamente se debe contar ese plazo desde la fecha en que el retrayente conoció la venta...» todo lo cual, como hemos advertido, se compadece mal con la dicción del art. 1524 CC que exclusivamente alude a la inscripción o, en su caso, al conocimiento.

13 En este sentido SSTS de 2 de abril y 15 de diciembre de 1956 (*Ar.* 1540 y 1131/1957, respectivamente); 11 de mayo de 1965 (*Ar.* 2534) y 21 de julio de 1993 (*Ar.* 6106), en la que se contienen abundantes referencias jurisprudenciales en igual sentido.

14 *Ar.* 2949, en que no se estima el retracto de colindantes por haber caducado la acción que se interpuso tras haber transcurrido más de 9 días desde la inscripción en el Registro, rechazándose que el cómputo de dicho plazo deba contarse desde el día en que se fijan los edictos a que hace referencia el art. 205 Lh, a cuyo amparo tuvo lugar la inscripción, que, a tenor de dicho precepto, se encuentra supeditada, en cuanto a validez y eficacia, al cumplimiento de determinados requisitos que, en el caso, no habían sido cumplidos al no haber sido presentados en plazo legal los edictos expedidos para legitimar la inscripción practicada que ha de cancelarse de oficio. Vid. también J. A. COBACHO GÓMEZ, «El plazo», *cit.*, pp. 288 y 289.

En efecto, como advierte la S. AP Granada, Sección 4.ª, de 24 de febrero de 1992[15], con cita de la STS mencionada en último lugar, aunque, como en los casos enjuiciados por ambas decisiones, la inscripción se haya verificado por la vía del art. 205 Lh y tenga suspendidos sus efectos hipotecarios respecto de terceros durante dos años a contar desde su fecha, ello no obsta a que cumpla la función de publicidad en que se apoya el citado artículo 1.524 CC y, en consecuencia, no permite despojarlas de su cualidad de inscripción eficiente desde su fecha para dar comienzo al término de nueve días fijado en el mentado precepto.

Sin embargo, aun tratándose de enajenaciones inscritas, quizá por el carácter voluntario de la inscripción, el plazo, como hemos adelantado, se contará desde el conocimiento si el demandado logra demostrar que el retrayente tuvo conocimiento completo de la venta y sus condiciones con anterioridad a practicar la inscripción en el RP[16], puesto que el cómputo del plazo de nueve días para ejercitar el retracto, contado a partir de la inscripción de la venta en el Registro solo juega cuando no conste que el retrayente tuviera conocimiento de la enajenación desde fecha anterior[17].

Es decir, la inscripción en el Registro de la Propiedad es un medio supletorio del conocimiento de la venta que no necesita entrar en juego cuando, con independencia de la misma, el retrayente ha tenido un

15 *RGD*, septiembre 1993, núm. 588, pp. 9260 y 9261, en la cual se rechaza la acción retractual por hallarse caducada la acción al haber transcurrido más de 9 días desde la inscripción en el Registro de la Propiedad, aunque fuese por la vía del meritado art. 205 Lh, sin que se hubiese demostrado que el retrayente tuvo conocimiento completo de la venta y de todas sus condiciones con anterioridad a la citada inscripción.

16 Vid., y allí, en su caso, otras referencias, SSTS de 20 de noviembre de 1958 (*Ar.* 3457); 28 de mayo de 1963 (*Ar.* 2952); 5 de mayo de 1972 (Ar 2130); 21 de marzo y 30 de octubre de 1990 (*Ar.* 1716 y 8268); 19 de mayo de 1992 (Ar 4911) y 21 de julio de 1993 (Ar 6106), en la cual, después de exponer la doctrina referenciada en el texto, se advierte que en los supuestos de enajenaciones inscritas solo se puede alegar el conocimiento por el retrayente con anterioridad a la fecha de la inscripción, resultando irrelevante aducir, como en el caso, no haber tenido conocimiento de la venta inscrita hasta fecha posterior pues, en ese supuesto, el plazo se comienza a computar desde la inscripción.

17 Así se ha reseñado, y ahí más información de la doctrina legal, en las SSTS de 31 de octubre de 1981 (CL, n. 402, p. 857 ss.) y 11 de marzo de 1994 (*Ar.* 1741). Vid. sobre el particular, M. SERRA DOMÍNGUEZ, *Estudios, cit.*, p. 487, quien señala que el conocimiento sirve para iniciar el cómputo del plazo únicamente cuando no existe inscripción, lo que implica, a su juicio, una cierta incongruencia legislativa pues la inscripción posterior volvería a abrir el plazo de caducidad ya cerrado, siendo de peor suerte el comprador que inscribe que el que no ha inscrito, tras lo que concluye que «como sea que hay que atender al momento en que se presenta la demanda este problema teórico pierde toda repercusión práctica, pues en este momento forzosamente debe existir conocimiento, que será esencial solo cuando no exista inscripción».

conocimiento real, efectivo y perfecto de la enajenación[18] y todo ello sin que, según se destaca en la STS de 12 de diciembre de 1986[19], la posterior inscripción suponga un nuevo inicio del plazo para ejercitar el derecho de retracto.

Esto es, como se ha puesto de manifiesto en la S. AP Barcelona, Sección 14.ª, de 3 de diciembre de 1991[20] «el cómputo inicial de los nueve días de caducidad deberá realizarse del modo siguiente: 1) Cuando no exista inscripción registral, será el momento de conocimiento de la venta, 2) Constando la inscripción registral, este será un dato seguro para deducir del mismo el conocimiento del retrayente. Y quien mantenga otra fecha distinta, siempre antecedente a la inscripción, puesto que, inscrita la venta, su fecha se utiliza como dato *in extremis* para el cómputo del *dies a quo,* deberá justificarse por aquél la fecha del conocimiento completo y extraregistral de la venta efectuada».

Efectivamente, según se advierte en la S. AP Córdoba, Sección 1.ª, de 8 de febrero de 1992[21], con nutrida información jurisprudencial, «el

---

18 Vid. esta precisión en la STS de 23 de enero de 1990 (*Ar.* 19), manifestándose en igual dirección, con anterioridad, las SSTS de 11 de mayo de 1966 (*Ar.* 2416); 30 de octubre de 1969 (*Ar.* 5057) y 27 de marzo de 1989 (*Ar.* 2200).

19 Ar. 7436 y, con la misma orientación, SSTS de 12 de mayo de 1956 (*Ar.* 1976), 20 de noviembre de 1958 (*Ar.* 3457) y 5 de mayo de 1972 (*Ar.* 2130), lo que, con iguales términos, se reproduce, con otras referencias jurisprudenciales, en la STS de 11 de marzo de 1994 (*Ar.* 1741).

20 AC 570/1992, en la que se rechaza la caducidad de la acción porque la demanda de retracto sobre una porción indivisa de la finca se presentó a los nueve días de la inscripción de la venta sin que quepa deducir de las ofertas previas a la enajenación realizadas por el otro comunero un dato seguro de conocimiento a fin de enervar la fecha de la inscripción registral como momento inicial para el cómputo del plazo de los nueve días, prosperando la acción retractual, por lo demás, a pesar de que la venta que constituye su fundamento se resuelve posteriormente mediante sentencia judicial por falta de pago del precio, apreciando la Audiencia de Barcelona una confabulación entre los contratantes y mala fe en el comprador al haber dejado este de satisfacer el precio aplazado tras la interposición del retracto y allanarse, de modo intencionadamente buscado, a la demanda de resolución de la venta a lo que siguió una rápida ejecución de la sentencia con otorgamiento de la escritura pública en favor del inicial vendedor.

21 *Ar. C.* 242/1992, en la cual se declara improcedente la acción retractual al haber transcurrido con creces los 9 días de plazo para ejercitarla desde que, según acreditaron los compradores, el retrayente tuvo conocimiento exacto de la enajenación de la que trae causa la demanda en fecha muy anterior a cuando se produjo la inscripción en el Registro de la Propiedad, al haberse demostrado que el vendedor notificó su propósito de vender la mitad de la finca de la que era propietario al actor, y su precio, antes del otorgamiento de la escritura de venta a favor de los demandados, señalándose que la corrección del tenor literal del art. 1524 CC para casos como el presente, en que el conocimiento es anterior a la propia inscripción, en los términos en que se reproduce en el texto, viene motivada por el propio carácter voluntario de la inscripción que, de atenerse a la literalidad del susodicho precepto, aplazaría *sine die* su comienzo, lo que no se compadece con la intención del legislador a la hora de fijar un plazo para el ejercicio de la acción pues se cuidó mucho de que este fuera breve en el tiempo y, además, taxativamente, determinó el momento o

art. 1.524 no ha de entenderse en el sentido literal de que habiendo inscripción registral el plazo comenzará a contarse desde ella, al ser posible, y no quedar excluido, un conocimiento anterior como punto inicial de partida. Es decir, cuando se tiene conocimiento de la venta con anterioridad a practicar la inscripción en el Registro de la Propiedad, a aquella fecha ha de contraerse el cómputo del plazo sin que, con la posterior inscripción, se vea revalidada la posibilidad de ejercitar el derecho de retracto...», manteniéndose igual doctrina en la S. AP de Valencia, Sección 7.ª, de 20 de abril de 1994[22].

Igualmente, en la S. de la misma AP Córdoba, Sección 3.ª, de 4 de septiembre de 1992[23] se hace una buena exposición, con amplio apoyo jurisprudencial, del inicio del cómputo del plazo de la acción de retracto, señalándose que «el día inicial para el cómputo del plazo es, en principio, con una interpretación correctora del precepto legal, el del conocimiento de la venta, a no ser que previamente se haya procedido a la inscripción de la misma en el Registro de la Propiedad»[24] puesto que, según se deduce de un nutrido cuerpo de doctrina legal[25], «en el supuesto de inscripción solo comenzará a computarse el plazo desde su fecha cuando no se acredite que, con anterioridad a la misma, conocía el retrayente la venta, supuesto este en que el plazo se comenzará a contar a partir de dicho conocimiento» en términos que serán expuestos en el epígrafe siguiente.

---

inicio para el cómputo, «por evidentes razones de seguridad jurídica, y al ser los retractos legales una limitación a las facultades de libre disposición del propietario», según concluye la Audiencia de Córdoba en esta decisión.

22 *RGD,* octubre-noviembre 1994, núms. 601 y 602, pp. 11555 a 11562, en la que también se inicia el cómputo de la acción de retracto de comuneros desde el conocimiento anterior a la inscripción registral.

23 *Ar. C.* 1161/1992, donde se desestimó el retracto de colindantes precisamente por caducidad de la acción al haberse demostrado que el actor tuvo conocimiento de las condiciones esenciales en que se llevó a cabo el contrato de compraventa del que trae causa la demanda con mucha anterioridad al ejercicio de la acción, no interesándole inicialmente su interposición, que lleva a cabo, transcurrido el plazo de caducidad, a la vista de las mejoras introducidas en la finca objeto del litigio en términos que expondremos después en la nota 75 con motivo de analizar la posibilidad de que el Juzgador llegue a la convicción de la existencia del conocimiento pleno y completo de las condiciones de la venta por parte del retrayente a través de cualquiera de los medios que las normas procesales admiten, entre los que se encuentra, como en este supuesto, la prueba de las presunciones.

24 Vid. en este sentido, entre otras, las SSTS de 20 de marzo de 1925 (JC, t. 165, n. 168, p. 880 ss.); 24 de junio de 1927 (JC, t. 175, n. 184, p. 962 ss.) y 8 de julio de 1946 (*Ar.* 992).

25 Así, la primacía del conocimiento del retrayente sobre la inscripción puede inferirse, entre otros, de los pronunciamientos de las SSTS de 14 de diciembre de 1905 (JC, t. 102, n. 143, p. 846 ss.), ante un retracto de colindantes; 30 de junio de 1910 (JC, t. 118, n. 87, p. 533 ss.), en un retracto de la mitad de una casa; 3 de diciembre de 1955 (*Ar.* 3603), en un retracto interpuesto a consecuencia del arrendamiento de fincas urbanas; 29 de noviembre de 1958 (Ar. 3808); 5 de mayo de 1972 (*Ar.* 2130) y 30 de octubre de 1978 (*Ar.* 3289), estas tres últimas conteniendo la citada doctrina con motivo del ejercicio del retracto legal de colindantes.

Desde luego, y con ello concluimos este apartado, una vez inscrita la enajenación, es obvio, como se pone de manifiesto en la S. AP Granada, Sección 4.ª, de 3 de febrero de 1992[26], incluso en un caso de retracto arrendaticio urbano, «que empezase a correr el plazo de caducidad fijado para seguridad del tráfico jurídico, cuando conste que a sabiendas y por su voluntad no hace uso del mismo, habiendo podido comprobar cabal y cumplidamente la transmisión mediante el Registro de la Propiedad...» puesto que si bien tal inscripción no es fecha de inicio del cómputo de la caducidad de la acción, es indudable, empero, que es un inmejorable presupuesto de conocimiento sustantivo para ejercitar la acción, como en el caso en que la actora estuvo en condiciones para conocer los pormenores de la transmisión con solo acudir al Registro donde ya constaba por lo cual se desestima la acción retractual por el transcurso del plazo de caducidad que, según reiterada doctrina legal, ha de computarse, al margen de la referida notificación, que no se considera imprescindible, desde el conocimiento de la enajenación con todas sus circunstancias, que se cifra en la aludida inscripción, a partir de cuyo instante el sujeto está en actitud manifiesta para reclamar la —mal llamada, a nuestro juicio— «subrogación» en la operación de compra.

2. ENAJENACIONES NO INSCRITAS

Según hemos venido advirtiendo en las páginas precedentes, «el *dies a quo*, o de comienzo del plazo de caducidad es aquél en que el retrayente tenga cumplido conocimiento de la venta y de sus condiciones, con independencia de que lo sepa a través del Registro o por otros medios, no pudiendo, en este caso, esperar a la inscripción para ejercitar sus derechos», como concluye, con cita de numerosa jurisprudencia del TS, la S. AP Huesca de 31 de marzo de 1993[27], de suerte

26 *RGD*, septiembre 1993, n. 588, pp. 9251 y 9252, en la que, después de advertir que en el retracto interpuesto al amparo de la ya derogada LAU de 1964 el cómputo del plazo de la acción se comienza a contar desde la notificación fehaciente hecha por el comprador y no desde la inscripción en el RP como para el retracto legal mandata el art. 1524 CC, se contiene la declaración que se reproduce en el texto.

27 AC 860/1993. En la doctrina, por todos, E. PÉREZ ARDÁ, *op. cit.*, p. 508, quien considera lógico y equitativo computar el plazo desde el conocimiento de la enajenación inscrita con posterioridad porque la interpretación contraria acarrearía la absurda consecuencia de poder intentarse un retracto muchos años después de verificada una venta, no obstante tener de ella noticia el retrayente, con perjuicio enorme para la estabilidad del derecho de propiedad, criticando, por ello, ya en 1907, la redacción del art. 1524 CC, que consideraba muy defectuosa, debiéndose pensarse en reformarla, sustituyéndola por otra fórmula menos expuesta a equívocos y más en armonía con el pensamiento del legislador, como sería diciendo que los nueve días han de contarse desde que el retrayente haya tenido conocimiento de la venta o desde la inscripción en el Registro.

tal que si se acredita dicho conocimiento este será el momento a partir del cual comienza a correr el plazo del artículo 1.524.

Más específicamente, por lo que se refiere al aludido conocimiento, momento a partir del cual comienza a contarse el plazo tratándose de enajenaciones no inscritas, dicho plazo ha de contarse, de nuevo, desde el siguiente al día en que se conoció la enajenación, según se advierte en la STS de 24 de junio de 1927[28].

Al respecto de los caracteres del mentado conocimiento, la STS de 28 de febrero de 1989[29] destaca que ha de ser claro, preciso y sin aspectos dudosos, sin que el retrayente tenga que acudir a indagaciones que legalmente no le vienen impuestas en un caso en que el demandado se adjudicó en procedimiento ejecutivo la mitad intelectual y proindiviso de un edificio del que el actor es copropietario en cuanto a la otra mitad proindivisa, sin que se considere suficiente a tales efectos del conocimiento pleno de la transmisión —en el caso, del auto de adjudicación— la notificación notarial que se efectuó «desde el momento en que, aparte de hacerse referencia en la indicada acta de notificación a juicio sumario y no a ejecutivo, que es el en que en realidad se produjo la adjudicación, ni se hace cita del número del correspondiente procedimiento, ni se aporta al tan repetido retrayente el auto de adjudicación que se indicaba en el acta de notificación notarial a que se viene haciendo mención se dice haber sido dictado —*sic*—, con lo que se omiten esenciales elementos para comprobar la certeza de dicha adjudicación y las condiciones en que la misma viene efectuada».

28 JC, t. 175, n. 184, p. 962 ss., que, en concreto, establece, en su Tercer Considerando, que el «precitado artículo 1524 del Código Civil, orientándose en los preceptos contenidos en sus concordantes, los 1258, 1445 y 1450, que regulan el régimen contractual de los derechos dominicales, ni prohíbe la presentación de las demandas de retracto antes de que los actos de cesión en los procedimientos judiciales sean formalizados y convalidados por la correspondiente escritura pública, ni establece otras exigencias que la de que las acciones que por consecuencia de ellos se utilicen resulten ejercitadas dentro de los nueve días siguientes al de que se tenga conocimiento de la perfección y consumación de la enajenación por la transmisión y entrega del inmueble a la libre disposición del comprador...».

29 *Ar.* 1411, en la que, casando la sentencia de instancia, se estima el retracto de comuneros al considerar que debe empezar a computarse el plazo de la acción desde la inscripción registral pues para que comenzara a contarse desde el conocimiento de la enajenación, como pretendía el demandado, habría de probarse que el mismo es completo a fin de poder decidir la conveniencia del ejercicio de la acción retractual, lo que no ha tenido lugar en este supuesto según se detalla en el texto.

Asimismo, la mayor parte de la doctrina[30] y, sobre todo, una reiterada jurisprudencia[31] han venido exigiendo que el meritado conocimiento sea completo, cabal, cumplido, con noticia exacta de todos los extremos de la transmisión, sin que resulten suficientes ciertas referencias a la misma o datos incompletos acerca de sus condiciones, lo que, asimismo, se requiere para el comienzo del cómputo del plazo previsto en el artículo 88 LAR[32] y en al antiguo artículo 48/2 de la LAU de 1964[33].

En apoyo de tal consideración se argumenta que solo tras un pleno conocimiento el titular del derecho de retracto puede tener elementos de juicio suficientes para decidir sobre la conveniencia o no de ejercitar la acción, como también ha venido precisando buena parte de la mentada doctrina legal[34].

En cualquier caso, la anterior doctrina legal, y a pesar de que en ocasiones exige que el conocimiento abarque todos los detalles, tanto esenciales como no esenciales, de la transmisión[35] o que se ha de cono-

---

30 Cfr. en tal sentido, y allí, en su caso, más información, M. Albaladejo García, *Derecho Civil,* t. III, vol. 2, 8.ª edic., Barcelona, 1994, pp. 360 y 361; L. Diez Picazo/ A. Gullón Ballesteros, *Sistema de Derecho Civil,* vol. III, 5.ª edic., Madrid, 1990, p. 595; J. L. Lacruz Berdejo/J. Rams Albesa, *Elementos de Derecho Civil,* t. III, vol. 2, Barcelona, 2.ª edic., 1991, p. 447; J. Castán Tobeñas/J. Ferrandis Vilella, *Derecho Civil español, común y foral,* t. IV, 15.ª edic., Madrid, 1993, pp. 183 y 184; G. García Cantero, G., *Comentarios al Código Civil y Compilaciones forales dirigidos por M. Albaladejo/S. Díaz Alabart* t. XIX, 2.ª edic., Madrid, 1991, p. 630; M. Serra Domínguez, *Estudios, cit.,* p. 487 y A. L. Rebolledo Varela, *Comentario Ministerio, cit.,* II, p. 1017.

31 Vid. , con otras referencias, SSTS de 24 de mayo de 1982 (*Ar.* 2591); 9 de febrero de 1984 (*Ar.* 1128); 21 de marzo y 30 de octubre de 1990 (*Ar.* 1716 y 8268); 20 de mayo de 1991 (*Ar.* 3773), 10 de noviembre de 1992 (*Ar.* 9102) y, con más información en tal sentido, STSJ de Navarra de 29 de junio de 1991 (*Ar.* 9795) y voto particular a la STSJ de Aragón de 22 de enero de 1990 (*Ar.* 5220).

32 Así lo han destacado las SSTS de 20 de mayo de 1981 (*Ar.* 2083); 12 de diciembre de 1986 (*Ar.* 7436); 17 de marzo de 1989 (*Ar.* 2158) y 6 de febrero de 1992 (*Ar.* 834).

33 Sobre dicha exigencia del antiguo artículo 48/2 de la LAU derogada —de similar contenido al actual art. 25/3 *in fine* de la Ley 29/1994— se produce, con apoyo en jurisprudencia del TS, la S. AP Madrid, Sección 11.ª, de 18 de mayo de 1993 (*RGD,* núm. 588, septiembre 1993, pp. 8789 a 8791).

34 SSTS, y allí más referencias, de 12 de diciembre de 1986 (*Ar.* 7436); 28 de abril, 6 de junio y 27 de diciembre de 1988 (Ar. 3300, 4820 y 10069); 29 de febrero de 1989 (Ar. 1411) y 20 de mayo de 1991 (Ar. 3773).

35 Vid. en esta dirección la STS de 6 de febrero de 1992 (Ar. 834) en un caso en que se ejercita el retracto arrendadero rústico a consecuencia de la enajenación de la nuda propiedad de la finca sin que se hubiese previamente notificado tal venta al arrendatario, que desconoce el precio, la identificación de las fincas y que solo se hubiere cedido la nuda propiedad, por lo que prospera la acción retractual al haberse interpuesto dentro de plazo legal, que, en ausencia de la preceptiva notificación en el caso, comienza a computarse desde que el retrayente tiene conocimiento no solo de que la venta se ha efectuado e incluso de la identificación de los adquirentes sino también de «los detalles completos, precisos y exactos

cer no solo el precio sino también las modalidades de pago a efectos de determinar si es asequible a las disponibilidades económicas del retrayente[36], sin embargo, en lo que se refiere al conocimiento de todas las condiciones accesorias de la transmisión, solo deviene imprescindible, «cuando estas sean tales que su conocimiento pueda reputarse transcendente»[37].

En consecuencia, tal criterio no se ve modificado por el hecho de que falten algunos datos en relación con la enajenación efectuada si los mismos carecen de relevancia a tales efectos, como aconteció en el supuesto enjuiciado en la STS de 15 de septiembre de 1990[38], en el que se aclara posteriormente la variación de la vía pública a la que accede la finca, lo que se estima intrascendente a los efectos de la caducidad de la acción de retracto —arrendaticio urbano—, cuyo plazo había transcurrido desde el cumplido conocimiento de las condiciones de la transmisión efectuada.

Igualmente, un nutrido sector del referido cuerpo jurisprudencial destaca que la apreciación del momento en que el retrayente conoció la venta y sus condiciones principales es cuestión de hecho reservada a la soberanía de los tribunales de instancia[39], cuya calificación con anterioridad a la Ley 10/1992, de 30 de abril, solo era impugnable a

---

de la transmisión, tanto esenciales como no esenciales», amparando tal doctrina legal en la cita de la STS de 20 de mayo de 1981 (*Ar.* 2383) a que nos referiremos en la nota siguiente.

36 Así, también ante un retracto arrendaticio rústico, se produce la STS de 20 de mayo de 1981 (*Ar.* 2083), en la que, empero, se declara que no es obstáculo a tal conocimiento pleno que el retrayente ignorase el pacto de ser de cuenta del comprador los gastos del otorgamiento del contrato de compraventa, por considerarse ello intranscendente a efectos del retracto.

37 En estos términos se destaca dicha afirmación en las SSTS de 2 de octubre de 1956 (*Ar.* 3169), 22 de abril de 1958 (*Ar.* 1683) y 28 de mayo de 1963 (*Ar.* 2952).

38 *Ar.* 6858, donde se desestima la demanda de retracto arrendaticio urbano interpuesta por la Comunidad Autónoma de Murcia sobre una nave industrial que tenía arrendada, declarándose la caducidad de la acción al haber transcurrido el tiempo legalmente prescrito que se computa desde el envío de un escrito que, en relación con el contrato de arrendamiento y la escritura pública que se acompaña, identifica de modo perfecto la finca arrendada en cuestión, respecto de la cual la supuesta aclaración posterior no añade ningún dato, ya que, como se dice en el texto, la variación del nombre de la vía pública a la que accede es un hecho notorio e intranscendente que en nada afecta a dicha identificación, «por lo que conociendo de forma cumplida y cabal la transmisión efectuada, que también podía haber comprobado en el Registro de la Propiedad, ya que en la copia facilitada constaba tal dato, y no ejercitada la correspondiente acción en el plazo marcado por la Ley, se ha de entender y declarar la caducidad de la misma...», según había concluido el Tribunal *a quo*, cuyo criterio es asumido literalmente por el Tribunal Supremo.

39 Vid., y allí, en su caso, más información al respecto, SSTS de 8 de noviembre de 1985 (*Ar.* 5520); 12 de diciembre de 1986 (Ar. 7436); 22 de septiembre de 1988 (Ar. 6848); 27 de marzo de 1989 (*Ar.* 2200); 15 de octubre de 1991 (*Ar.* 7451); 10 de noviembre de 1992 (*Ar.* 9102) y 11 de marzo de 1994 (*Ar.* 1741).

través del cauce del antiguo 1692/4 LEC[40] y, en la actualidad, tras la reforma de este precepto de la Ley rituaria, únicamente es susceptible de revisión, como destaca la STS de 11 de julio de 1992[41], con cita de numerosos precedentes, en virtud de la facultad, no siempre reconocida[42], que corresponde a la Sala 1.ª del TS para llevar a cabo una nueva valoración de los hechos con la finalidad de integrar el *factum*, en ocasiones no explicitado de modo claro por el Juzgador de instancia[43].

En cualquier caso, conviene tener presente, al respecto, que es posible que el Juzgador llegue a la convicción de la existencia de un conocimiento completo y pleno de las condiciones de la venta por parte del retrayente cuando, como acaeció en el caso enjuiciado por la STS de 23 de enero de 1990[44], este otorga poder ante Notario para que el procurador intervenga en su nombre en un expediente administrativo en el que obraba unida e incorporada la escritura de compraventa, de lo que, a tenor de la eficacia respecto a la esfera jurídica del representado de los actos realizados por el representante dentro de los límites de su mandato, se concluye que la retrayente «tuvo conocimiento de las condiciones de la compraventa, origen de la acción de retracto —

40 SSTS de 18 de octubre de 1980 (*Ar.* 3629); 12 de diciembre de 1986 (*Ar.* 7436); 6 de junio, 22 de septiembre y 27 de diciembre de 1988 (*Ar.* 4820, 6848 y 10069); 7 de febrero de 1991 (*Ar.* 1152) y 19 de mayo de 1992 (*Ar.* 4911).

41 *Ar.* 6280, en la cual, ante un retracto de comuneros en un caso de subasta judicial, se afirma que el retrayente conoció con exactitud los datos y condiciones de la venta desde la fecha de celebración de la subasta habiendo transcurrido con exceso el plazo del art. 1524 CC, llegando a tal concreción del momento en que el actor tuvo conocimiento de la enajenación no solo porque «en cuanto cuestión de hecho, es de la exclusiva incumbencia del juzgador de instancia... sino también a virtud de la facultad integradora del *factum* que corresponde a esta Sala...»; vid. también sobre el tema la STS de 6 de octubre de 1992 (*Ar.* 7528).

42 Vid., en cambio, entre otras, SSTS de 29 de octubre de 1991 (*Ar.* 7244) y 26 de marzo de 1992 (*Ar.* 2332), que afirman que, al incumbir investigar a la Sala de instancia las cuestiones de hecho, ello significa necesariamente «la creación práctica de un ámbito exento de control casacional, debido a la imposibilidad de desarticular los distintos elementos componentes de la convicción obtenida razonablemente».

43 En tal sentido, STS de 8 de febrero de 1991 (*Ar.* 1156), que cita en su apoyo las SSTS de 2 de junio de 1981 (*Ar.* 2489); 15 de julio de 1983 (*Ar.* 4299); 17 de marzo de 1987 (*Ar.* 1511) y 8 de octubre de 1988 (*Ar.* 7396), donde el motivo de casación esgrimido fue el error en la apreciación de la prueba mientras que, en la primera de las sentencias citadas, el motivo alegado fue la infracción de la jurisprudencia.

44 *Ar.* 19, en que se concluye la caducidad de la acción de retracto arrendaticio urbano que se comienza a computar desde que el retrayente tiene conocimiento cabal y completo de la enajenación así como de sus condiciones esenciales, no siendo, entonces, necesaria la notificación prevista en el entonces vigente art. 48 de la LAU derogada de 1964, según había resuelto una consolidada doctrina legal, lo que, para el derribo de la finca en el que figuraba unida la escritura pública de compraventa, habiendo anunciado poco después el actor por escrito su propósito de interponer ante las autoridades judiciales la acción real de retracto.

arrendaticio urbano— al tomar conocimiento el Procurador por ella apoderado del expediente administrativo en que figuraba unida la escritura en que se documentó ese contrato...».

Con ello queremos destacar que el referido conocimiento, «puede acreditarse por cualquiera de los medios que las normas procesales admiten, entre los que se encuentra la prueba de las presunciones», según se pone de relieve en la S. AP Córdoba, Sección 3.ª, de 4 de septiembre de 1992[45].

En igual sentido se ha concluido el conocimiento de las condiciones de la venta por la vía de las presunciones en el supuesto enjuiciado por la STS de 12 de febrero de 1991[46], en la que se considera lógica la deducción de la Sala *a quo* del conocimiento del retrayente de las condiciones de la venta del hecho de estar aquél en la Notaría al otorgarse la escritura de venta, no habiéndose acreditado que fuera otro el objeto de su presencia en aquella oficina, produciéndose en similar dirección la STS de 11 de marzo de 1994[47], donde también se deduce el conocimiento de la enajenación muy antes de la inscripción registral de diversos hechos afirmados en la instancia, lo que, a la postre, determinó el rechazo de la acción retractual por haber transcurrido el plazo del art. 1.524 CC.

Asimismo, haciendo un prudente uso de las presunciones del art. 1.253 CC, en la S. AP Navarra, Sección 2.ª, de 28 de julio de 1992[48],

---

45 *Ar. C.* 1161/1992, ante un retracto de colindantes. Vid. con análoga orientación la S AP Girona, Sección 2.ª, de 27 de septiembre de 1993 (*AC* 109/1994).

46 *Ar.* 1198, en un caso de retracto arrendaticio rústico.

47 Ar. 1741 en la que, en un supuesto de retracto de colindantes, se considera que el retrayente ha tenido conocimiento suficiente de la venta por muy diversos datos fácticos como la «publicidad y notoriedad de la venta en el reducido ámbito, pago de Harriel en que, el recurrente actor y los demandados compradores ejercían sus actividades, estrechas relaciones de vecindad, y colaboración en las tareas agrícolas respectivas y muy especialmente el ofrecimiento de venta que se afirma hecho al actor por la vendedora de la finca objeto del retracto y negativa a su adquisición por parte de aquél...

48 *Ar. C.* 989/1992, en la cual se concluye la efectiva existencia del meritado conocimiento por cuanto el demandante había sido requerido notarialmente a fin de satisfacer el resto del préstamo hipotecario pendiente, que a la postre generó el procedimiento sumario en cuyo ámbito tuvo lugar la subasta de la que trae causa el retracto, cuya existencia le fue, asimismo, notificada, siendo luego requerido para que otorgase la escritura de venta del piso en favor de la adjudicataria tras la realización de la subasta, con aprobación del remate y verificación de la cesión del mismo a dicha adjudicataria, que llevó a cabo la oportuna consignación del resto del precio de la enajenación judicial y aun cuando sea cierto que no se notificó al actor el resultado de la subasta y sus condiciones esenciales, existe un documento privado en el que afirma conocer todos los avatares del mentado procedimiento —si bien en confesión adujo el retrayente que lo firmó coaccionado y sin leer—, evidenciando todas estas pruebas «no solo una suerte de resignada aceptación de la nueva y fatal situación que se le avecinaba, sino también una completa y perfecta información de todo lo que había acaecido en el Juzgado de Madrid, singularmente de la subasta y sus

se estima que el retrayente tuvo un perfecto conocimiento de todos los extremos de la enajenación forzosa con anterioridad a los nueve días que la Ley 451 del Fuero Nuevo le concede para el ejercicio del retracto gracioso, concluyendo que el plazo no debe de computarse desde el otorgamiento de la escritura puesto que es muy anterior el conocimiento por el actor de las condiciones de la adjudicación firme, considerando inadmisible, y contraria a la buena fe, su actitud pasiva durante largo tiempo a pesar de verse acuciado por un procedimiento judicial que le instaba a otorgar la escritura de venta sin iniciar los mecanismos que pone a su disposición el ordenamiento jurídico como el retracto —gracioso en el caso—.

Respecto de la carga de la prueba de la fecha del conocimiento de la venta, es reiterada la jurisprudencia[49] que ha venido precisando que habrá de estarse a lo alegado por el actor en su demanda, que deberá acreditar el conocimiento anterior a los 9 días para desvanecer, conforme al principio de la carga de la prueba que establece el art. 1.214 CC, la presunción de ignorancia implicada en la falta de inscripción de la venta en el Registro, siendo, pues, de cuenta del demandado, con base en el mismo art. 1214 CC, la prueba de un conocimiento en fecha anterior[50], porque, como se destaca en la S. AP Bilbao, Secc. 4.ª, de 21 de septiembre de 1992[51], «corresponde a esta parte probar la inexactitud de la declaración del retrayente, que, como presunción de verdad que es, debe mantenerse mientras no sea desvirtuada por prueba en contrario».

Según puede evidenciarse con facilidad de cuánto antecedentemente se ha expuesto, ante las dificultades probatorias que pueden surgir al respecto de la apreciación del momento en que se ha tenido conocimiento suficiente de la venta en los términos vistos cuando la transmisión no figure inscrita en el Registro, conviene preconstituir

---

extremos más sustanciales, principalmente el precio del remate», habiendo transcurrido, según adelantamos, con exceso el plazo de caducidad de la acción retractual.

49 SSTS de 2 de abril de 1949 (Ar. 557); 26 de febrero de 1956 (Ar. 1503); 8 de junio de 1977 (Ar. 2872); 27 de diciembre de 1988 (Ar. 10069) y 19 de mayo de 1992 (Ar. 4911).

50 Así se concluye, con buen apoyo jurisprudencial, en la S. AP Albacete de 6 de febrero de 1990 (*Sentencias en apelación de las Audiencias Provinciales en materia civil y penal*. Ministerio de Justicia y BOE, 1990, n. 418, pp. 393 y 394), con cita de las SSTS de 18 de junio de 1949 (Ar. 734), según la cual al actor le corresponde alegar el día en que tuvo conocimiento de la venta y de 26 de febrero y 23 de marzo de 1956 (Ar. 1503 y 1529), conforme a las que al demandado le compete probar que la fecha de conocimiento es distinta de la que se establece por el retrayente.

51 *AC* 76/1993. Vid. en igual sentido, M. SERRA DOMÍNGUEZ, *Estudios, cit.*, p. 487, quien, con apoyo en reiterada doctrina legal, concluye que el demandante debe consignar en su demanda la fecha en que ha tenido conocimiento de la venta, sin que le corresponda la carga de la prueba de tal alegación, siendo el contrario quien de no estar conforme con dicho plazo debe suministrar una prueba bastante de cualquier conocimiento anterior.

dicha prueba mediante, por ejemplo, una notificación fehaciente con todas las condiciones de la venta del propietario al titular del derecho de retracto y ello al margen de que, como es sabido, la Ley no lo exija.

3. REQUISITOS DE LA ENAJENACIÓN

Para finalizar este capítulo referente al plazo, es oportuno destacar los caracteres que, para que pueda tener lugar el retracto, ha de reunir la enajenación, sobre la cual ha de tenerse conocimiento en los supuestos en que no ha sido inscrita.

Dicha exigencia de la enajenación es absolutamente imprescindible para que pueda ejercitarse la acción retractual sin que pueda estimarse que el plazo empieza a contarse, por ejemplo, desde la comunicación de una promesa de venta, como, atinadamente, se puntualiza en la STS de 15 de octubre de 199[52], en la cual se rechaza que la manifestación de los retrayentes a presencia notarial de no tener interés alguno en la adquisición del proindiviso en las condiciones económicas previstas en la promesa de venta se pueda deducir en modo alguno el conocimiento del precio de una supuesta compraventa, sino únicamente que en relación a la promesa que se les comunica los retrayentes interpretaron esa notificación «como una oferta que no consideraron conveniente aceptar, pero evidentemente no renunciaron al ejercicio del derecho de retracto si la venta llegaba efectivamente a operarse en el futuro».

Igualmente, y por análogas razones, no puede computarse el plazo de la acción desde el conocimiento de las ofertas previas a la venta según se destaca en la S. AP Barcelona, Sección 14.ª, de 3 de diciembre de 199[53], surgiendo, tan solo, la posible discusión sobre si es suficiente

52 *Ar.* 7451, en la que se rechaza la pretendida caducidad de la acción de retracto de comuneros, cuyo plazo no puede empezar a contarse desde el documento privado en que se formaliza un contrato de promesa de venta sobre el local del que poseen la mitad los retrayentes y tampoco desde el posterior acta de notificación y requerimiento notarial en que se hizo saber a los titulares de la otra parte indivisa del referido local la existencia del citado contrato preliminar, sin que el conocimiento de lo estipulado en este pueda identificarse con el posterior contrato de compraventa celebrado, desde cuyo conocimiento sí que se empieza a computar el plazo de la acción retractual interpuesta.

53 AC 570/1992, donde, después de poner de relieve en los términos vistos, que, para el cómputo del *dies a quo* de la acción de retracto, quien mantenga una fecha antecedente a la inscripción, deberá justificar el momento del conocimiento completo y extraregistral de la venta efectuada, se rechaza la caducidad de la acción porque la demanda de retracto sobre una porción indivisa de la finca se presentó a los nueve días de la inscripción sin que quepa deducir de las ofertas previas a la enajenación realizadas por el otro comunero un dato seguro de conocimiento a fin de enervar la fecha de la inscripción registral como momento inicial para el cómputo del plazo, y sin que tampoco la posterior resolución de la enajenación por falta de pago del precio constituya un obstáculo para la viabilidad del retracto pues se aprecia mala fe en el comprador que no satisfizo el precio aplazado tras

el momento de celebración de la compraventa o, por el contrario, es preciso que esta se haya efectivamente consumado.

A) EL NACIMIENTO DEL DERECHO DE RETRACTO

Con anterioridad al desarrollo específico de los requisitos que han de concurrir en la enajenación, conviene advertir que, en rigor, desde el punto de vista técnico-jurídico, como destaca la —prácticamente aislada— S. AP Valencia de 27 de abril de 1989[54], ante un retracto arrendaticio urbano, «el derecho de retracto no nace cuando se enajena la cosa que se quiere retraer, sino que existe desde antes (desde que se constituyó por...disposición de la Ley)...», lo que ha sido mantenido por M. ALBALADEJO[55], M. GARCÍA AMIGO[56]; G. GARCÍA CANTERO[57] y A. PARA MARTÍN[58].

Así, pues, el derecho retractual nace desde que se adquiere la situación jurídica por la que el derecho se otorga, al ingresar el titular en la situación jurídica en cuya virtud se concede aquél —así, desde que se convierte en condueño o colindante— a pesar de que todavía no se ha producido el hecho que autoriza su ejercicio —esto es, la transmisión de la participación de otro comunero en la cosa común o de la finca colindante por continuar con los supuestos contemplados en el Código Civil en la Sección específica de los retractos— y, en consecuencia, ni siquiera haya empezado a correr el plazo de la acción.

Por supuesto, a nuestro juicio también tiene lugar el nacimiento del derecho de retracto cuando, aun produciéndose el hecho transmisivo que fundamenta el ejercicio del derecho, sin embargo, no se ha abierto todavía el plazo de caducidad —porque aun no conoce las condiciones esenciales de la transmisión que no figura inscrita en el

---

la interposición del retracto y se allanó a la demanda de resolución de la venta a lo que siguió una rápida ejecución de la sentencia con otorgamiento de la escritura pública en favor del inicial vendedor.

54 AC 105/1989, habiéndose producido en parecida dirección tan solo las SSTS de 5 de febrero de 1883 (JC, t. 51, p. 145 ss.) y 12 de julio *de* 1886 (JC, t. 60, n. 69, p. 303 ss.), en un retracto de condueños, que insisten en que el derecho de retracto nace directamente de la Ley para poner de relieve, en ambos casos, que su ejercicio es independiente de la inscripción del título en el Registro de la Propiedad, pues la Ley Hipotecaria no exige la inscripción.

55 Cfr. *Derecho Civil, cit.*, III-2, p. 351.

56 Cfr. «Derechos reales de adquisición (Notas para una teoría general)», *Revista de Derecho* Privado 1976, pp. 126 y 127.

57 *Cfr. Comentarios Albaladejo/Díaz Alabart, cit.*, XIX, pp. 629, 630 y 641.

58 Cfr. «Comentario al artículo 31» en *Comentarios a la Ley de Arrendamientos Urbanos*, dirigidos por X. O'CALLAGHAN MUÑOZ, *cit.*, p. 482.

Registro—, lo que, en fin, tampoco supone ningún obstáculo para el nacimiento del derecho de retracto.

Ahora bien, al margen de tal precisión, es lo cierto que, como también añaden dicha decisión de la AP valenciana y los citados autores, el retracto solo «se puede hacer valer cuando tal enajenación se realiza», que constituye, pues, como concluye G. GARCÍA CANTERO[59], el *dies a quo* del plazo de ejercicio o, mejor, el momento a partir del cual puede comenzar a correr dicho plazo y que, igualmente, puede ser considerado, según agrega F. DE A. SANCHO REBULLIDA[60], como complemento del supuesto de hecho del derecho o bien como *conditio iuris* de su ejercicio.

En efecto, como advierte F. A. RODRÍGUEZ MORATA[61], con motivo de analizar el vigente artículo 25 de la nueva Ley 29/1994, de Arrendamientos Urbanos, el derecho de retracto atribuido al arrendatario consiste durante la vigencia del arrendamiento en un derecho *in potentia,* en una simple pretensión establecida *ex lege,* de que el arrendatario de una vivienda llegue a ser dueño de la misma si el arrendador decide enajenarla a un tercero durante la vigencia del arrendamiento, transformándose en derecho oponible *erga omnes* una vez consumada la venta si concurren alguna de las circunstancias previstas en el artículo 25/3 de la misma Ley locaticia de suerte que en tal instante ese derecho que no otorgaba al arrendatario acción alguna durante el curso del arrendamiento, se actualiza.

B) EL NACIMIENTO DE LA ACCIÓN RETRACTUAL: LA ENAJENACIÓN

Con independencia de la advertencia anteriormente expuesta de corte doctrinal, y sin perjuicio de admitir que, desde una perspectiva dogmática, el momento del nacimiento del derecho retractual es el de su constitución o establecimiento por disposición legal, lo que, sin duda, adquiere cierta transcendencia al tratar de la renuncia anticipada del derecho de retracto, según veremos, ello, sin embargo, no tiene demasiada relevancia en este momento.

En efecto, por lo que ahora nos interesa, desde el punto de vista práctico, el eje central de la problemática sobre este particular se centra en determinar, como hemos adelantado, los caracteres de la enajenación, pues, aunque el derecho haya nacido anteriormente, desde que lo crea la Ley, por la publicidad de esta y por el fin social de

59 Op. et loc. ult. cit.

60 Cfr. J. L. LACRUZ y otros, *Elementos, cit.,* III—2, p. 444.

61 Cfr. «Comentario al artículo 25», en *Comentarios a la Ley de Arrendamientos Urbanos,* coordinados por R. BERCOVITZ RODRÍGUEZ-CANO, *cit.,* p. 608.

bienestar general a que responde el instituto, lo que no discutimos, sin embargo, la realidad es que solo puede actuarse el retracto en el instante en que se verifica la enajenación, que constituye el momento a partir del cual nace la acción.

1. LA PERFECCIÓN DEL CONTRATO

Precisamente, un sector de la jurisprudencia —antigua— declaró que el derecho de retracto —*rectius,* la acción retractual— nace en el momento de celebrarse la compraventa al margen de la existencia de entrega de la cosa[62] e, incluso, la STS de 2 de abril de 1956[63] declara nacido el derecho de retracto «tan pronto como se perfeccionó este contrato de compraventa».

Asimismo, un minoritario y añejo sector doctrinal[64] sostiene dicho criterio que, sin embargo, en la actualidad, tan solo es mantenido por la STS de 31 de octubre de 1988[65], aunque solo implícitamente y, ade-

---

62 SSTS de 12 de octubre de 1912 (JC, t. 125, n. 20, p. 70 ss.) en un retracto de comuneros en su Segundo Considerando, donde se sostiene que «el derecho a retraer nace en el momento mismo de celebrarse el contrato de venta o de dación en pago...»; 26 de febrero de 1916 (JC, t. 135, n. 118, p. 587 ss.), que, en su Cuarto y último Considerando, considera también que «el derecho de retracto nace desde el momento en que se realiza la venta...»; 26 de octubre de 1933 (*Ar.* 416); 12 de junio de 1951 (Ar. 1652).

63 Ar. 1923.

64 J. M.ª. MANRESA, «Retracto de colindantes cuando se realiza la venta sin escritura pública», *Revista General de Legislación y Jurisprudencia* 1899, p. 447; F. CLEMENTE DE DIEGO, «Del derecho de retracto: ¿Desde cuándo ha de empezar a contarse el plazo de nueve días que para su ejercicio conceden las leyes? Cuál sea el verdadero momento inicial de dicho plazo», *Revista de Derecho Privado* 1919, pp. 338 *y* 340; J. REINO CAAMAÑO, «El retracto legal y la libre contratación», RGLJ 1918, p. 277 y M. CASALS COLLDECARRERA, *El retracto en los arriendos de fincas rústicas,* Barcelona 1946, pp. 158 y 159.

65 *Ar.* 7780, en la cual se pone en cuestión en los términos que se reproducen en el texto la doctrina sentada por la extinta Audiencia Territorial de Granada que había estimado que la acción retractual entablada no había nacido en el momento en el que el demandante la desencadenó ya que al contrato de compraventa documentado privadamente no había seguido la entrega, ni material ni instrumental, de la finca vendida, sin que consiguientemente se hubiese producido la consumación del negocio ni lesionado en realidad el derecho de preferencia que asiste al retrayente —arrendatario de la finca rústica—, concluyendo la Audiencia «que hay que negar, por el momento ...el derecho que postula a detraer la finca...», dejando, pues, sin resolver, al menos en apariencia, el problema de fondo objeto de las opuestas pretensiones de los litigantes, lo que da lugar a que el Alto Tribunal considere esa doctrina que exige la consumación de la venta, «ahora bien discutible», pues dicho criterio restrictivo no se compadece, aparte de con la amplitud con que la LAR establece las modalidades de acceso a la propiedad de los arrendatarios de fincas rústicas, tampoco, por lo que ahora interesa, con la propia dicción del art. 1521, atendiendo al espíritu y finalidad de la norma, según mandata el art. 3, ambos CC, de conformidad con lo cual se considera viable el retracto ejercitado con la venta perfeccionada y antes de su consumación, todo ello sin perjuicio, desde luego, de que en el caso de autos la consignación insuficiente del precio impide la prosperabilidad de la demanda.

más, *obiter dictum*, pues la demanda se rechazó al estimarse insuficiente la consignación del precio.

En esta aislada sentencia de 1988, para el retracto arrendaticio rústico, y frente a la decisión mantenida por la Audiencia que se adscribe a la jurisprudencia que exige la consumación de la venta, se admite la posibilidad de ejercitar el retracto tras el documento privado aunque no se haya otorgado escritura ni entregado la finca.

Es más, se considera discutible tal requisito de la consumación, implicado en la posesión del inmueble pues, con base en el art. 1.521 CC, se concluye que el ejercicio del derecho de retracto —rústico en el caso— «ha de admitirse en toda enajenación onerosa en que la subrogación sea posible, sin que su ejercicio pueda ser tachado de prematuro desde el momento en que, en el negocio *ínter vivos*, la sustitución del comprador por el retrayente pueda producirse sin obstáculos insalvables...».

Más recientemente, de nuevo de modo totalmente incidental, en la STS de 14 de octubre de 1993[66], se reitera que «el derecho a retraer nace en el momento de celebrarse el contrato de venta o dación en pago», si bien para justificar la decisión desestimatoria del retracto arrendaticio urbano ante la inexistencia como tal de una auténtica transmisión pues el posterior otorgamiento de escritura pública e inscripción registral en favor de la arrendadora no posibilita el ejercicio de la acción, toda vez que la propia arrendataria había reconocido su carácter de propietaria.

2. La consumación de la venta

Según hemos adelantado, frente a las aisladas decisiones expuestas anteriormente que se inclinan por la suficiencia de la perfección de la venta, lo cierto es que la doctrina legal más moderna y mayoritaria mantiene que «el conocimiento de la venta debe referirse, no a su

66 *Ar.* 7518, en donde, una vez celebrado el contrato arrendaticio por la arrendadora como dueña, al haber adquirido el local en virtud de contrato privado anterior al arriendo, sin que tal circunstancia fuese puesta en duda en un proceso de desahucio que por impago de rentas promovió en su condición de propietaria—arrendadora, cuya acción fue enervada al consignarse las rentas adeudadas por la arrendataria, sin embargo, esta, la inquilina, pretende ejercitar el retracto a consecuencia del otorgamiento de escritura pública de compraventa a favor de la arrendadora, lo que se rechaza por el Alto Tribunal, que, tras la declaración que se cita en el texto, asume la conclusión de la Sala de instancia «de que, no habiéndose producido, subsistente el arrendamiento, transmisión efectiva y solamente formal de lo que antes había sido objeto de cesión dominical, el pacto locativo debe mantenerse como tal, pero saneado del posible derecho a retraer, por no haber surgido a la vida jurídica la correspondiente y necesaria acción».

perfección, sino a su consumación»[67], esto es, que el plazo para ejercitar el retracto solo puede comenzar cuando la venta está consumada, lo que, fundamentalmente, vendrá determinado por la entrega de la cosa, ya sea real o simbólica, según ha venido manteniendo un nutrido cuerpo jurisprudencial[68].

Ello resulta consecuencia obligada del hecho de que no se lesiona el preferente derecho del retrayente hasta que el adquirente de la cosa no entra en su posesión[69] y de que, además, solo cuando el comprador la tiene en su poder puede, entonces, entregársela al retrayente y únicamente en tal situación es posible que este se subrogue en los derechos del primero[70].

Así, a título de ejemplo, ha de destacarse que el aplazamiento de parte del precio y, por tanto, el incumplimiento en su totalidad de la finalidad económica de la compraventa por el sometimiento de una parte del precio a plazo no impide la consumación del contrato jurídicamente hablando que se entiende cuando se produce la transmisión

67 Vid. tales términos en la S. AP Córdoba, Sección 3.ª, de 4 de septiembre de 1992 (*Ar. C.* 1161/1992), con apoyo en las SSTS de 8 de julio de 1946 (*Ar.* 992) y 2 de marzo de 1965 (*Ar.* 1239), produciéndose, en igual dirección, y allí otras referencias jurisprudenciales, la S. AP Toledo de 20 de marzo de 1992 (*AC* 392/1992).

68 SSTS de 19 de junio de 1920 (JC, t. 150, n. 104, p. 633 ss.); 24 de junio de 1927 (JC, t. 175, n. 184, p. 962 ss.); 24 de enero de 1928 (JC, t. 180, n. 100, p. 617 ss.); 19 de diciembre de 1935 (*Ar.* 2464); 20 de mayo de 1943 (*Ar.* 572); 27 de noviembre de 1947 (*Ar.* 622 de 1948); 28 de junio de 1949 (*Ar.* 736); 5 de febrero de 1952 (*Ar.* 477); 14 de noviembre de 1953 (*Ar.* 2711); 17 de febrero de 1954 (*Ar.* 336); 20 de octubre de 1965 (Ar. 4599); 5 de noviembre de 1971 (Ar. 4525); 20 de febrero de 1978 (Ar. 586); 3 de abril de 1981 (Ar. 1477); 26 de mayo de 1982 (Ar. 2602); 6 de junio de 1988 (Ar. 4820) y 30 de enero de 1989 (Ar. 158), con comentario de F. LLEDÓ YAGÜE en CCJC 1989, n. 19, p. 139 ss., en donde pueden encontrarse otras referencias, y, asimismo, se produce en igual sentido la STS de la Sala 3.º de 4 de noviembre de 1986 (Ar. 7165).

69 Vid. dicha conclusión en las SSTS de 5 de febrero de 1952 (Ar. 477), ante un retracto de coherederos y 1 de abril de 1960 (Ar. 1268), con ocasión de un retracto de comuneros, en las cuales se destaca, con amplio apoyo jurisprudencial, que, ante el indudable carácter real de la acción retractual no nace la misma hasta tanto el adquirente de la cosa que se quiere retraer entra en posesión de la misma por tradición real o simbólica, pues hasta ese instante en que se consuma el contrato transmisivo no se lesiona realmente el derecho de preferencia del retrayente en tanto que lo que se trata de retraer todavía no ha salido del dominio del vendedor, aunque pueda existir por parte del comprador una acción personal para reclamarlo.

70 Así se puso de relieve en la mencionada STS de 8 de julio de 1946 (*Ar.* 992), lo que, igualmente, se destaca en la S. AP Barcelona, Sección 14.ª, de 3 de diciembre de 1991 (*AC* 570/1992) que señala que «tal subrogación solo se opera si en el momento de interponer la acción de retracto se ha trasladado el dominio al comprador».

del dominio por la entrega de la cosa, según se concluye, entre otras[71], en la STS de 28 de junio de 1949[72].

Igualmente, la sumisión de la compraventa a condición resolutoria no afecta a la consumación del contrato, como, al respecto, se concluye en la STS de 17 de abril de 1958[73], que advierte que el retrayente adquirirá precisamente en las mismas circunstancias que el comprador y, por tanto, sujeto a la condición resolutoria, sin perjuicio de la posibilidad de consignación total del precio al interponer la demanda siempre que el plazo no esté fijado para fecha cierta y determinada, en cuyo caso la condición resolutoria no producirá ya ningún efecto sobre la adquisición del retrayente.

En el supuesto concreto de que la condición resolutoria a que se encuentra sometida la compraventa sea la voluntad del vendedor de readquirir el dominio de la cosa vendida, la anteriormente mencionada STS de 20 de mayo de 1943[74] admite el retracto, argumentando que

---

71 En tal dirección se había producido también la STS de 12 de mayo de 1945 (*Ar.* 576), con ocasión de un retracto de colindantes, que se desestima por haber caducado la acción, señalándose que el plazo de la misma se computa desde el conocimiento pleno del retrayente de la consumación de la venta, que se produjo a partir de la entrega de la cosa, sin que sea óbice el aplazamiento del precio, que en modo alguno impide la transmisión del dominio y la consiguiente consumación.

72 *Ar.* 736, ante un retracto de comuneros que, de distinto modo al caso mencionado en la nota anterior, se admite porque todavía no había caducado la acción ante la ausencia de consumación de la venta al no haberse otorgado aun la escritura de compraventa de los bienes inmuebles que constituye una forma de entrega especial de la posesión, observándose que «el contrato queda consumado únicamente por el cumplimiento de todas las obligaciones a que da nacimiento, que en la compraventa no es solo el pago del precio, sino también la entrega de la cosa...».

73 *Ar.* 1484, en la cual se admite el retracto arrendaticio urbano que se ejercita a raíz de una compraventa con pacto de precio aplazado y condición resolutoria en caso de impago, sin que tal condición pueda ser un obstáculo para la viabilidad de la demanda, siendo que, además, en el caso de autos, el subrogado había satisfecho el precio pendiente dentro de tiempo hábil, no habiéndose producido, en consecuencia, el evento o supuesto causal, o sea la no efectividad, por lo que prospera la acción retractual «sin que el comprador pueda eludir su obligación de transmitir porque se prestaría a la defraudación de un derecho que nace en el momento de la consumación del contrato con vinculación a ulteriores transmisiones...»:

74 *Ar.* 572, donde no prospera el retracto de colindantes por haber transcurrido con mucho exceso el plazo de caducidad fijado en el art. 1524 CC para su ejercicio dentro del cual ha de contarse también el plazo de duración del pacto de retroventa, comenzando a contarse desde el conocimiento por el retrayente de la consumación de la venta aun con pacto de retro «porque ya se conciba el pacto como condición resolutoria que afecta directamente al dominio de lo vendido, ya como *pactum de contrahendo* su obligación de retrovender, siempre resultará que la cláusula de retrocesión no afecta a la consumación del contrato por transferencia inmediata del dominio, siquiera sea con carácter resoluble o revocable durante la vigencia del pacto o condición y con las restricciones del derecho de disposición impuestas por el artículo 1572 del Código Civil, y en cierto modo por el 107. número noveno, y por el 109 de la Ley Hipotecaria».

la cláusula de retrocesión no afecta a la consumación del contrato por transferencia inmediata del dominio, siquiera sea, de nuevo, con carácter resoluble o revocable durante la vigencia del pacto o condición, poniendo de relieve que el plazo de ejercicio de la acción retractual ha de contarse igualmente desde la consumación de la venta sin que, en modo alguno, quede excluido del ejercicio de la acción el plazo de duración del pacto de retro porque «...la seguridad jurídica en el tráfico inmobiliario requiere que la eventualidad propia de la venta supeditada a una acción subrogatoria por el retracto legal sea de corta y fija duración».

Ahora bien, como sigue observándose en dicha sentencia de 1943, tampoco cabe ninguna duda de que siendo especialmente útil el ejercicio de la acción retractual mientras continúe en vigor el pacto de retroventa para impedir la caducidad de la acción por el transcurso del plazo del art. 1.524 CC, sin embargo es lo cierto que, hasta tanto esté vigente el pacto de retro, el vendedor con dicha cláusula de retrocesión, por estar asistido de acción real, podrá siempre recuperar la finca vendida *erga omites,* incluido el retrayente 1[75].

Conviene también resaltar, por último, que resulta irrelevante para el comienzo del plazo de la acción de retracto que la transmisión que la origina haya sido impugnada pues, también en este caso, comienza igualmente desde que el retrayente tiene conocimiento de la consumación de la enajenación de tal modo que se desestimará la pretensión de contar el plazo a partir de la notificación de la sentencia recaída en pleito de nulidad de la venta 1[76].

En conclusión, recapitulando lo expuesto hasta ahora, ha de destacarse que sin perjuicio de que el derecho a retraer la cosa nace, lógicamente, desde que el retrayente reúne los requisitos exigidos por la Ley en virtud de su titularidad sobre el bien objeto del retracto, como resulta consecuencia de la titularidad *ob rem* que sostiene al instituto, según reiterada jurisprudencia[77] y con independencia de que, en consecuencia, su nacimiento, determinado legalmente, sea anterior a la enajenación, sin embargo esta, la enajenación, designa el momento en que puede ejercitarse ese derecho preexistente, lo que, justamente,

75 En esta misma línea se produce la STS de 24 de marzo de 1956 (*Ar.* 1537) en la que se concluye precisamente que el retrayente está obligado a respetar «el ejercicio que de su derecho hiciera el vendedor anticipándose al suyo, que haría por completo inútil la acción intentada».

76 Ello justamente aconteció en el supuesto enjuiciado por la STS de 14 de julio de 1982 (*Ar.* 4238), debiéndose de tomar muy en cuenta tal doctrina para evitar que, como en este caso, transcurra el término de caducidad al impugnar la venta sin ejercitar a tiempo el retracto.

77 Así, destacan el carácter de derechos subjetivamente reales de los retractos las SSTS de 17 de abril de 1958 (*Ar.* 1484); 16 de noviembre y 11 de diciembre de 1964 (*Ar.* 5099 y 5820) y 31 de enero de 1992 (*Ar.* 534).

según hemos visto, acaecerá desde el instante de la consumación de la venta de la cosa retirable.

C) LA ENAJENACIÓN EN PÚBLICA SUBASTA

Siguiendo con el desarrollo de los caracteres que ha de reunir la enajenación para determinar el nacimiento de la acción retractual, una de las cuestiones especialmente interesantes en este punto es la atinente al retracto en las enajenaciones realizadas en pública subasta[78], pues, como acaeció en el supuesto enjuiciado en la STS de 11 de julio de 1992[79], frente al anterior criterio sustentado por la jurisprudencia en virtud del cual, en los casos de subasta judicial, el nacimiento de la acción de retracto no se produce hasta la consumación de la venta mediante el otorgamiento de la correspondiente escritura pública de venta[80], por el contrario, la más reciente doctrina de la Sala 1.° del TS, representada por dicha decisión, se ha inclinado por mantener que el plazo se empieza a contar desde la aprobación judicial de la subasta.

En efecto, según se destaca en el referido fallo, la aprobación judicial de la subasta ha sido considerada determinante del nacimiento de la acción de retracto por las SSTS de 30 de octubre de 1990 y de 1 de julio de 1991[81], a las que se puede añadir, en la misma línea, la STSJ de

---

78 Vid., con todo, sobre el tema, la negativa a admitir con carácter general el retracto *ex lege* cuando la venta ha sido en subasta pública en E. CUBELLS ROIG, «La subasta y el retracto *ex lege*», *RGD*, mayo 1993, n. 584, *passim*, particularmente pp. 4380 y 4381, quien considera que las únicas excepciones a tal norma genérica son las previstas expresamente en los artículos 1488 y 2050 LEC y 1638 y 1640 CC, para adquisiciones en subasta del dominio directo o útil de una finca enfitéutica, así como las previsiones contenidas en el antiguo art. 33/1 de la LAU derogada de 1964 si el traspaso acontece en venta en pública subasta coactiva, judicial o administrativa.

79 *Ar.* 6280. Vid. con otra información jurisprudencial en la misma línea, F. CORDÓN MORENO, «Los presupuestos del juicio de retracto», *cit.*, pp. 16 y 17, quien destaca, con base en la STS de 2 de marzo de 1956 (*Ar.* 1498), que procede el retracto aunque la venta se realice en subasta judicial porque a través de la subasta lo que se ha producido es una compraventa pública o en subasta pública, así como, en los términos señalados en el texto, que el día inicial del plazo es el de la aprobación del remate, siempre, claro es, como se señala en esta STS de 11 de julio de 1992, que «el retrayente haya tenido conocimiento exacto de la subasta y de las condiciones de la misma». *Vid.* últimamente en igual sentido la STS de 8 de junio de 1995 (Ar. 4909 y el comentario a la misma que realizó en CCJC 1995, n. 39.

80 En tal sentido, SSTS de 17 de febrero de 1956 (Ar. 1497); 29 de febrero y 1 de abril de 1960 (Ar. 1255 y 1268) y 20 de febrero de 1975 (Ar. 662) y otras mencionadas en la STS de 11 de julio de 1992 que citamos en el texto. Vid., con más información jurisprudencial en igual sentido, J. TOMÉ PAULE, «El ejercicio del retracto legal frente a las ventas judiciales», *Revista de Derecho Procesal*, pp. 109 a 111; R. BARBER CARCAMO, *El retracto gentilicio*, Madrid, 1991, p. 150 y J. A. Cobacho Gómez, «El plazo», *cit.*, pg. 284.

81 Ar. 8268 y 5311, respectivamente, estimando la primera de ellas que la aprobación judicial de la subasta entraña la perfección del contrato mientras que la de 1 de julio de 1991 entiende que supone la consumación del mismo.

Navarra de 29 de junio de 1991[82], donde, tras una nutrida referencia a la doctrina legal sobre el particular, se inclina como momento a partir del cual debe computarse el plazo por la adjudicación firme, supuesto el conocimiento, existiendo en el Derecho Navarro «razones que perfilan con mejor claridad que en el derecho común» tal solución.

A esta nueva orientación se suman, para el retracto gracioso, la anteriormente mencionada S. AP Navarra, Sección 2.ª, de 28 de julio de 1992[83]; la S. AP Albacete de 10 de mayo de 1993[84], en un caso de retracto de comuneros, así como, ante un retracto arrendaticio urbano, las SS. AP Huesca de 20 de septiembre de 1994[85] y AP Lleida, Sección 2.ª, de 15 de noviembre de 1994[86].

Pues bien, dicho criterio resulta corroborado por la mentada sentencia de 11 de julio de 1992, que, para reforzar la argumentación de las otras dos citadas del Supremo, añade que «con la aprobación del

82 Ar. 9795, radicando el interés de dicha sentencia del TSJ de Navarra, al margen de las peculiaridades propias del derecho navarro, en la amplia información jurisprudencial que contiene al respecto, advirtiendo que en relación con la cuestión planteada acerca de tomar en cuenta como *dies a quo* el del pleno conocimiento de la adjudicación, es decir desde el pleno conocimiento de la aprobación del remate, o, de modo diverso, si solo se debe considerar enajenación, y tomar como *dies a quo,* el acto mismo del otorgamiento de la escritura pública de venta, como *traditio* instrumental que consuma el proceso de transmisión forzosa del bien objeto de subasta en los procedimientos judiciales de enajenación forzosa, «la jurisprudencia del Tribunal Supremo ha sido vacilante en cuanto a la interpretación del momento en el cual una enajenación en subasta judicial ha de considerarse consumada a efectos de ejercicio de las acciones de retracto».

83 Ar. C. 989/1993, que, igualmente, concluye que el *dies a quo* no debe de computarse desde el otorgamiento de la escritura de venta sino desde la aprobación firme del remate puesto que es muy anterior el conocimiento por el actor de las condiciones de la adjudicación firme, considerando inadmisible, y contraria a la buena fe, su actitud pasiva durante largo tiempo a pesar de verse acuciado por un procedimiento judicial que le instaba a otorgar la escritura de venta sin iniciar los mecanismos que pone a su disposición el ordenamiento jurídico como el retracto —gracioso en el caso—.

84 *Ar. C.* 1073/1993, en la cual se considera que la demanda retractual ha sido presentada extemporáneamente fuera del plazo establecido en el art. 1524 CC pues la acción no se ejercitó hasta después del otorgamiento de la escritura pública que es realizada por la autoridad judicial al no comparecer el ejecutado, la cual solo constituye la plasmación notarial de la transmisión dominical realizada al aprobarse el remate de la pública subasta realizada por causa de un pleito laboral anterior, concluyendo que el plazo debe de computarse desde el conocimiento del actor de tal adjudicación.

85 *Ar. C.* 1379/1994, donde, ante un retracto arrendaticio urbano, se «fija el día inicial para el cómputo en aquél en el que tuvo lugar la subasta judicial a la que asistió el mismo actor, pasando así, en ese mismo instante, a conocer puntualmente todas las condiciones de la transmisión operada...».

86 *Ar. C.* 2333/1995, en la cual, también con ocasión de un retracto arrendaticio urbano, se rechaza la caducidad de la acción ante la ausencia de notificación fehaciente al actor así como al no haber transcurrido el plazo de la acción «desde que tuvo conocimiento de la subasta, es decir, cuando compareció en el procedimiento del art. 131 de la Ley Hipotecaria...».

remate y la subsiguiente adjudicación al rematante de la finca subastada se opera la consumación del contrato (venta judicial), pues a la referida adjudicación que el juez hace al rematante no hay obstáculo legal alguno en atribuirle el carácter de tradición simbólica o *ficta,* al no ser *numeras clausus* la enumeración de formas espiritualizadas de tradición que hacen los arts. 1.462.2.º a 1.464 del CC...», según reiterada jurisprudencia que cita.

A continuación, concluye el razonamiento esta STS que destaca dicho cambio de criterio señalando que «consumada ya la venta por la concurrencia de título (aprobación del remate) y modo (adjudicación al rematante de la finca subastada), el posterior otorgamiento de la escritura pública, aunque imprescindible para otros efectos transcendentes (entre otros, el acceso de la adquisición al Registro de la Propiedad), no será necesaria para que, a los efectos aquí estudiados, concurra el requisito de la tradición (la instrumental del art. 1.462.2.º del CC) al haberse producido ya la misma con anterioridad en la forma *ficta* o simbólica antes expresada, por lo que... la acción de retracto, en caso de subasta judicial, nace desde la celebración de dicha subasta, con aprobación del remate y adjudicación al rematante de la finca subastada...siempre, claro es, que el retrayente haya tenido conocimiento exacto de la subasta y de las condiciones de la misma...» en términos suficientemente expuestos con anterioridad.

Todo ello, en la actualidad, se ve confirmado por la reforma de la LEC producida por la Ley 10/1992, de 30 de abril, de Medidas Urgentes de Reforma Procesal, que ha suprimido la participación judicial en la subasta, desapareciendo, con ello, el otorgamiento de la escritura pública, pues, según lo dispuesto en la actual redacción del art. 1.514 LEC, «será título bastante para la inscripción en el Registro de la Propiedad el testimonio expedido por el Secretario, comprensivo del auto de aprobación del remate, y en el que se exprese que se ha consignado el precio así como las demás circunstancias necesarias para la inscripción con arreglo a la legislación hipotecaria».

Así las cosas, y con la vigente normativa procedimental, la nueva dirección jurisprudencial anteriormente reseñada puede matizarse en el sentido de no ser necesario actualmente, para el nacimiento de la acción de retracto, el testimonio expedido por el secretario judicial a que se refiere el art. 1.514 LEC, que se libra cuando el licitador ha consignado y que puede considerarse sustitutivo del otorgamiento de la escritura pública, sino que el plazo de la acción de retracto empieza a computarse desde el auto de aprobación judicial del remate (art. 1.509 LEC), lo que parece ser aceptado, siquiera *obiter dictum,* por la STS de

10 de febrero de 1993[87], cuando cifra el inicio del plazo de la acción de retracto —arrendaticio urbano— «en el acto de subasta y adjudicación aprobando el remate».

Ahora bien, el auto es anterior a la consignación del precio pues, según el art. 1.511 LEC, «al aprobar el remate se mandará al comprador que, dentro de un breve término que no podrá exceder de ocho días, consigne el precio de aquél», de lo cual se puede derivar el problema del ejercicio de la acción de retracto con anterioridad a la consignación del precio y, sobre todo, de que esta, la consignación, no se haya efectivamente verificado en el plazo de los ocho días, sin lo cual no podrá expedirse el testimonio por el Secretario ni, en consecuencia, inscribirse en el Registro de la Propiedad a tenor de lo dispuesto en el art. 1.514 LEC.

Al respecto, conviene tener presente también que el propio Tribunal Supremo[88] ha advertido que, para la validez del ejercicio del derecho de retracto, se requiere que la venta no sea nula de pleno derecho, salvo que, en tal caso, la ineficacia se deba solo a la voluntad o conveniencia de las partes, en cuyo único supuesto el retracto no queda sin efecto a pesar de que no haya tenido lugar la transmisión de la propiedad.

En efecto, para que prospere el retracto es necesario que la transmisión efectuada sea válida por no adolecer de vicios y reunir los requisitos legales para su validez como destaca la S. AP Madrid de 23 de junio de 1992[89], en la que se señala, en la misma dirección a la que

87 *Ar.* 699 aun cuando, asimismo indiciariamente, en esta sentencia parece limitarse la aplicación del retracto en el ámbito de los arrendamientos urbanos a las enajenaciones voluntarias con exclusión de las ventas forzosas, lo que, sin embargo, resulta claramente aceptado, para estas últimas, por la STS de 30 de junio de 1994 (*Ar.* 5997). Vid. también sobre el valor de la cesión de remate, la STS de 26 de mayo de 1992 (*Ar.* 4382) donde se advierte que la referida cesión en favor de los hijos del ejecutado no impide el retracto del arrendatario pues, frente a la alegación de donación, se concluye que la validez de esta requiere escritura pública que no suple el acta de cesión de un remate.

88 Vid. las SSTS de 12 de junio de 1951 (*Ar.* 1652), en la cual se declara que la escritura de rescisión otorgada por libre voluntad del demandado y del vendedor con posterioridad a la propia anotación preventiva de la demanda de retracto de comuneros «no puede afectar al derecho de retracto nacido y ejercitado antes del otorgamiento de aquélla, la cual si bien inscrita en el Registro lo fue —según consta en el correspondiente asiento— sin perjuicio de dicha anotación preventiva y sin perjuicio, igualmente, de la sentencia que en su día pudiera recaer en el proceso incoado» y 26 de septiembre de 1968 (Ar. 3960), donde se rechaza el retracto legal de colindantes porque la escritura de venta de la que trae causa fue declarada radicalmente nula por sentencia de un Tribunal competente.

89 *Ar. C.* 874/1992, donde se desestima el retracto arrendaticio urbano en el caso, entre otras causas, por el transcurso del plazo de caducidad computado desde el momento en que el actor tuvo conocimiento cabal y completo de la enajenación, lo que se considera probado por su intervención tanto en un proceso penal tramitado cuanto en el proceso civil de ejecución hipotecaria, todo ello con independencia, desde luego, de la admisión de

nos adscribimos, que «mediante la subasta se determina el posible comprador y el precio del remate, es decir, el precio que se va a pagar por la cosa, y si bien es incuestionable que la totalización de los efectos de la transmisión forzosa puede superar en el tiempo al acto público de la subasta mediante el Auto de adjudicación, la (ya eliminada) escritura notarial de venta o la entrega de la posesión de la cosa, etc., es absolutamente irrebatible el hecho de que es en la subasta celebrada con postores donde se concretan todos y cada uno de los elementos esenciales de la transmisión...», de suerte que a partir de tal momento en el cual un postor ofreció precio admisible por la adquisición del bien que se enajena forzosamente nace la acción de retracto pues la venta comenzó a producir sus efectos de modo pleno, si bien añadiendo, no obstante, que «en un principio quedaron sometidos a la condición resolutoria propia de toda subasta, es decir, que se abonase el precio total ofrecido por la cosa vendida...».

En consecuencia, y con ello concluimos este apartado, han de tenerse en cuenta también las advertencias manifestadas en la S. AP Toledo, Sección 1.ª, de 22 de diciembre de 1994[90] en el sentido de que en buena parte de las ocasiones el retrayente no tiene un conocimiento exhaustivo de las condiciones de la venta por la simple publicidad derivada de los edictos de la subasta, al no ser estos significativos ni siquiera de la transmisión del bien, «en cuanto es posible que las subastas anunciadas queden desiertas, ni del precio, dado que los edictos solo consignan el tipo de partida de la primera de las subastas y la tercera se celebra sin sujeción a tipo...máxime cuando el ejecutante puede pedir la entrega en administración de los bienes y es admisible la cesión del remate a terceros (artículos 1.505 y 1.499 de la Ley de Enjuiciamiento Civil), e incluso tampoco las condiciones de la adquisición, puesto que el artículo 1.507 del mismo texto legal admite en tercera subasta el ofrecimiento del pago a plazos y la alteración de "cualquier otra condición" de la misma...».

la eventualidad de la acción retractual en los supuestos de ventas realizadas mediante subasta judicial, al considerarse que la subasta, como medio normal de ejecución forzosa de los bienes embargados o hipotecados, es una operación procesal encaminada a la perfección de un contrato de venta forzoso y que está ya integrada por una serie de actos sucesivos que pretenden determinar dos de los elementos esenciales que conforman todo contrato de compraventa, es decir, el precio por el que se va a vender y la persona que va a comprar, advirtiendo también que la cosa que va a venderse ya está determinada por la hipoteca o el embargo y que la persona que va a vender está ya fijada por la ley (el deudor-propietario y, en su defecto, el Juez).

90 *Ar. C.* 2248/1995, en la cual, ante un retracto arrendaticio urbano a consecuencia de la enajenación del inmueble procedente de subasta pública en un procedimiento de ejecución judicial se computa el plazo de la acción desde que el retrayente tuvo conocimiento de las condiciones sustanciales de la transmisión por información del Registro de la Propiedad.

IV. LA RENUNCIA DEL DERECHO DE RETRACTO

A continuación, procederemos a exponer la posibilidad de extinción de los retractos legales, además de por el cumplimiento de sus fines o por el transcurso del plazo de caducidad anteriormente analizado, por virtud de la renuncia de su titular, para cuyo análisis resulta prácticamente obligado atender al momento en que la misma se verifica, lo cual justifica, según se ha dicho, el tratamiento de este tema en el presente libro referido al plazo de la acción.

1. Dentro del plazo de ejercicio del retracto

Al respecto, una vez que se produjeron los hechos que abren el plazo de ejercitabilidad del derecho de retracto, parece dable aplicar el principio de libre renunciabilidad de derechos establecido en el art. 6/2 CC, como concluye M. Albaladejo[1], no solo por la ausencia de disposiciones que prohíban tal renuncia sino también porque, para alcanzar el mismo resultado, en la práctica, resulta suficiente que el titular, a quien no se permite la renuncia, deje caducar el derecho por el transcurso de su breve plazo de ejercicio.

Ahora bien, a pesar de que este último argumento resulta convincente para justificar la ausencia de sentido del mantenimiento de la irrenunciabilidad del derecho retractual dentro del plazo de ejercicio, conviene diferenciar desde el punto de vista dogmático ambas instituciones, la caducidad y la renuncia, para evitar cometer la imprecisión en que, en ocasiones, se incurre identificándolas en buena parte de fallos casacionales.

Así, en la STS de 16 de marzo de 1992[2], ante un caso en que la demanda retractual se dirigió contra el representante del adquirente cre-

1 Cfr. *Derecho Civil*, cit., III-2, p. 400, con cita en apoyo de tal conclusión de abundante jurisprudencia relativa a arrendamientos rústicos que venía proclamando la renunciabilidad del retracto desde que es ejercitable, que, asimismo, puede consultarse en la STS de 6 de febrero de 1979 (*Ar*. 437).

2 *Ar*. 2185, en la que se mantiene subsistente el fallo de la sentencia de primera instancia, que había admitido el retracto —arrendaticio urbano— y se revoca la de la Audiencia, desestimatoria de la demanda, por cuanto, en lo que ahora importa, se estima que el error de dirigir la demanda contra el representante de la compradora y no contra esta

yendo que había sido este el comprador, rectificándose el error con posterioridad al transcurso del plazo de caducidad previsto en la Ley, mediante la correspondiente ampliación de la demanda, dentro del mismo proceso, el Tribunal Supremo considera que el expresado derecho retractual «fue ejercitado dentro del plazo legal (lo que ya incompatibiliza la producción de la caducidad) con plena identificación del local retraído y de la enajenación determinante del retracto, que lógicamente había de entenderse dirigido contra la verdadera adquirente o compradora del mismo (única legitimada pasivamente para soportar la acción de retracto), aunque por el error ya dicho se dirigiera inicialmente la demanda contra quien en la compra actuó como representante de la compradora que, además, fue quien requirió al Notario para notificar a la arrendataria la compra efectuada...», todo ello a pesar de que la modificación se produjo una vez transcurrido el plazo legalmente establecido para el ejercicio de la acción.

En concreto, se concluye en esta sentencia la inexistencia de la caducidad de la acción sobre la base de «partirse de que tanto la caducidad como la prescripción (salvadas las diferencias que, en otros aspectos, existen entre ambas instituciones) descansan sobre la presunción de abandono de un derecho que entraña el no ejercicio del mismo por su titular dentro del plazo establecido para ello por la Ley (o por voluntad de los interesados), presunción de abandono que, lógicamente, queda desvirtuada e inoperante por el ejercicio del derecho dentro del plazo establecido, al ser conceptos ontológica y jurídicamente incompatibles los de caducidad y ejercicio temporáneo o cronológicamente oportuno (dentro del plazo) de la acción respectiva...».

Dicho fundamento subjetivo del instituto como renuncia del derecho, aun habiendo sido sostenido en alguna otra aislada decisión[3], y

quedó subsanado oportunamente, dentro del mismo proceso y antes de que el referido representante de la adquirente —que era su padre— evacuara el trámite de contestación mediante la ampliación que la actora hizo de su demanda, dirigiéndola ya correctamente contra la verdadera compradora, que se personó y defendió en el proceso, «por lo que ha de entenderse que la acción de retracto fue ejercitada dentro del plazo y, por tanto, no producida la caducidad del mismo», pues el Alto Tribunal, a pesar de que la rectificación fue posterior al transcurso del plazo legal de caducidad, justifica su decisión, como se dice en el texto, sobre la base de fundamentar la caducidad —al igual que la prescripción— en «la presunción de abandono de un derecho que entraña el no ejercicio del mismo por su titular dentro del plazo establecido para ello por la Ley», lo que, según se ha visto, no se aprecia en el caso enjuiciado por esta decisión.

3 Así, entre otras, se producen las SSTS de 18 de octubre de 1963 (Ar. 4138) y 28 de enero de 1983 (Ar. 393), que fungibilidad el fundamento de la prescripción y de la caducidad, considerando que ambas responden a la misma finalidad común de abandono de los derechos y las acciones.

siendo dudoso respecto de la prescripción[4], no tiene, en modo alguno, según hemos advertido con anterioridad, ninguna razón justificativa para la caducidad, que solo puede fundamentarse en razones de seguridad jurídica[5], como se evidencia de su apreciación de oficio o de la imposibilidad de interrupción, que, desde luego, carecen de razón justificativa sin el mentado fundamento de corte objetivo.

Así las cosas, aunque es lo cierto que no tiene sentido mantener la irrenunciabilidad del derecho retractual una vez que el tiempo para su ejercicio ha comenzado a correr porque, aun no renunciado, el derecho perece igualmente al finalizar el plazo, sin embargo, ello solo sirve como razón justificativa sin que, en modo alguno, pueda defenderse la identificación entre la renuncia y la caducidad.

Tal diferencia entre una y otra puede tener utilidad práctica en aquellos supuestos en que el plazo ha transcurrido a pesar de la voluntad de ejercitar el derecho por su titular que, sin embargo, no ha manifestado su intención cumpliendo los requisitos legalmente exigidos en los términos expuestos —o, si se admite, extrajudicialmente, de modo fehaciente, según se verá—, en cuya circunstancia el derecho retractual habrá caducado, siendo también relevante la distinción en la hipótesis contraria en que el titular ha renunciado a su derecho con anterioridad al fin del plazo y, no obstante ello, intenta hacerlo valer antes de que el mismo expire[6].

2. Con anterioridad a la posibilidad de interponer la acción retractual

En cuanto a la eventualidad de renuncia desde que se adquiere la situación jurídica por la que el derecho se otorga y, por tanto, desde

---

4 El fundamento de la prescripción en el abandono de los derechos puede justificarse con base en la eficacia que el art. 1973 CC reconoce a la reclamación extrajudicial, que es contrario al interés general de asegurar la certeza de las relaciones jurídicas, o, por igual razón, en el art. 479 LEC, que dispone que la petición de conciliación, admitida a trámite, sirve para interrumpir la prescripción extintiva desde el momento de su presentación sin necesidad de presentación posterior de la demanda en un determinado plazo o, también, en la utilización de un criterio subjetivo en la determinación del plazo en el art. 1968/2.° CC, así como para el tratamiento restrictivo que aplica al instituto el TS (SS de 12 de julio de 1991, Ar. CC, así como para el tratamiento restrictivo que aplica al instituto el TS (SS de 12 de julio de 1991, *Ar.* 5381, y 30 de mayo de 1992, Ar. 4830) y, sin embargo, ese fundamento subjetivo no se compadece con las disposiciones contenidas en los arts. 1932, 1934, 1961 y 1969 CC. Cfr., *y* allí información, F. Pantaleón Prieto, CCJC, n. 3, pp. 833 a 835; n. 4, p. 1206 y 1207 y n. 6, pp. 1986, 1988 y 1989.

5 En este sentido se manifiestan, entre otras muchas, las SSTS de 29 de septiembre de 1950 (*Ar.* 1411) 8 de noviembre de 1983 (*Ar.* 6065); 18 de diciembre de 1984 (*Ar.* 6135) y 29 de mayo de 1992 (*Ar.* 4828).

6 Así lo ha apuntado M. Albaladejo, *Derecho Civil, cit.*, III-2, p. 400, nt. 67.

que el derecho retractual nace en los términos vistos por ingresar el titular en la situación jurídica en cuya virtud se otorga —así, desde que se convierte en condueño o colindante— a pesar de que todavía no se ha producido el hecho que autoriza su ejercicio —así, la transmisión de la participación de otro comunero en la cosa común o de la finca colindante— o, aun produciéndose tal hecho transmisivo que fundamenta el ejercicio del derecho retractual, sin embargo, no se ha abierto aún el plazo de caducidad —porque el retrayente todavía no conoce las condiciones esenciales de la transmisión que no figura inscrita en el Registro—, también, al igual que señala M. Albaladejo[7], nos inclinamos por la renunciabilidad en todo caso.

En apoyo de tal conclusión, que, sin embargo, se rechaza, para el retracto arrendaticio rústico en el art. 11/1 LAR, que solo considera renunciables los derechos del arrendatario desde el momento en que puedan ser ejercitados, puede esgrimirse el nacimiento del derecho de retracto desde que el retrayente reúne los requisitos exigidos por la Ley, según declara la S. AP Valencia de 27 de abril de 1989[8] en términos anteriormente anunciados, al margen, pues, de la enajenación, que solo determina el momento en que ese derecho preexistente puede ejercitarse de suerte tal que si se admite la renuncia dentro del plazo de ejercicio, una vez que ha nacido la acción, habrá de aceptarse igualmente, por las mismas razones, cuando ya ha nacido el derecho retractual por disposición de la Ley, al margen o con independencia de que se hubiese verificado la transmisión patrimonial, que solo da origen a la posibilidad de apertura del plazo de caducidad de la acción.

Quizá más dudosa puede ser la posibilidad de renuncia del derecho de retracto antes de su nacimiento, en cuyo supuesto la STS de 21 de enero de 1965[9], en un caso de retracto arrendaticio urbano, declara en

---

7 Cfr. *Derecho Civil, cit.*, III-2, pp. 400, 401, 403 y 404.

8 AC 105/1989, donde, en concreto, ante un retracto arrendaticio urbano, se destaca que «el derecho de retracto no nace cuando se enajena la cosa que se quiere retraer, sino que existe desde antes (desde que se constituyó por negocio jurídico o por disposición de la Ley) y se puede hacer valer cuando tal enajenación se realiza, de la misma manera que el derecho de hipoteca existe desde que se establece, y no solamente a partir del momento en que la obligación asegurada se incumple y se puede ejercitar el *ius distrahendi...*», rechazándose en el caso la acción retractual por tratarse de la aportación de un inmueble a una sociedad anónima y porque, según veremos a continuación, se acepta la renuncia del retracto convenida en el propio contrato arrendaticio.

9 *Ar.* 224, en un caso en el que, revocando la sentencia de la Audiencia, se confirmó la pronunciada por el Juez de 1.ª Instancia que había aceptado la alegación del comprador de que los arrendatarios habían renunciado expresamente a la subrogación de compra y al ejercicio del derecho de retracto arrendaticio urbano que extemporáneamente ejercitan percibiendo una cantidad como indemnización en el mismo momento en que se efectuó la compraventa del local cuestionado, admitiéndose la mentada renuncia de acuerdo con los entonces vigentes arts. 4 CC y 6 LAU de 1956 precisamente porque era posterior a la

términos generales y a efectos doctrinales, la invalidez de tal renuncia anticipada del retracto antes de haberse generado el mismo por la transmisión del local —arrendado—, «pues de lo contrario perdería todo sentido y alcance al interés general en que su otorgamiento descansa y quebrantaría la seguridad del tráfico jurídico obligacional» y ello sin perjuicio de la eficiencia y viabilidad legal de la renuncia cuando, como en el caso enjuiciado por dicha sentencia, el derecho ya nacido e incorporado al patrimonio se declina por acto posterior voluntario y consentido, todo lo cual, según se verá, aparece solucionado, en el ámbito arrendaticio urbano, por el vigente art. 25/8 de la Ley 29/1994, que admite la validez de la renuncia anticipada por el arrendatario de los derechos de retracto en contratos superiores al mínimo legal de cinco años.

En similar sentido, y con apoyo, entre otras, en esta STS de 21 de enero de 1965, en las SS. de la AP Barcelona, Sección 12.ª, de 24 de julio de 1989; de la Sección 11.ª de 7 de enero de 1991 y de la Sección 14.ª, de 14 de febrero de 1994[10] se aceptan los razonamientos del Juez *a quo* de que un derecho solamente puede ser renunciado cuando se ha integrado o incorporado al patrimonio jurídico y consiguientemente se encuentra a disponibilidad del sujeto, lo que no ocurre cuando la renuncia figura, como en los casos enjuiciados en estas decisiones, en el mismo contrato arrendaticio, salvo que se tratase de viviendas suntuarias, en cuya hipótesis, la S. de la AP Santa Cruz de Tenerife, Sección 1.ª, de 15 de septiembre de 1989[11], admitiendo tal doctrina, consiente, como excepción, la renuncia anticipada para tal supuesto.

En igual dirección que estas últimas decisiones citadas, la STS de 6 de febrero de 1979[12], ante un retracto arrendaticio rústico, argumenta

perfección y consumación del negocio jurídico u operación de venta que dio origen al retracto aunque no se formalizara en escritura pública hasta mucho después.

10 *RGD,* enero-febrero 1990, núms. 544 y 545, pp. 500 a 503; julio-agosto 1991, núms. 562 y 563, pp. 6672 a 6674, y julio-agosto 1994, núms. 598 y 599, pp. 8542 a 8544, respectivamente.

11 *RGD,* mayo 1991, núm. 560, pp. 4481 y 4482, en la que, después de reproducir el contenido de la doctrina sentada por la STS de 21 de enero de 1965 sobre la invalidez de la renuncia anticipada del derecho retractual antes de haberse generado la transmisión del local arrendado, considera que, en cambio, sí que es renunciable, como excepción, el beneficio del derecho al retracto en el mismo contrato arrendaticio, de modo expreso y determinado, en los supuestos de viviendas suntuarias pues ello «no va contra disposición legal alguna, antes bien se acomoda a la propia Ley de Arrendamientos Urbanos», ya derogada, perdiendo, a nuestro juicio, gran parte de su importancia estas consideraciones ante la entrada en vigor de la nueva Ley locaticia en términos que posteriormente se desarrollarán.

12 *Ar.* 437, en la cual se confirma la sentencia pronunciada por el Juez de 1.ª Instancia, declarando haber lugar al recurso interpuesto contra la decisión de la Audiencia que había desestimado el retracto arrendaticio rústico con base en la caducidad de la acción y la renuncia al ejercicio del derecho de retracto, frente a lo cual el Tribunal Supremo admite la acción al apreciar que cuando se entabla la misma no había transcurrido el plazo de 3 meses fijado en el art. 16 de la LAR de 15 de marzo de 1935 que, en el caso, ha de contarse

su negativa a la eventual renunciabilidad del derecho retractual con anterioridad a su nacimiento alegando que «no puede admitirse la posibilidad de una renuncia respecto de una hipotética y futura operación cuyos elementos internos o no estaban fijados o no se expusieron al que tenía que apoyarse en ellos para ejercitar o no el derecho de retraer, contrariando lo requerido por la jurisprudencia, que continuamente proclamó que la renuncia tiene que ser explícita, clara y terminante», citando a continuación alguno de los referidos fallos en tal sentido[13].

Además se añade como justificación del rechazo a la renuncia en tales condiciones, que, como la acción para ejercitar el retracto no surge hasta que se tiene conocimiento de la venta y esta todavía no había tenido lugar, es de aplicación el principio general en cuya virtud «es ineficaz la renuncia hecha por anticipado al hecho que produce el ejercicio de un derecho, pues no se puede renunciar a lo que todavía no se tiene, por no estar aun adquirido e incorporado al patrimonio del titular que renuncia»[14].

Asimismo, la referida sentencia de 1979 aduce en favor de su conclusión contraria a la renuncia anticipada al retracto arrendaticio rústico la reiterada doctrina de la Sala de lo Social del Alto Tribunal que afirma que no puede renunciarse anticipadamente a los derechos que confiere la legislación arrendaticia y que mantiene, en concreto, que

---

desde el acto de conciliación en que tiene lugar por vez primera el conocimiento requerido por parte del actor de la enajenación, al exhibirse entonces la escritura pública de compraventa, y, sobre todo, al rechazar la pretendida renuncia que el Tribunal *a quo* basaba en un papel mecanografiado sin firma y sin posterior reconocimiento, que no puede tener el más mínimo valor jurídico, así como en una carta que la esposa del arrendatario dirige a los arrendadores en la que dice que «...no le podemos pagar lo que usted pide de las tierras, yo estoy conforme en que las venda, por mi parte no tiene ningún problema...», la cual, al no estar escrita por el arrendatario, excluye el requisito de personalísimo que el acto de renuncia debe de tener, según había afirmado, entre otras, la STS de 23 de diciembre de 1952 (*Ar.* 2670), reproduciendo a continuación el resto de los argumentos que se citan en el texto en favor de la invalidez de la pretendida renuncia.

13 Así se producen las SSTS de 17 de noviembre de 1931 (*Ar.* 2260); 30 de marzo de 1953 (*Ar.* 1260) y 4 de octubre de 1962 (*Ar.* 3790).

14 Vid. en la misma línea la STS de 18 de diciembre de 1952 (*Ar.* 2707) que, igualmente, advierte que no se puede «renunciar a un derecho a la sazón inexistente» ante un contrato de arrendamiento urbano, celebrado en 1933, en que se prohibía la cesión de aquél y cualquiera traspaso del negocio, señalando el Alto Tribunal que el incumplimiento de tal estipulación, vigente una nueva Ley, no puede servir de base para instar la resolución en tanto que, a tenor de esa nueva normativa, el contrato solo cabe resolverlo por alguna de las causas tasadas en dicho texto legal, por lo que concluye que «la cláusula en que se prohíbe el traspaso no puede en modo alguno revestir el carácter de renuncia que pretende atribuírsele, porque ni es dable renunciar a un derecho a la sazón inexistente, puesto que este surgió de una disposición legal muy posterior, ni son eficaces las renuncias anticipadas a derechos que las leyes puedan conceder, a menos de desvirtuar la finalidad social por ellas perseguida».

«la renuncia anticipada al derecho retractual carece de valor como contraria a las normas de carácter imperativo de la Ley»[15].

Este último es el argumento de más consistencia para justificar la posibilidad de renuncia anticipada del derecho retractual pues, al margen de la confusión en que suele incurrir el Tribunal Supremo, según hemos advertido reiteradamente, entre el nacimiento del derecho, desde que se cumplen las condiciones requeridas por la Ley y el nacimiento de la acción, que solo puede producirse desde que se verifica la transmisión, no cabe ninguna duda de que alegar la indisponibilidad de lo que todavía no se tiene puede, fácilmente, desmontarse aduciendo que no se trata de renunciar al derecho que aún no ha nacido sino de establecer, por voluntad de las partes, la supresión de uno de los efectos —el nacimiento del derecho retractual— que produce, por ministerio de la Ley, un acto —la adquisición de la condición de comunero o de colindante, por ejemplo, y la enajenación—[16].

Así pues, en tales términos, la admisibilidad de la renuncia anticipada solo depende del carácter, cogente o dispositivo, de los preceptos que establecen el derecho de retracto como, acertadamente, se advierte en la ya citada S. AP Valencia de 27 de abril de 1989, en la cual, ante un caso en que las partes que concertaron el arrendamiento urbano convinieron, al contratar este, que el arrendatario renunciaba al derecho de retracto en el supuesto de enajenación del local de negocio arrendado, y después de aclarar, según hemos adelantado, que el derecho de retracto no nace cuando se enajena la cosa que se quiere retraer, sino que existe con anterioridad desde que se constituyó por disposición de la Ley, se concluye que en el contrato «lo que realmente hicieron los contratantes...fue regular los efectos del mismo y suprimieron, en uso de la autonomía de la voluntad, uno de ellos, el nacimiento del derecho de retracto», tras lo que se añade que «la validez de esta decisión depende de que se entienda que los preceptos que establecen el retracto...son de derecho necesario o tienen naturaleza dispositiva».

En el supuesto concreto enjuiciado en dicha sentencia de la Audiencia valenciana, con amparo en la disposición contenida en el entonces vigente art. 6/3 de la LAU derogada, en virtud del cual los arrendatarios de locales de negocio pueden renunciar a los beneficios que les confiere la ley, salvo el de prórroga del contrato de arrendamiento, se concluye que «el derecho de retracto es un beneficio del arrendatario al que podía renunciar la sociedad demandante cuando contrató el

15 En igual sentido, SSTS, de la Sala Sexta, de Lo Social, de 24 de diciembre de 1945 (*Ar.* 1460); 16 de marzo y 28 de mayo de 1948 (*Ar.* 441 y 917); 28 de junio de 1951 (*Ar.* 1610) y 1 de junio de 1953 (*Ar.* 1676).

16 Vid., tal argumento en M. ALBALADEJO, *Derecho Civil, cit.*, III-2, p. 401.

arrendamiento, y así lo hizo, pactando en el contrato que el arrendamiento no produjera el efecto de hacer nacer el derecho de retracto. Como este pacto debe considerarse válido y vigente, se ha de concluir que la demandante no tenía ni podía ejercitar el derecho de retracto de que se trata».

Así las cosas, y frente a otras opiniones que consideran que las normas reguladoras de los retractos legales son imperativas y, por tanto, indisponibles[17], estimamos que, al igual que sanciona la referida sentencia de la AP de Valencia, son renunciables los derechos de retracto establecidos en el CC —no así, el retracto arrendaticio rústico en virtud de lo dispuesto en el art. 9 LAR— pues las normas que los regulan no tienen carácter cogente en tanto que, como argumenta M. ALBALADEJO[18], el fin de la Ley no es obtener la unificación de la copropiedad o la eliminación de los minifundios sino facilitar tal propósito en tanto en cuanto lo prefieran los interesados pues de no ser ello así el legislador prohibiría la creación de nuevas situaciones de comunidad o excesiva división de la propiedad.

En igual sentido, y ante el mismo presupuesto fáctico, en la S. AP Barcelona, Sección 14.ª, de 30 de septiembre de 1992[19] se admite la validez de la renuncia del derecho de retracto por el arrendatario de un local de negocio en el momento de celebración del contrato, lo que trae como consecuencia lógica que el mismo carezca de legitimación activa para ejercerlo, añadiendo que «esta carencia de legitimación la admite incidentalmente el mismo —retrayente— al alegar la nulidad de la renuncia por haber incurrido en un error, que centra en el desconocimiento que tenía del real propietario del inmueble arrendado, si bien tal error, en el caso de que fuera cierto (nada se ha probado al res-

17 Vid. en esta dirección, X. O'CALLAGHAN MUÑOZ, *Compendio de Derecho Civil*, t. III, Madrid, 1985, p. 413.

18 Cfr. *Derecho Civil, cit.*, III-2, p. 402.

19 *Ar. C.* 1250/1992, en la que se revoca la sentencia del Juzgado que había estimado la demanda retractual interpuesta por el arrendatario que, en el momento de celebrar el contrato de arrendamiento, había renunciado expresamente a los derechos de tanteo y retracto de la antigua LAU de 1964 y que precisamente ejercita la acción nueve años más tarde de haberse verificado la transmisión del local y ante el inicio por la nueva propietaria de un proceso judicial contra dicho arrendatario por cesión inconsentida del objeto arrendado a un tercero ajeno a la relación contractual primitiva, alegando que es entonces cuando conoce la cesión onerosa de la finca arrendada y aduciendo, además, al interponer el retracto, que sufrió un error al renunciar contractualmente al derecho que ahora ejercita, lo que se rechaza por la Audiencia, que, infiriendo presuntivamente del pago de la renta a la nueva propietaria, concluye el conocimiento por el arrendatario del hecho de la transmisión de la finca mucho tiempo antes de presentar la demanda y, por lo que ahora interesa, acepta la renuncia del derecho retractual en el momento de la celebración del contrato con apoyo en la dicción del n. 3 del art. 6 de la mentada LAU, que admite la validez de tal renuncia del derecho de retracto que otorga como beneficio al arrendatario de un local de negocio, como es el caso.

pecto) carece de toda trascendencia en cuanto que el mismo no constituye un conocimiento erróneo o equivocado respecto del derecho de retracto y las consecuencias de su renuncia, que sí eran conocidas (o debieron ser conocidas) por el arrendatario».

A continuación se añade, con carácter general, que «es perfectamente admisible, sin contrariar normas jurídicas imperativas, renunciar a tal derecho —de retracto— de contenido potencial (solo despliega su eficacia cuando se produce la transmisión onerosa del inmueble locado) en el mismo momento en que se adquiere tal derecho», lo que se sostiene también, en parecidos términos, por la posterior S. AP Barcelona, Sección 13.ª, de 26 de enero de 1994[20], en la que se argumenta que «si el derecho a retraer no había nacido en el momento de contratar, sí estaba *in situ* en el tipo de relación jurídica antes de su exclusión...».

En similar línea se había producido también la S. de la misma AP Barcelona, Sección 16.ª, de 13 de febrero de 1990[21] que admite la renuncia anticipada del derecho de retracto efectuada por el arrendatario de local de negocio en el momento de celebrar el contrato arrendaticio, ya que se trata de un derecho renunciable puntualizando el alcance y carácter de las afirmaciones vertidas por la citada STS de 21 de enero de 1965 en sentido contrario, que califica de «sorprendentes», añadiendo que su valor como precedente es escaso no solo porque se trata de consideraciones *obiter dicta* sino, además, «por sus consecuencias, ya que convierte en irrenunciables todos y cada uno de los derechos que contiene la ley arrendaticia, al no admitirse otro alcance a la renuncia que el abandono de facultades legales ante situaciones consolidadas; y ello es contrario al concepto y utilidad social de la renuncia (y más en relación con la definición del marco obligacional de contratos de tracto sucesivo)...».

---

20 *RGD*, junio 1994, n. 597, pp. 7204 a 7206, donde, a diferencia que en la anterior, se confirma la sentencia de primera instancia, que había desestimado la acción de retracto arrendaticio urbano ejercitada en la demanda, al considerarse válida la renuncia al derecho de retracto efectuada por el arrendatario en el momento de la celebración del contrato, tras lo que concluye que «el beneficio del artículo 47 de la Ley de Arrendamientos Urbanos —de 1964— pudo ser oportunamente renunciado en el mismo momento de contratar», y todo ello en un supuesto en que la meritada renuncia figuraba en una cláusula impresa en términos que posteriormente expondremos al analizar la forma, singularmente la tácita, en que puede evidenciarse la renuncia.

21 *RGD*, julio-agosto 1990, núms. 550 y 551, pp. 5946 y 5947, donde se especifica que en la STS de 21 de enero de 1965 no se admitió el retracto por motivos diversos que el de la invalidez de la renuncia anticipada, ya que esta fue mediante pago finiquitado, para colegir que dicha argumentación contraria a la validez de la renuncia «pudo incluirse sin demasiada matización».

En tal dirección, en la RDGRN de 18 de mayo de 1983[22] se consiente la renuncia del retracto de comuneros y se utiliza como argumento *a contrario* el disfavor con que el legislador contempla las situaciones de comunidad incidental *pro indiviso* para justificar la inscribilidad en Navarra de la escritura constitutiva de una comunidad de garaje en la que el titular único excluye el derecho de retracto de comuneros porque, en el caso, se trataba de una comunidad atípica funcional pactada y, además, la Ley 372 de la Compilación navarra se remite a los arts. 392 y 1.255 CC conforme a los cuales dicho retracto puede ser eliminado por la voluntad de los interesados «dado su diverso fundamento de otros retractos legales como el enfitéutico o el arrendaticio».

Por lo demás, para concluir este apartado, la renuncia del retracto arrendaticio urbano aparece expresamente contemplada en el número 8 del art. 25 de la Ley 29/1994, de 24 de noviembre, de Arrendamientos Urbanos, cuando señala que «el pacto por el cual el arrendatario renuncia a los derechos de tanteo y retracto será válido en contratos de duración pactada superior a cinco años»[23], de aplicación a los arrendamientos para uso distinto del de vivienda (cuya regulación, por lo demás, es totalmente supletoria, según sanciona el art. 4/3), por mor de la remisión que efectúa el art. 31 al 25, que pasa a constituir, así, la segunda norma del Ordenamiento español que contempla de modo específico la renuncia del retracto, tras la previsión contenida en la Ley 447 de la Compilación del Derecho Civil Foral de Navarra[24].

Sin afán de profundizar con detalle en estos momentos en la previsión de la nueva Ley locaticia, es palmario que la disposición contenida en el referido apartado 8 del artículo 25 cuando otorga los derechos de adquisición preferente al arrendatario durante, al menos, cinco años, es difícilmente cohonestable con el precedente artículo 14,

22 *Ar.* 6969. en la cual se acepta la inscripción de una escritura en la que se excluye el retracto de comuneros básicamente por los caracteres de la comunidad de garaje —atípica funcional—, análoga a la propiedad horizontal, que ha sido voluntariamente pactada, tiene un destino común, es fundamentalmente duradera y en la cual es válida la prohibición del ejercicio de la acción de división sin el acuerdo de todos los copropietarios, siendo totalmente diversos los fundamentos en que se asienta la comunidad incidental *pro indiviso* en que, en cambio, el Derecho estimula su desaparición singularmente a través de la acción de división.

23 Cfr. J. M. LETE DEL RÍO, «Comentario al artículo 25» en *Comentarios a la Ley de Arrendamientos Urbanos* dirigidos por X. O'CALLAGHAN MUÑOZ, *cit.*, p. 353, quien destaca la relevancia de dicho apartado ya que sin la previsión contenida en este precepto la renuncia del derecho de retracto expresada en el propio contrato o en momento anterior sería nula y habría que tenerla por no puesta al modificar en perjuicio del arrendatario lo establecido en el resto de apartados del mentado artículo 25, lo cual aparece proscrito, con carácter imperativo, en el artículo 6 de la nueva Ley locaticia.

24 Vid., sobre ello, respectivamente, R. BARBER CARCAMO, *El retracto gentilicio, cit.*, pp. 366 a 370, y F. J. SERRANO GARCÍA, «Comentario al artículo 25», en *La nueva Ley de Arrendamientos Urbanos*, dirigido por V. GUILARTE GUTIÉRREZ, *cit.*, pp. 333 a 336.

que parece admitir la exclusión de los derechos retractuales en cualquier tiempo al señalar que «cuando las partes hayan estipulado que la enajenación de la vivienda extinguirá el arrendamiento, el adquirente solo deberá soportar el arrendamiento durante el tiempo que reste para el transcurso de cinco años».

Sobre tal particular, parece prudente destacar, como ha señalado F. J. SERRANO GARCÍA[25], la prevalencia del art. 25/8, por su conexión evidente con lo establecido en el art. 9 acerca de la duración del contrato, de suerte que en arrendamientos de vivienda se debe mantener el respeto a los 5 años que como mínimo legal se configura, plazo infranqueable e intransigente de estipulaciones que intenten su desvanecimiento, como sería el plazo impeditivo del nacimiento del retracto[26].

En cambio, resulta, desde luego, totalmente indiferente el tiempo de duración a los efectos de la validez de la renuncia en los arrendamientos para uso distinto del de vivienda, que se rigen por la autonomía de la voluntad según se deduce del art. 4[27], de modo que, como advierte R. BERCOVITZ RODRÍGUEZ-CANO[28] en tal supuesto cabe renunciar no solo parcialmente sino también totalmente a los derechos de retracto que otorga la nueva Ley de Arrendamientos en el artículo 31 cuando se remite al precedente artículo 25, cuyo apartado 8 carece, pues, de aplicación, para los arrendamientos de uso distinto del de vivienda.

3. FORMA, CON ESPECIAL REFERENCIA A LA RENUNCIA TÁCITA

Una vez admitida la renuncia del derecho de retracto legal, por lo que se refiere a la forma en que puede manifestarse, es posible hacerse de modo expreso, como aconteció en el caso enjuiciado por la STS de 7 de abril de 1986[29] en que se considera efectuada con los requisi-

---

25 Op. et loc. ult. cit.

26 Vid. en esta dirección también F. A. RODRÍGUEZ MORATA, «Comentario al artículo 25», en *Comentarios a la Ley de Arrendamientos Urbanos*, coordinados por R. BERCOVITZ RODRÍGUEZ-CANO, *cit.*, p. 624.

27 Cfr., en tal sentido, F. M. CALVO VIDAL, «Comentario al artículo 31», en *La nueva Ley de Arrendamientos Urbanos*, dirigido por V. GUILARTE GUTIÉRREZ, *cit.*, p. 388; A. PARA MARTÍN, «Comentario al artículo 31» en *Comentarios a la Ley de Arrendamientos Urbanos* dirigidos por X. O'CALLAGHAN MUÑOZ, *cit.*, p. 482 y F. A. RODRÍGUEZ MORATA, «Comentario al artículo 25», en *Comentarios a la Ley de Arrendamientos Urbanos*, coordinados por R. BERCOVITZ RODRÍGUEZ CANO, *cit.*, p. 624.

28 Cfr. «Comentario al artículo 31», en *Comentarios a la Ley de Arrendamientos Urbanos*, coordinados por R. BERCOVITZ RODRÍGUEZ-CANO, *cit.*, p. 699.

29 *Ar.* 1842, donde, con ocasión de un retracto arrendaticio rústico interpuesto por quien había renunciado a tal derecho retractual en el documento privado de compraventa a cambio de percibir una suma dineraria como indemnización por dicha renuncia, se destaca, de modo singular, la eficacia jurídica de tal renuncia efectuada por el recurrente a los derechos arrendaticios que le correspondían en orden a la finca objeto de controversia, y

tos exigidos jurisprudencialmente de precisión y claridad cuando, en el mismo documento de venta de la finca, el arrendatario recibe una cantidad como indemnización por la resolución del contrato de arrendamiento rústico, o, también, lo que es más problemático, de modo tácito, sobre lo que nos referiremos en extenso a continuación.

Siquiera, todavía puede resultar oportuno advertir que, tanto en un caso como en otro, la renuncia del derecho de retracto ha de ser clara, notoria y terminante a criterio del Tribunal Juzgador de suerte que, según las circunstancias concurrentes, puede acontecer que un mismo acto, como una cláusula de renuncia impresa en el contrato —arrendaticio—, pueda considerarse válido por las SS. AP Barcelona, Sección 11.ª, de 7 de enero de 1991[30] y Sección 13.ª, de 26 de enero de 1994[31] y nulo por la S. de la misma AP Barcelona, Sección 14.ª, de 14 de febrero de 1994[32].

---

concretamente el de retracto, pues «viene provista de los necesarios requisitos de precisión, claridad y aspecto terminante que vienen siendo jurisprudencialmente exigidos para su acogida».

30 *RGD*, julio-agosto 1991, núms. 562 y 563, pp. 6672 a 6675, en la que se estima que, «dada la forma en que tuvo lugar la renuncia no debe acogerse, estimándose como insuficiente y no válida a los fines pretendidos» en un caso en que la renuncia obraba impresa en el contrato de arrendamiento sin una especial manifestación, lo cual se califica de «mera adhesión», de suerte que «ello la inviabiliza, a los efectos pretendidos, por no ser la expresión terminante de la decisión, en su caso, de no ejercitar la acción de retracto».

31 *RGD*, junio 1994, n. 597, pp. 7204 a 7206, donde, una vez aceptada la posibilidad de renunciar en el mismo contrato arrendaticio al derecho de retracto, se admite la validez de la renuncia contenida en una cláusula impresa a la que el arrendatario se adhirió, advirtiéndose que «el hecho de que el contrato fuera efectivamente de adhesión, no es motivo, *per se*, para concluir en la ineficacia del mismo», tras lo que se concluye que el retrayente fue consciente de dicha cláusula por varias razones: porque se adiciona al impreso una cláusula otorgando al arrendatario la facultad de hacer obras en el local, lo que indica la idea de examen de dicho clausulado; por cuanto, habiendo transcurrido más de 8 años desde que lo firmó, el actor no se había preocupado de impugnar tal renuncia y porque, aun admitiendo que no hubiera leído el citado clausulado, se aduce la reiterada doctrina jurisprudencial, que se cita, en cuya virtud un error que se haya podido evitar con regular diligencia no puede ser invocado por el que haya incurrido en él para anular la declaración, por todo lo cual, en fin, se decide la validez de la meritada cláusula «y que por contener una renuncia clara, expresa y terminante al derecho de retracto no le es dable al actor el ejercicio del mismo».

32 *RGD*, julio-agosto 1994, núms. 598 y 599, pp. 8542 a 8544, en la cual, a pesar de que se rechaza la acción retractual a consecuencia de que la aportación de un inmueble de una sociedad, que fue el negocio jurídico que motivó la demanda, no es causa de retracto, salvo que se demuestre su fraudulencia, lo que no aconteció en este caso, a pesar de tal desestimación, reiteramos, se aceptan los razonamientos del Juez *a quo* de que un derecho solamente puede ser renunciado cuando se ha integrado o incorporado al patrimonio jurídico y consiguientemente disponibilidad del sujeto lo que no ocurre cuando la renuncia figura en el mismo contrato arrendaticio, tras lo que se añade que debe de tratarse de «dejación expresa y manifiesta, careciendo de tales requisitos condicionantes de su eficacia y oponibilidad una cláusula meramente impresa en unas condiciones generales incorporadas a un contrato de arrendamiento, por representar una limitación de expectativas

Tras esta advertencia previa, ya en cuanto a los actos de los que puede inferirse tal renuncia tácita, han de ser inequívocamente demostrativos del pensamiento de conformidad del agente «sin que se pueda atribuir esa aceptación al mero conocimiento, por requerirse actos de positivo valor demostrativos de una voluntad determinada en tal sentido», no teniendo «transcendencia jurídica el retraso en el ejercicio de la demanda, porque quien está legitimado para ello es dueño de su acción mientras no pueda oponérsele la prescripción —o la caducidad— por el transcurso del tiempo necesario a tal efecto», como ha advertido, con ocasión de manifestarse sobre el consentimiento tácito, la STS de 19 de diciembre de 1990[33], que desestima la existencia de consentimiento tácito en los copropietarios y califica su conducta de «pasividad, tolerancia y mero conocimiento» ante las obras y alteraciones realizadas en el inmueble por los otros comuneros, a los que, en consecuencia, obliga a realizar lo necesario para dejar dichos elementos comunes en su estado original, con cita de abundante jurisprudencia sobre el consentimiento tácito.

En consecuencia, no puede considerarse demostrativo de tal voluntad tácita de renuncia el simple conocimiento, aun pleno, de todas las condiciones de la venta, que solo constituye el *dies a quo* del plazo de caducidad de la acción retractual en los casos en que la venta no figure inscrita en el Registro, cuyas diferencias, de ese conocimiento, con el consentimiento —y, por tanto, con una implícita manifestación de voluntad— se ha cuidado de delimitar una reiterada jurisprudencia con motivo de la resolución del contrato de arrendamiento urbano

---

que por su especial transcendencia, merecen y requieren una 'expresividad' más notoria y clara, por implicar dejación de derechos transcendentales que el ordenamiento jurídico otorga al arrendatario».

33 *Ar.* 10287, produciéndose, en el caso, un voto particular del Magistrado Fernández Rodríguez, que, entre otras razones, aduce que «si el que puede y debe hablar no lo hace, se ha de reputar que consiente en aras de la buena fe»; Vid. también amplia referencia jurisprudencial al respecto de la distinción entre conocimiento y consentimiento tácito en la sentencia de 11 de junio de 1991 (*Ar.* 4445), comentada en CCJC, n. 26, por C. VATTIER FUENZALIDA, pp. 665 a 670, así como en V. GUILARTE GUTIÉRREZ, CCJC, n. 22, pp. 103 y ss., con ocasión del comentario de la STS de 7 de diciembre de 1989, y en M.ª. J. DÍAZ AMBRONA BARDAJÍ, «El silencio en la teoría del negocio jurídico (Notas a la Sentencia del Tribunal Supremo de 19 de diciembre de 1990)», AC 1991—4, pp. 667 y ss.

por obras inconsentidas[34], según, claramente, se asume en la S. AP Almería de 23 de abril de 1991[35].

En dicho sentido, en el ámbito retractual, se había inclinado la STS de 28 de mayo de 1923[36], donde se destaca que no puede darse la misma fuerza y alcance jurídico al hecho de tener noticia o conocer la celebración de la compraventa y, lo que es bien distinto, reconocer, confesar o declarar a favor del comprador el derecho por este adquirido y la respectiva obligación en el reconociente, concluyendo que solo la realización de los actos últimamente indicados, de reconocimiento, confesión o declaración, determinan, como había precisado en este caso el Tribunal de instancia, la dejación o abandono y la consiguien-

34 SSTS de 30 de marzo de 1973 (Ar. 1661) en la que se señala que «del hecho de que un arrendador conozca la transformación que su inquilino está llevando a cabo en la cosa arrendada, sin hacerle objeción ni oposición alguna, no cabe deducir una tácita conformidad con tal hecho ya que en general el silencio no puede valer como declaración de voluntad, y solo en determinadas ocasiones cabe interpretarlo como tácita manifestación del consentimiento...» y de 10 de febrero de 1975 (Ar. 422) donde se destaca que «La jurisprudencia de este Alto Tribunal...ha diferenciado perfectamente los conceptos de «conocimiento» y «consentimiento»... afirmando que no basta con partir de que la propiedad tuvo «conocimiento» de la obra durante su ejecución para deducir el consentimiento tácito cuanto terminadas aquellas reclama la resolución...».

35 *RGD*, diciembre 1991, n. 567, pp. 11358 a 11360, rechazándose en dicha sentencia «la equiparación ficticia entre conocimiento y consentimiento o, lo que es igual, la presunción de que existe el segundo a partir de la constatación del primero, entendiéndose así...que para estimar probado el consentimiento, incluso el tácito, no basta que el dueño haya tenido noticia puntual de la ejecución de la obra, ni siquiera es suficiente que no se haya opuesto a ella, sino que se precisa que haya realizado actos que palpablemente demuestren su conformidad con la mutación practicada por el locatario, no pudiendo así entenderse sin más que quien calla otorga, y no siendo tampoco indicativo el hecho de que se tarde varios años en ejercitar la acción resolutoria...de modo que la acción puede ser ejercitada con éxito en tanto no opere la prescripción...», produciéndose en tal sentido la S. de la AT de Bilbao de 17 de junio de 1986 (La Ley 6683/1986—3, pp. 289 y 290), donde se concluye que «...dichas obras no fueron consentidas por el arrendador, ni expresa ni tácitamente...y, como mucho, pudieron ser conocidas por el arrendador pero el mero conocimiento no supone consentimiento, ni siquiera tácito» y, por último, S. de la AP de Bilbao, Sección 1.ª, de 6 de febrero de 1990 (La Ley 11025/1990—3, p. 585) en la que se reproducen los términos citados en la nota anterior de la STS de 30 de marzo de 1973.

36 JC, t. 159, n. 74, p. 364 ss., en un caso de retracto enfitéutico en que el retrayente había venido percibiendo del demandado, durante muchos años, pensión foral por la finca de que se trata y había consentido y acatado expresamente la sentencia dictada en juicio verbal seguido entre las mismas partes por la que se condenó al demandante a reconocer al demandado como dueño utilitario del inmueble, cuyos actos tienen el alcance de consentir la venta, lo que, a la postre, determinó la desestimación de la acción de retracto, aduciendo, aparte de las razones expuestas en el texto, que el CC, en el entonces vigente art. 4/2 (actual 6/3) autoriza expresamente la renuncia de los derechos concedidos por las leyes salvo que resulte contraria al interés o al orden público o en perjuicio de tercero, lo que no es el caso, sin que se establezca en dicho precepto la forma y expresión en que la renuncia haya de verificarse por lo que se considera «lógico suponer que cuando uno de los dueños del respectivo dominio consiente expresamente en la enajenación, o renuncia de manera clara su derecho de prelación, hay que entender que ya no puede ejercitar el retracto».

te renuncia tácita por parte del demandante —en el supuesto, de la facultad de ejercitar el derecho de retracto que concede al dueño del dominio directo el art. 1.636 CC—, lo que estimamos más correcto que las declaraciones contenidas en la STS de 26 de mayo de 1982[37], que, siquiera incidentalmente, parece admitir la posibilidad de renuncia de la meritada acción de retracto con el único fundamento del conocimiento notorio de la transmisión, lo cual, según ha expuesto, no aceptamos.

Por todo ello, en modo alguno consideramos extrapolable a esta materia la nutrida doctrina legal —muy discutible, desde luego— que se ha ido formando con ocasión de la impugnación de un cónyuge de los actos a título oneroso realizados sobre bienes gananciales por su consorte al amparo del art. 1.322/1 CC en que, con escasas excepciones[38], y a pesar de que dicho precepto exige el consentimiento —aunque no sea expreso— de uno y otro esposo[39], se sigue equiparando el consentimiento tácito con el simple conocimiento o con el silencio del

37 *Ar.* 2602, en un caso en que el rechazo de la acción de retracto de comuneros se produce ante la existencia de una donación disimulada y la inexistencia de compraventa alguna, admitiéndose, siquiera *obiter dictum.* la eventualidad de renuncia de la acción retractual con base en el conocimiento notorio de la transmisión, que le compelía a la parte actora completar con los datos indispensables para su ejercicio, siendo que, como razonamos en el texto, son radicalmente distintos el conocimiento y el consentimiento o la renuncia, aun tácitos.

38 En este sentido, resulta de alabar la STS de 14 de marzo de 1989 (*Ar.* 2047), que estima la acción de anulabilidad ejercitada por la esposa frente a un contrato de arrendamiento celebrado en 1981 sobre un bien ganancial en solitario por su marido como arrendador y en el que la mujer ni intervino ni prestó el preceptivo consentimiento, considerando nuestro Alto Tribunal que permanece invariable el resultado a que llegó el Juzgador de Instancia de no existir el consentimiento tácito que alegaba el arrendatario «ya que preciso sería la existencia de hechos que revelasen la intención de otorgarlo no siendo suficiente para ello, en el presente caso, que la esposa conociera a través de los documentos expuestos la existencia de ocupantes de la finca...».

39 Así, la STS de 19 de enero de 1987 (*Ar.* 305), comentada, en relación con la sentencia de 16 de febrero del mismo año sobre el mismo caso, que decide justo lo contrario, por L. I. ARECHEDERRA ARANZADI, «Fianza y bienes de conquista», *Revista de Derecho Mercantil* 1987, pp. 63–137, y J. DELGADO ECHEVERRÍA, CCJC 1987, n. 13, pp. 4325–4344, sobre responsabilidad por fianza otorgada por uno solo de los cónyuges, casado en régimen de sociedad de conquistas, de pasada, en su Cuarto Fundamento de Derecho, resalta la diferencia insalvable existente entre «el pleno consentimiento», requerido para que el afianzamiento prestado por el marido pueda afectar a los bienes comunes o de conquista y el «simple conocimiento».

cónyuge preterido al que se pide una respuesta, según se manifiesta, entre otras muchas[40], la STS de 7 de junio de 1990[41].

Esto es, no negamos que la renuncia pueda manifestarse de modo tácito, lo que, desde luego, es admisible ante el tenor de la Ley, sino que manifestamos que el silencio o la tardanza en la impugnación no pueden ser identificados con tal manifestación de voluntad de abandono del derecho de retracto pues, para ello, habrá de tratarse de un silencio cualificado[42].

Así, en la STS de 26 de junio de 1962[43] se considera que se renuncia al derecho de retracto —arrendaticio urbano— no solo por el largo período de tiempo que transcurrió desde el conocimiento de la venta sino, también, por el hecho de pagar las rentas al nuevo propietario, advirtiéndose que para la validez de la renuncia a los beneficios otorgados por la LAU entonces vigente —de 1956— a los arrendatarios de locales de negocio, cuando la renuncia se hace por persona cuya plena capacidad civil no se ha puesto en duda, no se exigen «formalidades, requisitos ni previas notificaciones de ninguna clase».

---

40 En igual dirección se encuentran las SSTS de 6 de diciembre 1983, *Ar.* 6921 («valiendo incluso su pasividad, la no oposición»), 16 de abril de 1985, *Ar.* 2340 («incluso el silencio puede ser revelador del consentimiento»), 5 de mayo de 1986 (*Ar.* 2340; «el consentimiento tácito se demuestra por la propia pasividad y no oposición de la esposa») así como la sentencia de 20 de febrero de 1988, *Ar.* 1073 («el consentimiento de la esposa puede ser... tácito, demostrado este último por la propia pasividad y no oposición a la venta»).

41 *Ar.* 4741, que resume la doctrina de la Sala, con abundante cita de precedentes jurisprudenciales, en torno a los datos de los que puede inferirse la existencia del consentimiento tácito, señalando que «cabe afirmar que el necesario consentimiento de la esposa se deduce de su pasividad, de la no oposición a los actos dispositivos constándole los mismos, de la ausencia de perjuicio o fraude en el actuar de su cónyuge e inexistencia de su actuación previa al recurso de indicio alguno que permita afirmar su disentimiento». Vid. otras referencias jurisprudenciales y doctrinales en la misma línea en D. BELLO JANEIRO, *La defensa frente a tercero de los intereses del cónyuge en la sociedad de gananciales,* Barcelona, 1993, pp. 206 a 210.

42 Vid. sobre la posibilidad de que el silencio constituya confirmación tácita, L.-H. CLAVERÍA GOSÁLBEZ, *La confirmación del contrato anulable,* 1977, p. 245, solo cuando «atendiendo a las circunstancias, es posible para el Juez deducir inequívocamente del silencio una intención convalidante»; vid., también, allí, sobre los modos usuales de confirmación tácita, pp. 233 a 242.

43 *Ar.* 3054, en la cual se acuerda la renuncia por el causante del actor al derecho de retracto que pudiera corresponderle sobre el local litigioso al ofrecerse en venta otros locales de la misma casa a sus respectivos inquilinos, haber transcurrido 7 años hasta la muerte del referido causante durante los cuales había venido pagando las rentas al nuevo propietario «sin realizar gestión alguna, durante dicho tiempo, ni acerca del nuevo propietario con el que mantenía buenas relaciones, ni en el Registro de la Propiedad, en el que... se había inscrito la venta...».

Igualmente, en la S. AP Málaga, Sección 4.ª, de 19 de noviembre de 1992[44] se considera que el ejercicio del retracto —arrendaticio urbano— siete años después de la enajenación, cuando era evidente que no podía continuar con su posición privilegiada de inquilino con renta antigua, constituye abuso de derecho y ha sido realizado con manifiesta mala fe porque el retrayente —arrendatario— durante largo tiempo no ha mostrado el más mínimo interés por averiguar el precio y demás cláusulas «y con la presente demanda introduce una cuña dentro de una situación jurídica consolidada por su propia voluntad ya que mediante actos propios jurídicamente eficaces aceptó la transmisión sin oponerse a ella ni intentar subrogarse en la posición del nuevo propietario».

Asimismo, en la anteriormente mencionada S. AP Córdoba, Sección 3.ª, de 4 de septiembre de 1992[45], se concluyó que el retrayente tuvo conocimiento de las condiciones esenciales en que se llevó a cabo la venta con mucha antelación a la presentación de la demanda, aquietándose, en su momento, a la compra, por no interesarle, sin llevar a cabo ningún acto revelador de su intención de retraer e incluso ejecutando actos propios de una renuncia tácita de tal derecho, como fue colaborar, aunque fuese remuneradamente, en el mejoramiento de la finca, rechazándose, por haber transcurrido desde entonces con creces el plazo de caducidad, la acción retractual que se interpuso precisamente cuando la finca había sido notablemente mejorada.

---

44 *Ar. C.* 1597/1992, en donde, una vez reconocida la legitimación activa, al menos formalmente, de quien era arrendataria en la fecha en que se operó la transmisión dominical, aunque haya perdido tal condición en el momento de iniciarse el procedimiento, para interponer la demanda de retracto, esta, sin embargo, se desestima porque el derecho que tiene a retraer por no haberle sido comunicado las condiciones de la cesión ha sido ejercitado en contravención de los arts. 7 CC y antiguo art. 9 de la LAU entonces vigente —de 1964— con manifiesta mala fe pues la actora, tras conocer hacía siete años el cambio de titular dominical, actuó pasivamente, limitándose a no pagar las rentas, por lo que se promovieron, al menos, cuatro procedimientos de desahucio, sin que, de ninguna manera, le interesase retraer la finca al abonar una renta cuasi simbólica, por lo que no indagó durante ese tiempo por los procedimientos establecidos al efecto las circunstancias del cambio del propietario, comenzando a mostrar algún interés por el retracto cuando, al haberse dictado sentencia en la que se negaban efectos enervatorios a la consignación operada, tuvo conocimiento de que debía abandonar la vivienda y que no podía continuar con su condición de arrendataria por la que claramente había optado, como más beneficiosa que le era, por la comodidad de hacer frente a la parca renta que se devengaba, quedando plenamente acreditado con tal actitud que «no tenía interés alguno en abonar el precio de la compraventa, donación o similar, empeño que solo surge cuando va a ser desalojada, y ello tras discurrir, al menos, siete años desde que conoció el hecho escueto del cambio de propietario, conducta impregnada de mala fe y que por ello no debe prosperar, máxime cuando por "actos propios" ha hecho dejación ostensible de su derecho».

45 *Ar. C.* 1161/1992.

En análogo sentido, en la S. Audiencia P Girona, Sección 2.ª, de 27 de septiembre de 1993[46], en un retracto arrendaticio urbano, se concluye que el actor tuvo conocimiento de la venta, inscrita en el Registro de la Propiedad, desde el mismo momento en que se produjo, siendo requerido cinco meses después por el nuevo propietario para que desalojase la finca de suerte que su actitud de aquietarse durante casi diez meses desde la meritada venta sin que constase su voluntad de adquirir la vivienda se considera un acto de renuncia de su derecho retractual por ser contraria a la *fides,* de conformidad con lo preceptuado en el art. 7 CC.

Con parecida orientación, las sentencias del TSJ de Navarra de 29 de junio de 1991 y de la AP Navarra, Sección 2.ª, de 28 de julio de 1992[47] concluyen que el *dies a quo* no debe de computarse desde el otorgamiento de la escritura de venta sino desde la aprobación firme del remate, y, por lo que aquí nos interesa, consideran, además, inadmisible, y contraria a la buena fe, la actitud pasiva del retrayente durante largo tiempo, a pesar de conocer ya las condiciones de la adjudicación firme, sin iniciar los mecanismos que pone a su disposición el ordenamiento jurídico como el retracto —gentilicio y gracioso en dichos supuestos—, que pretende dilatar hasta 9 días después del otorgamiento de la escritura.

En efecto, y volviendo al ejemplo anteriormente referido de la impugnación por la persona casada bajo el régimen de gananciales de los actos a título oneroso realizados por su consorte sobre bienes de tal condición ganancial, pretendemos evitar la posibilidad de extrapolación de tales declaraciones genéricas de nuestro Alto Tribunal que, mecánicamente, presumen el consentimiento con fundamento en la simple pasividad[48], lo que, desde luego, rechazamos, sin que, en modo

---

46 AC 109/1994.

47 *Ar.* 9795 y *Ar. C.* 989/1992, sobre retracto gentilicio y gracioso, respectivamente, en las cuales, al abordar el requisito del conocimiento para comenzar a computarse el plazo de la acción retractual, se contrapone la deseable y exigible obligación positiva de diligencia en el ejercicio de la acción con la rechazable actitud pasiva de espera, añadiéndose, con citas de Derecho Navarro, que, habida cuenta la naturaleza y finalidad de los plazos, que con carácter general se deben computar desde que pueden ejercitarse, según se deduce de la Ley 26 de la Compilación navarra, en relación con la diligencia y buena fe exigible en el ejercicio de los derechos a que se refiere la Ley 17 del mismo Cuerpo legal, es, por todo ello, contrario a la naturaleza del plazo de la acción de retracto que quien conoce las condiciones de una adjudicación firme pueda posponer el ejercicio del retracto durante un largo período hasta el otorgamiento de la escritura, con grave daño para el adquirente —en subasta judicial en ambos supuestos— que después de largo tiempo —el del proceso de ejecución en los casos de autos— puede sufrir un importante quebranto patrimonial por el retracto tardío.

48 Así, últimamente, el TS sigue utilizando tal cláusula de estilo, quizá por inercia de anteriores precedentes jurisprudenciales, en la sentencia de 11 de octubre de 1990 (Ar. 7858) si bien la solución es acertada en el caso, pues la mujer no ejercitó la acción de impugnación,

alguno, tratemos de negar que, en ocasiones, el silencio del cónyuge preterido no sea de tal entidad que no pueda significar una suerte de consentimiento tácito[49].

Así, para el retracto, puede concluirse que el Juzgador, atendiendo a las circunstancias, puede deducir no solo del silencio —cualificado, desde luego— una suerte de tácita renuncia al derecho de retracto, según hemos adelantado, sino que, incluso, aun interpuesta la acción retractual dentro de plazo, acaso al final del mismo, puede llegar a apreciar que su ejercicio es abusivo, arbitrario o con mala fe en atención a los actos previos que, por ejemplo, insinuaban su proyecto de abandono de la acción, lo que daría lugar a la correspondiente indemnización como consecuencia prevista con carácter general en el art. 7/2 CC para el abuso de derecho[50].

En cualquier caso, habrá de estarse, se reitera, a las circunstancias que concurren en el supuesto concreto y, por lo dicho, asumimos el pronunciamiento contenido en la S. de la AP de Barcelona, Sección 11.ª, de 27 de febrero de 1990[51], en la que, teniendo presente que «en determinados supuestos, aun cuando la acción se ejercite antes de los

---

que pretendía hacer valer el marido actuante, que, por otra parte, había declarado que contaba con el consentimiento de su esposa; 20 de junio de 1991 (Ar. 4527) y 26 de marzo de 1992 (Ar. 2332), que, aun admitiendo esa reiterada doctrina jurisprudencial que dota de virtualidad como consentimiento tácito a la pasividad o no oposición a los actos dispositivos, al menos, concluye que, en el caso, no puede apreciarse tal consentimiento tácito.

49 Vid., a nuestro juicio correctamente, y allí otras referencias, STSJ de Navarra de 29 de octubre de 1991 (Ar. 9797), donde, ante la solicitud de elevación a escritura pública del contrato de compraventa firmado por el marido, como vendedor de un piso ganancial se aprecia el consentimiento tácito de la esposa en tanto que ambos cónyuges habían construido el edificio en el que se encuentra el mentado piso «con la finalidad de vender las viviendas y locales de tal edificio, gestionando el esposo demandado las ventas de tales viviendas y locales, limitándose la demandada a acudir al Notario para otorgar las escrituras correspondientes cuando así se lo indicaba su esposo demandado... señalando la demandada que conocía las ventas cuando iba a firmar e ignoraba las negociaciones para otorgar la escritura de venta, así como que es su esposo quien ha llevado la administración y las cuentas, hechos de los que, sin faltar a la lógica, se desprende... la deducción de que existió al menos un consentimiento tácito de la esposa...».

50 Vid., en general, L.H. Clavería Gosálbez, *La confirmación, cit.*, pp. 93, 94, 172 y 173, quien señala que «el hecho de impugnar o confirmar al final del plazo es algo que entra plenamente en la esfera del poder jurídico del legitimado; precisamente porque este tiene derecho a actuar así, puede plantearse la posibilidad de abuso de derecho».

51 *RGD*, julio-agosto, 1990, núms. 550 y 551, pp. 5958 y 5961, en un caso de traspaso de local de negocio ganancial, llevándose a cabo el traspaso por el marido de la actora en el período de tiempo transcurrido entre la presentación de la demanda de separación y la sentencia por la que se ha acordó esta, considerando la sentencia que el traspaso no es acto de mera administración sino de dominio por lo cual puede ser impugnado por el cónyuge cuyo consentimiento se omitió, lo que, en el caso enjuiciado, prospera, dado que no habían transcurrido cuatro años desde la disolución de la sociedad de gananciales («ni el derecho ha caducado») y a la vista de las circunstancias concurrentes en el momento de disposición de los bienes gananciales por un cónyuge en solitario («en plena crisis fa-

plazos previstos por el derecho positivo para que opere la caducidad y, singularmente, la prescripción, la dilación en el ejercicio del derecho puede interpretarse en el sentido de que concurre un *facta concludentia* que permite rechazar esta por tratarse de un ejercicio del derecho anómalamente retardado...».

Ahora bien, a los efectos de admisión de la tesis mencionada, no podemos olvidar que la apreciación del abuso de derecho en el ejercicio del mismo, apto para enervarlo, no deja de ser un supuesto excepcional que, según mantenía el TS con anterioridad a su consagración legal, debe de ser apreciado y aplicado con cautela[52] lo que, acaso, desde la nueva redacción del Título Preliminar, signifique que deban analizarse con rigor, en cada caso, la concurrencia o no de los presupuestos de dicha figura[53].

Aparte de ello, ha de tenerse bien presente que la Ley concede al titular del derecho de retracto la facultad de ejercitarlo sin más límite, en principio, que el derivado del artículo 1.524, esto es, que se ejercite dentro del breve plazo de 9 días señalado por dicho precepto y, en consecuencia, no puede, en modo alguno, constituir un abuso de derecho suficiente para invalidar la acción retractual el que esta haya sido interpuesta en el último momento inmediatamente anterior a la finalización del mentado plazo, debiéndose requerir que la impugnación se realice con la única intención, deducida de las circunstancias, de perjudicar a los contratantes[54].

---

miliar»), por lo que se concluye que tales circunstancias «no permiten dar tal sentido a la relativa tardanza en el ejercicio de la acción impugnatoria».

52 Pues, como señala F. de Castro y Bravo, *Temas de Derecho Civil, cit.*, p. 141, resumiendo la opinión jurisprudencial, la doctrina del abuso del derecho...ha de aplicarse con carácter restrictivo (SSTS 5 febrero 1959, *Ar.* 456, y 7 febrero 1964, *Ar.* 631) y, además, solo cuando sea patente y manifiesto el abuso (STS 2 marzo 1963, Ar. 1378; también S. 20 abril 1960, Ar. 1686).

53 En el mismo sentido M. Pasquau Liaño, «La protección de los disidentes en el régimen de acuerdos de la Ley de Propiedad Horizontal», AC 1987/1, p. 341, quien señala que «habiendo adquirido carta de naturaleza legal dicha figura...no creemos que deba seguir haciéndose eco a la apreciación de la sentencia del Tribunal Supremo de 13 de diciembre de 1962 (entre otras), en la que se decía que «la doctrina del abuso del derecho no cabe interpretarse extensivamente respecto a la seguridad jurídica, principal postulado en nuestro derecho positivo». El planteamiento, pensamos, debe ser muy otro: es la propia seguridad jurídica la que exige que los derechos que el ordenamiento confiere sean utilizados adecuadamente por sus titulares, en conformidad con el fin económico y social que constituya su razón de ser», señalando, a continuación que, sin embargo, «no debe «abusarse» del recurso al abuso del derecho»; vid., sin embargo, por todas, la STS de 17 de abril de 1990 (Ar. 2722) donde se sigue considerando el abuso de derecho como «un remedio extraordinario y excepcional».

54 Con tal orientación, en la STS de 17 de enero de 1962 (Ar. 443) se concluye que ni el conocimiento de la venta ni tampoco la conformidad con la misma impiden el derecho —de saca vizcaíno— del actor. Al respecto, resulta altamente singular el caso enjuiciado por la

Así las cosas, ante las dificultades probatorias que, según se aprecia, pueden surgir al respecto de la renuncia, de nuevo, a pesar de que no constituya ninguna exigencia legal, conviene preconstituir dicha prueba mediante, por ejemplo, una notificación fehaciente al retrayente por la cual este, si lo estima oportuno —pues, como hemos adelantado, no está obligado por la Ley— se manifiesta conocedor de los términos, conveniencia, valoración y condiciones esenciales del negocio transmisivo y declina la interposición de la correspondiente acción de retracto[55].

Ello aconteció en el caso enjuiciado por la STS de 7 de abril de 1986[56], citada al comienzo de este apartado, donde, en el mismo documento de venta de la finca, el arrendatario recibe una cantidad como indemnización por la resolución del contrato de arrendamiento rústico y, en cualquier caso, aunque el potencial retrayente no suscriba tal documento, este tiene, cuando menos, la virtualidad de fijar con certeza el momento inicial a partir del cual comienza a correr el —breve— plazo de caducidad del art. 1.524 CC si la venta no figura inscrita en el Registro, advirtiéndose en este caso que el retrayente, en el mismo momento en que hacía renuncia de su derecho a retraer, conoció la enajenación de la finca en litigio así como sus condiciones, entre ellas el precio, sin que, por lo que ahora interese, se pueda oponer a tal conclusión que al arrendatario no se le notificó de forma fehaciente la

---

STS de 21 de julio de 1993 (Ar. 6106), donde se pretende ejercitar el derecho de retracto —de comuneros— con posterioridad al transcurso del plazo del art. 1524 CC, aduciendo infracción del art. 7/1 CC por falta de buena fe en el ejercicio de sus derechos por el comprador, lo que, con toda razón, se desestima razonando que con tal argumento en realidad se pretende obviar la caducidad de su derecho que determina el rechazo de su pretensión.

55 Vid. un planteamiento singular al respecto en la S. AP Córdoba, Sección 1.ª, de 27 de febrero de 1993 (*Ar. C.*, 199/1993), donde, ante el ejercicio de acción de retracto convencional, en la reconvención se invoca la renuncia al derecho de retraer como argumento extintivo de la pretensión actora, si bien articulado de forma un tanto extraña pues en el suplico de dicha demanda reconvencional se limita a postular «que se ordene a la demandada a elevar a escritura pública la renuncia al derecho de retracto que hizo en su día», con lo cual parece que el reconveniente se está amparando en lo dispuesto en el art. 1279 CC, sin oponer expresamente la renuncia como argumento impeditivo de la acción, que, en cualquier caso, y pese a ese dislate formal, en el fondo se rechaza la producción de efectos de la pretendida renuncia llevada a cabo no por los retrayentes-reconvenidos sino por su mandatario, haciendo uso del amplio poder que en su día le confirieron, en un documento privado —acaso en contravención de lo dispuesto en el art. 1230 CC—, sin que la prueba practicada permita deducir que la tan repetida renuncia se haya efectivamente producido, «valorando dicha prueba a la luz del principio general que obliga a interpretar restrictivamente tales situaciones».

56 *Ar.* 1842, en la cual se había desestimado el retracto arrendaticio rústico al dotar de eficacia jurídica a la renuncia del retrayente a los derechos arrendaticios que le pudieran corresponder, y singularmente el retractual, de modo preciso, claro y tajante en el propio contrato privado de venta, todo ello a cambio de recibir una cantidad en concepto de indemnización.

escritura de enajenación pues la requerida notificación fehaciente exigida por la LAR vigente «ha sido adecuadamente cumplida a través del referido documento privado...pues ninguna notificación más fehaciente que la personal intervención en el acto de enajenación de quien debía ser notificado, y sin que a ello obste el posterior otorgamiento de la escritura pública...toda vez que es una mera actividad externa formal, en cuanto que la real y efectiva enajenación ya venía producida con el otorgamiento del referido documento privado...», con lo cual damos por concluida esta parte del libro referida a la renuncia del derecho retractual.

V. EL EJERCICIO EXTRAJUDICIAL Y EL PLAZO DE LA ACCIÓN DE RETRACTO

Si bien es lo cierto que el ejercicio del retracto, en principio, ha de ser judicial, y habitualmente así sucede, sin embargo ya B. PÉREZ GONZÁLEZ y J. ALGUER[1] habían observado que parece racional suponer que para que el retrayente pueda conseguir la previsión contenida en el art. 1.521 CC de subrogarse (expresión reflexiva) en lugar del adquirente «no es menester esperar una resolución judicial sino que tal subrogación puede operarla el mismo titular mediante su declaración voluntaria», manifestándose en la misma dirección favorable al ejercicio consensuado del derecho de retracto M. GARCÍA AMIGO[2].

Asimismo, G. GARCÍA CANTERO[3] propugna la admisión general del ejercicio extrajudicial del derecho de retracto a los efectos de que otorgada la escritura por el comprador no se considere venta voluntaria de suerte que «si el adquirente se aviniera al retracto, la transmisión se entendería realizada en virtud del ejercicio de un derecho real de adquisición y no como consecuencia de una venta voluntariamente consentida por el adquirente al retrayente», justificando tal posibilidad en que «el artículo 1.524 establece para el retracto legal el plazo de ejercicio de nueve días, pero no conmina a ejercitarlo precisamente mediante demanda judicial, ni a ello obliga tampoco el artículo 1.618 de la Ley de Enjuiciamiento Civil».

Al respecto, recogiendo tal propuesta, A. L. REBOLLEDO VARELA[4] opone que dicha postura no es admitida por el TS cuando se trata de resolver colisión de retractos, en que accede a la demanda del retrayente judicial contra el que recibió el bien a través de retracto reconocido extrajudicialmente, citando en tal sentido las SSTS de 25 de febrero de 1950 y 4 de julio de 1956, a lo cual G. GARCÍA CANTERO[5], a su vez, refuta

1 Cfr. *Anotaciones al Tratado de Derecho Civil de Ennecerus/Kipp/Wolf* 3.ª edic., Barcelona, 1971, t. III, vol. 2, p. 155.

2 Cfr. «Derechos reales», *cit.*, pp. 129 a 131.

3 Cfr. *Comentarios Albaladejo/Díaz Alabart, cit.*, XIX, pp. 685 y 686.

4 Cfr. *Comentario Ministerio, cit.*, II, p. 1017.

5 Cfr. *Comentarios Albaladejo/Díaz Alabart, cit.*, XIX, p. 685, nt. 17, lo que, igualmente, pone de manifiesto R. BARBER CARCAMO, *El retracto gentilicio, cit.*, pp. 345 y 346.

que no parece ser argumento decisivo pues tal doctrina solo se aplica en caso de concurrencia de retractos con el riesgo de fraude y no en general.

Así las cosas, es verdad que ningún texto legal prohíbe tal posibilidad de ejercicio extrajudicial del derecho de retracto, según se advierte en la S. AP Toledo, Sección 2.ª, de 4 de mayo de 1994[6], en donde se destaca que «las reticencias que algún sector de la doctrina había manifestado en torno a si el retracto podía ser ejercitado extrajudicialmente o si, por el contrario, únicamente cabe su ejercicio a través de la interposición de la correspondiente demanda de retracto, han de resolverse hoy con claridad en favor de la primera tesis, pues ni la literalidad del artículo 1.524 del Código Civil, ni tampoco la jurisprudencia (tanto la del Tribunal Supremo como, ahora, la del Constitucional) han operado una interpretación reductora del modo del ejercicio del derecho de retracto excluyente de la vía no judicial», lo que, igualmente, se acepta en la S. AP Sevilla, Sección 5.ª, de 26 de octubre de 1992[7].

Además, siquiera sea por razones de economía procesal, desde que se cumplen los requisitos legales y, en consecuencia, como hemos visto, nace el derecho, parece posible —y resulta aconsejable— que por el simple acuerdo de voluntades entre retrayente y comprador se alcance el objetivo previsto en el art. 1.521 CC y el retrayente se subrogue en lugar del adquirente siempre y cuando, se reitera, se cumplan las exigencias sustantivas requeridas para tal realización del derecho de adquisición preferente y, lógicamente, el comprador —acaso amenazado por el ejercicio de la acción— se muestre de acuerdo con la pretensión del retrayente.

Sin embargo, con todo, no es menos cierto que en la práctica forense el ejercicio voluntario del retracto se manifiesta con demasiada asiduidad en colisión con otro derecho retractual ejercitado anteriormente en un proceso y con la finalidad, más o menos velada, de defraudar

6 *Ar. C.* 856/1994, si bien en este supuesto se rechaza el retracto de colindantes porque en el momento de presentarse la demanda había transcurrido con creces el plazo legal de 9 días, sin que pueda estimarse su ejercicio, teóricamente posible, según se dijo, a través de una carta certificada en que el colindante se limita a comunicar al vendedor el conocimiento de la venta y de sus condiciones y a emplazarlo para llegar a un acuerdo al objeto de evitar un procedimiento judicial, previéndose el ejercicio del retracto tan solo como un futurible «sin que llegue a manifestarse de modo inequívoco la voluntad de ejercitar el mencionado derecho en ese acto».

7 *RGD*, julio-agosto 1994, núms. 598 y 599, pp. 8947 a 8952, donde se admite que el derecho de retracto pueda hacerse valer por cualquier medio fehaciente, y no solo mediante el ejercicio de acciones procesales, considerándose que, en este caso, «la manifestación de voluntad expresada bajo la fe notarial equivale al ejercicio del derecho de retracto y posee la necesaria eficacia en orden al otorgamiento de la correspondiente escritura de venta a favor de los retrayentes».

las expectativas del retrayente judicial de modo tal que el TS decide siempre denegar tal otorgamiento voluntario del retracto que se pretende justamente cuando se halla pendiente de resolución judicial una demanda retractual.

Así había acaecido en el caso enjuiciado por la STS de 21 de enero de 1920[8] en la que, tras la interposición de la demanda de retracto de comuneros contra el adquirente, este alega en el acto de conciliación la celebración con otro posible retrayente de un contrato de cesión por retracto legal, declarando el TS que tales contratos —posteriores a la demanda— «no pueden perjudicar la acción ejercitada por carecer de virtualidad para ello».

Precisamente, dicho presupuesto fáctico, en los mismos términos expuestos, dio lugar a la STS de 25 de febrero de 1950[9], en la cual se considera que el ejercicio de la acción de retracto —por un colindante— ante los Tribunales de justicia, con los requisitos que condicionan su eficacia no puede ser enervado por el voluntario otorgamiento de la retroventa de la finca a otro retrayente distinto al actor con posterioridad a la interposición de la demanda de este, que, además, desconoce tal otorgamiento en tiempo hábil para ampliar o modificar su demanda.

Tras la afirmación anterior, el Alto Tribunal concluye que «la adopción de un parecer contrario a esta doctrina equivaldría a dejar al arbitrio del comprador demandado la facultad de sustraer del conocimiento del juzgador el extremo relativo al derecho de preferencia entre los diversos colindantes y de impedir el reconocimiento del que al actor asistiera».

El mismo supuesto de hecho a que venimos haciendo referencia se reproduce en la STS de 4 de julio de 1956[10] en la que, de nuevo, el TS

8 JC, t. 149, n. 26, p. 163 ss., en la cual se desestima la posibilidad de que los contratos posteriores a la demanda puedan tener algún efecto en relación a la acción interpuesta por la razón de que el comprador, que, por lo demás, alegaba no haber celebrado convención alguna en su propio nombre, limitándose a cumplir las instrucciones de su mandante, «ha permanecido durante toda la tramitación con el carácter de demandado, y en tal sentido la sentencia pudo y debió contener con relación al mismo la declaración adecuada, cual la que se consigna en el fallo —recurrido— de estar y pasar por lo resuelto acerca del retracto...», sin que, en fin, tampoco se acepte la alegación de nulidad del contrato de compraventa base del retracto alegando, precisamente, la falta de participación del referido mandante.

9 *Ar.* 361.

10 *Ar.* 2749, en la que se rechaza que «sin hacerlo valer en forma le baste con un reconocimiento voluntario hecho a espaldas del colindante para frustrar la acción ya ejercitada por este, en el acto conciliatorio precursor del pleito, con propósito que descubre la aleccionadora sucesión de fechas y por la sola virtud de una sospechosa cesión en que el hijo que adquirió en propiedad de persona extraña la finca que cultivaba su padre, se apresure, no mucho después, a allanarse a las pretensiones de este, precisamente cuando ya había sido

ha de decidir entre la demanda de retracto —de colindantes— y la posterior celebración de un contrato de cesión del comprador con un arrendatario rústico de la finca, a la sazón su padre, prosperando el retracto ejercitado judicialmente con alegación y justificación de todos los requisitos que el CC y la LEC exigen para que sea viable, sin que pueda quedar sin efecto por la alegación de un derecho de retracto preferente que no se hizo valer por el ejercicio de la correspondiente acción, sino invocándose por el adquirente de la finca *ope excepcionis,* en trance de contestar la demanda retractual, sin que tal conclusión signifique, en modo alguno negar ni la preeminencia del derecho otorgado al arrendatario rústico ni la legitimidad de ejercitarlo ante los Tribunales ni tampoco supone desconocer la posibilidad de que la persona a quien asiste un derecho de retracto pueda obtener voluntariamente el reconocimiento de ese derecho, sino tan solo se pone de relieve que «la preferencia entre unos y otros retrayentes ha de esclarecerse y resolverse en el propio proceso de retracto».

En concreto, en esta sentencia se concluye que para que pudiese tomarse en consideración la alegada preferencia sería preciso que «quien pretenda servirse de ella haga valer su derecho ejercitando en juicio la acción de retracto que le asiste, sin que a ese ejercicio equivalga la cesión voluntaria del inmueble que ha de ser retraído frente al que en primer lugar ejercitó el retracto de colindantes e impetró de los Tribunales su estimación».

Igual doctrina se mantiene en la STS de 19 de diciembre de 1960[11] en un supuesto de retracto gentilicio en el cual, presentada la demanda retractual en forma, estaba pendiente su tramitación de la celebración del —entonces preceptivo— acto conciliatorio previo a tenor de lo

---

citado de conciliación y conocía los términos de la misma», por todo lo cual se confirma la sentencia de la Audiencia que había frustrado un tracto que tuvo por irregular y que, en todo caso, exigía el ejercicio de una acción —de retracto arrendaticio rústico— judicial deliberadamente tratada de eliminar para poderse discutir la alegada preferencia con respecto a la demanda retractual interpuesta.

11 *Ar.* 89/1961, confirmando el Alto Tribunal la sentencia del Juzgado de Primera Instancia al no admitir que, en ese trance, los demandados puedan enajenar la casa retraída o que se pretende retraer a otra persona con reconocimiento a esta de un derecho de retracto preferente, con lo que se discrepa de la conclusión a que llega la sentencia dictada por la extinta Audiencia Territorial, que «desenfocando el problema, como acertadamente se dice en el recurso, *y* en cierta manera sustrayéndolo o dándolo por resuelto afirmativamente, sostiene contrariamente que lo que se ventila es un problema de preferencia de retracto, que, efectivamente, si las cosas se llevasen por los cauces adecuados la esencia del pleito consistiría sustancialmente en eso», lo que no acepta el Tribunal Supremo en el caso al no interponerse judicialmente ambos derechos retractuales, sino solo el que prevalece, rechazándose que a espaldas de quien ejercitó judicialmente el retracto y del Juzgado o Tribunal a quien compete conocer del asunto y bajo el cual está su conocimiento pudiese el retraído enervar los efectos de aquella demanda, por contratos con otras personas resolviendo en vía privada y extrajudicialmente esa cuestión.

dispuesto en el art. 1.621 LEC, insistiendo, una vez más, el Alto Tribunal en que, presentada judicialmente en forma procesal adecuada una demanda de retracto, el demandado no puede enajenar la cosa que se pretende retraer a otra persona, reconociendo a esta el derecho de retracto preferente pues no es dable al retraído enervar así por vía de contratación privada y extrajudicial, al margen de la demanda ejercitada y del derecho en litigio, los efectos jurídicos-procesales de aquella demanda de retracto, pues «el proceso como los contratos y aún más por su interés público, no puede quedar al arbitrio de uno de los litigantes...».

En esta última sentencia se justifica la mentada conclusión por ser «una cuestión que entró y cayó bajo el régimen público del proceso, en el cual debe resolverse la cuestión planteada y solo en él cuando no se cuente con la expresa aquiescencia de todas las partes», concluyendo que, «...tratándose del problema concreto que ahora se examina... la única forma de hacer valer el derecho preferente de retracto es su ejercicio ante los Tribunales».

Como fácilmente puede deducirse de la exposición de la jurisprudencia recaída al respecto del ejercicio extrajudicial del retracto, el TS, atendiendo a la justicia del caso concreto enjuiciado, se ha limitado a negar reiteradamente tal posibilidad del ejercicio voluntario del retracto con éxito tras la interposición de la correspondiente demanda retractual, que siempre considera prevalente sin ni siquiera plantearse la posible colisión entre los dos retrayentes.

Por lo antedicho, de las declaraciones jurisprudenciales emitidas sobre tal extremo no es posible deducir una doctrina general en ningún sentido, ni a favor ni en contra, sobre el ejercicio consensuado o voluntario del derecho de retracto, si bien puede afirmarse, como habíamos apuntado, que no existen obstáculos legales para resolver la cuestión retractual al margen del proceso si se cuenta con «la expresa aquiescencia de todas las partes», según apunta la referida STS de 19 de diciembre de 1960.

En cualquier caso, la admisión del ejercicio extrajudicial del derecho de retracto presenta algunos riesgos tales como que, intentado el acuerdo sin éxito, quede vedada la vía judicial por la posibilidad del transcurso del plazo de nueve días para la interposición de la demanda.

En efecto, parecida pretensión, argumentando que una vez perfeccionado el derecho retractual por vía extrajudicial nace la acción de retracto que no está sometida a caducidad, sino a prescripción, fue rechazada, como veremos, en alguna ocasión por el propio Tribunal

Supremo[12], lo que estimamos acertado porque solo el ejercicio judicial impide la caducidad de la acción o del derecho, que no podrá ser ya impetrado ante los Tribunales de justicia una vez transcurrido el mentado plazo previsto en el art. 1.524 CC sin el pretendido reconocimiento documental que, en cambio, llevado a cabo dentro de plazo, permite, desde luego, al retrayente exigir el otorgamiento de la escritura pública[13].

Asimismo, conviene insistir en que la prosperabilidad del ejercicio voluntario del retracto requiere necesariamente el cumplimiento de los requisitos sustantivos exigidos por la Ley en cada caso pues, de lo contrario, se estimará que la transmisión no ha sido verificada por el comprador por vía retractual sino libremente.

En consecuencia, interpuesta la acción retractual con posterioridad a tal venta voluntaria, si se dirige la demanda contra el primitivo comprador y el pretendido retrayente, cuyo derecho de retracto se impugna, el TS concluirá, «la ineficacia de las ulteriores transmisiones, producto de la voluntad de los contratantes, para enervar el retracto», según se apreció en la STS de 27 de abril de 1967[14].

Todavía quedaría por referirnos a los modos en que puede llevarse a cabo el aludido ejercicio extrajudicial del retracto que, como es evidente, no tiene otra limitación que la derivada de la necesidad de fehaciencia.

Así, como sugiere G. García Cantero[15], debería bastar una mera declaración de voluntad que el retrayente dirigiera, por ejemplo por conducto notarial, al adquirente, con la necesaria consignación y ofrecimiento para que este se avenga voluntariamente al retracto y, en tal sentido, en la S. AP Sevilla, Sección 5.ª, de 26 de octubre de 1992[16], se

---

12 En concreto, desestima la aludida pretensión la STS de 12 de febrero de 1981 (RJ 391), cuyo criterio es asumido, en sus mismos términos, por la STS de 20 de julio de 1993 (RJ 6170).

13 Vid. en este sentido R. Barber Carcamo, *El retracto gentilicio, cit.*, pp. 348 y 349, siguiendo la opinión de J. L. Merino Hernández, *El derecho de abolorio aragonés,* Zaragoza, 1980, p. 203 ss.

14 *Ar.* 2034, en un caso en que la venta voluntaria se verificó a través de requerimiento notarial realizado —por la hija del vendedor— al comprador para que le transmita la finca en virtud de su derecho de retracto gentilicio, a lo que este accede voluntariamente, interponiéndose posteriormente —por otra hija del vendedor— demanda de retracto contra el primitivo comprador y quien pretendía ser retrayente —la primera hija—, cuyo derecho se cuestiona al carecer de condición foral navarra que le legitimase para el retracto gentilicio, concluyendo el Alto Tribunal, tras casar la sentencia de la Audiencia, que la transmisión realizada por el adquirente fue hecha «libremente y no por vía retractual», por lo que es ineficaz, como se destaca en el texto, esta transmisión voluntaria para impedir la acción retractual.

15 Cfr. *Comentarios Albaladejo/Díaz Alabart, cit.*, XIX, p. 685, lo que, igualmente, comparte R. Barber Carcamo, *El retracto gentilicio,* cit., p. 349.

16 *RGD*, julio-agosto 1994, núms. 598 y 599, pp. 8947 a 8952.

afirma, en concreto, que el derecho de retracto pueda hacerse valer por cualquier medio fehaciente y que «la manifestación de voluntad expresada bajo la fe notarial equivale al ejercicio del derecho de retracto y posee la necesaria eficacia en orden al otorgamiento de la correspondiente escritura de venta a favor de los retrayentes».

Ahora bien, lo que, en cambio, no es admitido es que el derecho de retracto queda perfeccionado mediante la manifestación fehaciente del retrayente, dentro del plazo de caducidad, con ofrecimiento del cumplimiento de lo dispuesto en el art. 1.518 CC pues tal alegación, pretendiendo que, una vez perfeccionado el derecho, nace la acción correspondiente —en el caso de retracto arrendaticio urbano—, que ningún precepto somete a caducidad, sino a las normas generales de la prescripción extintiva, fue desestimada en la STS de 12 de febrero de 1981[17], si bien la causa de tal rechazo viene determinada porque tal problema entraña una cuestión nueva no debatida en la instancia y por ello no planteable en casación, según reiterada jurisprudencia.

Sin embargo, aun *obiter dictum,* en dicha decisión se argumenta sobre la inadmisión de dicho planteamiento no solo porque el recurrente no citó una sola resolución que pueda abonar la referida tesis que, además, es contraria a la constante doctrina jurisprudencial que interpreta la caducidad de la acción retractual —en aplicación del entonces vigente art. 48 de la ya derogada LAU, como era el caso, de contenido análogo en punto a la caducidad de la acción al actual art. 25/3 de la vigente Ley 29/1994—, sino porque, además, resulta contradictoria con una reiterada jurisprudencia que se cuida de citar que mantiene que la acción es el derecho mismo o el derecho en actuación o el derecho puesto en movimiento reactivo frente a lo injusto de la conducta ajena o la facultad para pedir la protección de un bien tutelable o la facultad o modo legal de que está investido quien la ejercita para pedir en justicia lo que le corresponde.

De todo ello, en fin, concluye que carece de toda consistencia pretender establecer un distingo entre el reconocimiento del derecho a retraer, que es para lo que se pretendía vinculante para el retrayente el término de caducidad y el del ejercicio de la acción para obtener la

17 Ar. 391, en donde se desestima el retracto arrendaticio urbano por haber caducado la acción al no prosperar la alegación del recurrente que entendía que se confunde el plazo establecido en el art. 48 LAU para la caducidad del derecho de retracto con la extinción derivada del mismo, especificándose en el recurso que la caducidad aparece claramente referida al derecho retractual y no a la acción dimanante del mismo, pretendiéndose ejercitado aquél mediante acta notarial en la cual se manifiesta fehacientemente la voluntad de retraer dentro del plazo legalmente establecido con ofrecimiento de llevar a cabo la oportuna consignación del precio y requiriendo a los compradores que especifiquen tal precio, «sin que a partir de tal momento pueda hablarse de caducidad del mismo, ya que el derecho quedó perfeccionado» y nace la acción sometida a prescripción y no a caducidad, todo lo cual es rechazado por el Tribunal Supremo según se indica en el texto.

declaración de tal derecho pues «...ello conduciría a que verificada por él la exteriorización de su deseo de retraer, a través de una manifestación de futuro por conducto notarial, su acción para hacerlo efectivo, quedará viva mientras no transcurriera el término prescriptivo de quince años afectante a las acciones personales».

En los mismos términos, con remisión explícita a la doctrina sentada por la referida sentencia de 12 de febrero de 1981, se manifiesta la sentencia TS de 20 de julio de 1993[18] en la que se vuelve a negar la posibilidad de esta disección de la realidad legislativa entre el derecho a retraer, que se encuentra sometido al plazo de caducidad legal, y la acción para retraer, que se pretende sujetar a la prescripción normal y ordinaria, con posibilidad de interrupción.

Reiterando los argumentos que emplea la STS de 1981 anteriormente expuestos, en esta de 1993 se añade, para concluir, que «ello no obsta, por supuesto, a que el retrayente intente evitar la contienda judicial para la efectividad de su derecho, pero siempre ha de tener en cuenta en sus actuaciones el límite temporal para lograrlo por la vía del litigio si no tiene éxito por la extrajudicial».

18 *Ar.* 6170, en la cual se considera la hipotética disociación entre el derecho a retraer —que puede considerarse ejercitado extrajudicialmente con el requerimiento notarial comprensivo de todos los requisitos exigióles para efectuarlo por vía judicial—, sometido al plazo de caducidad legal, y la acción de retraer, que solo nacería cuando no es atendido aquel requerimiento, sujeta a la prescripción normal y ordinaria, con posibilidad de interrupción, una abstracción puramente doctrinal «que, de admitirse, llevaría a que la situación jurídica del comprador se encontrase amenazada durante un larguísimo período de tiempo (treinta años, art. 1963 CC), lo que es contrario con toda evidencia a la intención del legislador, que por ello establece unos inexorables plazos de ejercicio... deseando la consolidación de aquella situación lo antes posible».

SENTENCIAS SELECCIONADAS

1. ÍNDICE DE SENTENCIAS SELECCIONADAS

SENTENCIAS DEL TRIBUNAL CONSTITUCIONAL

Sentencia de 24 de febrero de 1994, n. 54. Pleno (BOE de 17 de marzo). La regulación prevista para los retractos legales en el art. 1524 CC no vulnera la tutela judicial efectiva ni constituye discriminación alguna prohibida por el art. 14 CE.

SENTENCIAS DE LA SALA PRIMERA DEL TRIBUNAL SUPREMO

Sentencia de 25 de febrero de 1950 (Ar. 361). La expresión «al mismo tiempo» del art. 1524 CC es dentro de los nueve días.

Sentencia de 27 de febrero de 1954 (Ar. 981). El plazo del retracto se cuenta desde la fecha de la inscripción de la venta y no la del asiento de presentación.

Sentencia de 4 de julio de 1956 (Ar. 2749). Prevalencia de la demanda de retracto frente al posterior contrato de cesión del comprador con un arrendatario rústico de la finca.

Sentencia de 2 de octubre de 1956. (Ar. 3169). El plazo de la acción de retracto legal se cuenta desde el conocimiento de las condiciones trascendentales de la transmisión si es anterior a la inscripción.

Sentencia de 19 de diciembre de 1960. (Ar. 89/1961). Una vez presentada judicialmente la demanda de retracto, el demandado no puede enajenar la cosa que se pretende retraer.

Sentencia de 22 de febrero de 1961. (Ar. 901). En los supuestos de enajenaciones inscritas, el plazo de la acción retractual se comienza a contar desde la fecha de la inscripción y no desde la fecha de la presentación de la escritura en la oficina liquidadora de derechos reales.

Sentencia de 14 de noviembre de 1962. (Ar. 4539). El plazo del retracto legal es civil y no judicial por lo que si el último día es inhábil no puede utilizarse el siguiente.

Sentencia de 21 de enero de 1965. (Ar. 224). Invalidez de la renuncia anticipada del retracto arrendaticio urbano con anterioridad a la transmisión del local arrendado.

Sentencia de 2 de marzo de 1965. (Ar. 1239). El plazo para ejercitar el retracto comienza desde la consumación de la venta mediante la entrega de la cosa.

Sentencia de 27 de abril de 1967. (Ar. 2034). Ineficacia de las ulteriores transmisiones voluntarias para enervar la demanda de retracto dirigida contra el primitivo comprador y el pretendido retrayente, cuyo derecho de retracto se impugna.

Sentencia de 17 de noviembre de 1967. (Ar. 4616). El ejercicio del derecho de retracto mediante intento de acto conciliatorio con consignación y cumplimiento de los demás requisitos legales no altera la naturaleza de caducidad de la acción.

Sentencia de 30 de noviembre de 1967. (Ar. 4915). Posibilidades de determinación del día inicial del cómputo del plazo de la acción de retracto.

Sentencia de 30 de mayo de 1969. (Ar. 2986). Posibilidad de ejercicio del retracto de comuneros a través del acto conciliatorio, que es un mero trámite procesal.

Sentencia de 5 de mayo de 1972. (Ar. 2130). El plazo de la acción de retracto se cuenta desde la fecha de la inscripción si no se acreditó el conocimiento anterior de la venta.

Sentencia de 20 de febrero de 1975. (Ar. 6280). En caso de venta en pública subasta, el plazo de la acción retractual se cuenta desde la consumación de la venta mediante el otorgamiento de la escritura pública.

Sentencia de 30 de octubre de 1978. (Ar. 3289). El plazo de la acción de retracto se cuenta desde la fecha de la inscripción si no se acreditó el conocimiento anterior de la venta.

Sentencia de 6 de febrero de 1979. (Ar. 437). Invalidez de la renuncia anticipada del retracto arrendaticio rústico.

Sentencia de 12 de febrero de 1981. (Ar. 391). Desestimación de la diferencia entre la acción de retracto, que prescribe, y el derecho, que caduca.

Sentencia de 16 de febrero de 1982. (Ar. 741). Posibilidad de ejercitar el retracto a través del acto de conciliación si se cumplen todos los requisitos posteriores de la demanda.

Sentencia de 14 de julio de 1982. (Ar. 4238). La acción de retracto puede ejercitarse a través del acto conciliatorio, sin que el plazo pueda contarse desde la notificación de la sentencia recaída en pleito de nulidad de la venta.

Sentencia de 21 de octubre de 1985. (Ar. 4957). Admisión de la interrupción del plazo de caducidad de la acción de retracto por el acto de conciliación si se llenan las exigencias legales determinadas para su ejercicio.

Sentencia de 7 de abril de 1986. (Ar. 1842). Validez de la renuncia del derecho de retracto al recibir el arrendatario en el mismo documento de venta de la finca una cantidad como indemnización por la resolución del contrato de arrendamiento rústico.

Sentencia de 12 de diciembre de 1986 (Ar. 7436). Conocimiento completo de los extremos de la transmisión que le interesen para el cómputo del plazo de la acción retractual, siendo su apreciación una cuestión de hecho reservada a la soberanía de los Tribunales de instancia.

Sentencia de 6 de junio de 1988. (Ar. 4820). El plazo para ejercitar el retracto comienza desde el conocimiento completo de la consumación de la venta mediante la entrega de la cosa, siendo una cuestión de hecho reservada a la soberanía de los tribunales de instancia.

Sentencia de 22 de septiembre de 1988. (Ar. 6848). La apreciación del momento en que el retrayente conoció la venta es una cuestión de hecho reservada a la soberanía de los tribunales de instancia.

Sentencia de 31 de octubre de 1988. (Ar. 7780). Desestimación del retracto porque el actor solo consignó la cantidad pagada en el acto de venta por el comprador y no la primera entrega del precio aplazado que se había verificado ya al interponer la demanda.

Sentencia de 27 de diciembre de 1988. (Ar. 10069). Conocimiento completo de los extremos de la transmisión que le interesen para ejercitar el retracto, siendo una cuestión de hecho reservada a la soberanía de los tribunales de instancia.

Sentencia de 28 de febrero de 1989. (Ar. 1411). Conocimiento completo de los extremos de la transmisión que le interesen para ejercitar el retracto.

Sentencia de 27 de marzo de 1989. (Ar. 2200). Preferencia del retracto arrendaticio urbano sobre cualquier otro derecho similar salvo que se trate del retracto de comuneros.

Sentencia de 23 de enero de 1990. (Ar. 19). El plazo de la acción de retracto se computa desde el conocimiento pleno de la venta si es anterior a la inscripción.

Sentencia de 21 de marzo de 1990. (Ar. 1716). Carácter facultativo del acto de conciliación, cuya omisión no da lugar a la nulidad de las actuaciones. Derogación tácita de los arts. 1621 y 1622 LEC.

Sentencia de 7 de julio de 1990. (Ar. 5781). Carácter facultativo de la conciliación que ya no tiene la condición de ejercicio anticipado de las acciones.

Sentencia de 30 de octubre de 1990. (Ar. 8268). Conocimiento completo de los extremos de la transmisión que le interesen para el cómputo del plazo para ejercitar el derecho de retracto legal del art. 1524 CC. En caso de venta en pública subasta, el plazo se cuenta desde la aprobación judicial de la subasta.

Sentencia de 20 de mayo de 1991. (Ar. 3773). Conocimiento completo de los extremos de la transmisión que le interesen para el cómputo del plazo a fin de ejercitar el derecho de retracto legal. La Ley 34/1984 ha quitado a la conciliación su fuerza obligatoria y su condición de ejercicio anticipado de las acciones.

Sentencia de 1 de julio de 1991. (Ar. 5311). Cómputo del plazo de la acción retractual en las ventas en pública subasta desde la adjudicación definitiva.

Sentencia de 15 de octubre de 1991. (Ar. 7451). La apreciación del momento en que el retrayente conoció la venta es una cuestión de hecho reservada a la soberanía de los tribunales de instancia, sin que pueda estimarse que el plazo empieza a contarse desde la comunicación de una promesa de venta.

Sentencia de 6 de febrero de 1992. (Ar. 834). Conocimiento completo para el comienzo del cómputo previsto en el art. 88 LAR.

Sentencia de 16 de marzo de 1992. (Ar. 2185). Inexistencia de caducidad de la acción al fundarse en la presunción de abandono del derecho en un caso en que la demanda retractual se dirigió contra el representante del comprador, rectificándose el error fuera de plazo.

Sentencia de 28 de abril de 1992 (Ar. 3418). Derogación del art. 1619 LEC por el art. 1524 CC.

Sentencia de 19 de mayo de 1992 (Ar. 4911). La apreciación del momento en que el retrayente tuvo conocimiento de la venta es una cuestión de hecho reservada a la soberanía de los tribunales de instancia, siendo de cuenta del demandado la prueba de un conocimiento anterior.

Sentencia de 29 de mayo de 1992. (Ar. 4828). Apreciación de oficio de la caducidad, que se fundamenta en la seguridad del tráfico. Distinción entre plazos sustantivos y procesales.

Sentencia de 2 de julio de 1992. (Ar. 6501). Carácter facultativo de la conciliación que ya no tiene la condición de ejercicio anticipado de las acciones.

Sentencia de 11 de julio de 1992. (Ar.6280). El plazo de la acción de retracto es de caducidad, comenzando a contarse en caso de venta en pública subasta desde la aprobación judicial de la subasta.

Sentencia de 30 de septiembre de 1992. (Ar. 7419). El plazo de la acción de retracto es de caducidad, habiendo sido derogado el art. 1618 LEC por el art. 1524 CC.

Sentencia de 10 de noviembre de 1992. (Ar. 9102). Conocimiento completo de los extremos de la transmisión que le interesen para el cómputo del plazo para ejercitar el derecho de retracto legal.

Sentencia de 10 de febrero de 1993. (Ar. 699). Inaplicación del derecho de retracto previsto en la LAU derogada en caso de enajenación mediante subasta pública en vía de apremio.

Sentencia de 20 de julio de 1993. (Ar. 6170). Desestimación de la diferencia entre la acción de retracto, que prescribe, y el derecho, que caduca.

Sentencia de 21 de julio de 1993. (Ar. 6106). Desestimación del retracto de comuneros porque el adquirente de la cuota ya era copropietario.

Sentencia de 16 de diciembre de 1993. (Ar. 9997). La conciliación permite que se inicie un nuevo plazo de 9 días pero no interrumpe durante dos meses el plazo del art. 1524 CC.

Sentencia de 11 de marzo de 1994. (Ar. 1741). El cómputo de la acción de retracto de colindantes a partir de la inscripción solo juega cuando no consta que el conocimiento de la venta es anterior.

Sentencia de 25 de marzo de 1994. (Ar. 2536). La acción de retracto solo se ejercita mediante demanda judicial si bien el acto de conciliación es medio apto para ejercitar el derecho de retracto si la consignación se hace dentro del plazo de caducidad.

Sentencia de 8 junio de 1995. (Ar. 4909). Conocimiento completo de los extremos de la transmisión que le interesen para el cómputo del plazo para ejercitar el derecho de retracto legal del art. 1524 CC. En caso de venta en pública subasta, el plazo se puede contar desde la aprobación judicial de la subasta.

SENTENCIAS DE LOS TRIBUNALES SUPERIORES DE JUSTICIA

NAVARRA

Sentencia de 22 de junio de 1991. (Ar. 9795). El cómputo del plazo de la acción de retracto —gentilicio— se cuenta desde el conocimiento de la venta o adjudicación en subasta judicial.

SENTENCIAS DE LAS AUDIENCIAS PROVINCIALES

BARCELONA

Sentencia de 24 de julio de 1989 (Sección 12.ª). RGD, enero-febrero 1990, núms. 544 y 545, pp. 500 a 503. Invalidez de la renuncia anticipada del arrendatario al derecho de retracto.

Sentencia de 13 de febrero de 1990 (Sección 16.ª). RGD, julio-agosto 1990, núms. 550 y 551, pp. 5946 y 5947. Validez de la renuncia anticipada del derecho de retracto arrendaticio urbano efectuada por el arrendatario en el momento de celebrar el contrato de arrendamiento.

Sentencia de 7 de enero de 1991 (Sección 11.ª). RGD, julio-agosto 1991, núms. 562 y 563, pp. 6672 a 6675. Invalidez del pacto impreso de renuncia al derecho de retracto arrendaticio urbano.

Sentencia de 30 de septiembre de 1992 (Sección 14.ª). Ar. C. 1250/1992. Validez de la renuncia del derecho de retracto efectuada por el arrendatario en el momento de celebrarse el contrato de arrendamiento de local de negocio.

Sentencia de 26 de enero de 1994 (Sección 13.ª). RGD, junio 1994, n. 597, pp. 7204 a 7206. Validez de la renuncia al derecho de retracto efectuada por el arrendatario en el momento de la celebración del contrato de arrendamiento a través de una cláusula impresa, conocida por el mismo.

Sentencia de 14 de febrero de 1994 (Sección 14.ª). RGD, julio-agosto 1994, núms. 598 y 599, pp. 8542 a 8544. Nulidad de la renuncia al retracto hecha en cláusula impresa en el contrato.

CÓRDOBA

Sentencia de 8 de febrero de 1992 (Sección 1.ª). Ar. C. 242/1992. El plazo de la acción de retracto comienza desde el conocimiento completo de la venta si se prueba que es anterior a la inscripción registral.

Sentencia de 4 de septiembre de 1992 (Sección 3.ª). Ar. C. 1161/1992. Desestimación del retracto interpuesto, a la vista de las mejoras, una vez transcurrido el plazo de caducidad de la acción.

GIRONA

Sentencia de 27 de septiembre de 1993 (Sección 2.ª). AC 109/1994. La actitud, en un retracto arrendaticio urbano, del actor, que había conocido la venta, inscrita en el Registro, con mucha anterioridad a la interposición de la demanda, se considera un acto de renuncia de su derecho retractual de acuerdo con el art. 7 CC.

GRANADA

Sentencia de 29 de octubre de 1990 (Sección 4.ª). RGD, núm. 564, septiembre 1991, pp. 8438 y 8439. La manifestación ante Notario de la voluntad de ejercitar el retracto arrendaticio urbano por parte del arrendatario no se considera ejercicio del derecho ni tiene efectos enervatorios de la caducidad de la acción retractual.

Sentencia de 3 de febrero de 1992 (Sección 4.ª). RGD, septiembre 1993, n. 588, p. 9251. En un retracto arrendaticio urbano, el plazo de ejercicio de la acción se computa desde la inscripción en el Registro aunque la notificación careciere de datos precisos.

Sentencia de 24 de febrero de 1992 (Sección 4.ª). RGD, septiembre 1993, n. 588, p. 9260. En las inscripciones regístrales practicadas al amparo del art. 205 Lh, no se modifica el plazo de 9 días del art. 1524 CC.

HUESCA

Sentencia de 31 de marzo de 1993. AC 860/1993. El plazo de la acción de retracto comienza desde el conocimiento de la venta si se prueba que es anterior a la inscripción registral.

LA RIOJA

Sentencia de 4 de junio de 1993. Ar. C. 1243/1993. El plazo de la acción de retracto es de caducidad, lo que se aprecia de oficio, siendo susceptible de interrupción por la interposición del acto de conciliación.

LAS PALMAS

Sentencia de 20 de enero de 1994 (Sección 1.ª). Ar. C. 81/1994. Equiparación de la demanda de justicia gratuita al ejercicio de la acción de retracto —arrendaticio urbano— a efectos del plazo de caducidad.

LLEIDA

Sentencia de 15 de noviembre de 1994 (Sección 2.ª). Ar. C. 2333/1995. Procedencia del retracto arrendaticio urbano en las subastas judiciales, contándose el plazo de la acción desde la comparecencia en el procedimiento del art. 131 Lh.

MADRID

Sentencia de 23 de junio de 1992 (Sección 21). Ar. C. 874/1992. Innecesidad de notificación fehaciente de la venta para el cómputo del plazo de la acción de retracto arrendaticio urbano cuando se pruebe el conocimiento de las condiciones esenciales de la enajenación.

Sentencia de 16 de febrero de 1993 (Sección 13.ª). Ar. C. 197/1993. Caducidad de la acción de retracto al ser inoperante a efectos interruptivos el ejercicio del derecho de retracto en proceso anterior y distinto.

Sentencia de 18 de mayo de 1993 (Sección 11.ª). RGD, septiembre 1993, núm. 588, pp. 8796 a 8791. El plazo del retracto se computa a partir del momento en que el retrayente ha tenido conocimiento completo de la venta y sus circunstancias.

Sentencia de 20 de septiembre de 1994 (Sección 13.ª). RGD, enero-febrero 1995, núms. 604 y 605, pp. 937 y 938. El plazo para el ejercicio del retracto se cuenta desde el día siguiente a realizarse la inscripción y no desde el asiento de presentación del título en el Registro.

MÁLAGA

Sentencia de 19 de noviembre de 1992 (Sección 4.ª). Ar. C. 1597/1992. El ejercicio del retracto arrendaticio urbano 7 años después de la venta constituye abuso de derecho.

PAMPLONA

Sentencia de 24 de septiembre de 1990 (Sección 2.ª). RGD, julio-agosto 1991, núms. 562 y 563, pp. 6899 a 6902. La única forma de ejercitar el retracto es a través de la correspondiente demanda o acto de conciliación, pero nunca la vía notarial.

SEVILLA

Sentencia de 7 de febrero de 1992 (Sección 6.ª). RGD, octubre-noviembre 1993, núms. 589 y 590, p. 10818. El plazo de la acción de retracto comienza desde el conocimiento de la venta si se prueba que es anterior a la inscripción registrai.

TOLEDO

Sentencia de 22 de diciembre de 1994 (Sección 1.ª) Ar. C. 2248/1995. El cómputo de la acción de retracto ante la enajenación en subasta pública se inicia desde el conocimiento de la transmisión por información del Registro de la Propiedad.

VALENCIA

Sentencia de 27 de abril de 1989. AC 105/1989. El derecho de retracto no nace con la enajenación sino que existe desde que se constituyó por disposición de la Ley.

Sentencia de 20 de abril de 1994 (Sección 7.º). RGD, octubre-noviembre 1994, núms. 601 y 602, pp. 11555 a 11562. El cómputo del plazo de la acción de retracto comienza desde el conocimiento de la venta judicial anterior a la fecha de la inscripción registral.

2. SELECCIÓN DE SENTENCIAS

SENTENCIAS DEL TRIBUNAL CONSTITUCIONAL

SENTENCIA DE 24 DE FEBRERO DE 1994, N. 54. PLENO. (BOE DE 17 DE MARZO). PONENTE: EXCMO. SR. D. EUGENIO DÍAZ EIMIL.

La regulación prevista, con carácter general, para los retractos legales en el art. 1.524 CC no vulnera la tutela judicial efectiva sin que la regulación del plazo en otros retractos con mayor amplitud constituya discriminación alguna prohibida por el art. 14 CE, porque esas otras previsiones están sobradamente justificadas.

FUNDAMENTOS DE DERECHO

Primero. — ...El art. 1.524 del Código Civil prevé, para los supuestos en que un copropietario enajene su propiedad, un derecho de retracto del otro copropietario. Si la compraventa hubiera sido inscrita en el Registro de la Propiedad, el comunero retrayente debe ejercer su derecho de retracto, en un plazo de nueve días contados desde que la inscripción registral hubiera tenido lugar.

El órgano judicial promotor de la cuestión considera que la brevedad del plazo previsto en el Código Civil, unido al hecho de que comience a contar con la inscripción en el Registro, y no con el efectivo conocimiento, por parte del potencial retrayente, de la compraventa efectuada, convierte en ilusorio el ejercicio del derecho, por lo que vulnera el art. 24.1 CE; además, el régimen aquí establecido es distinto del concedido por la Ley a otros retrayentes, lo que supone un trato discriminatorio prohibido por el art. 14 CE.

Segundo. — La lógica aconseja tratar en primer lugar la eventual contradicción del precepto cuestionado con el art. 24.1 CE tal y como han hecho tanto el órgano judicial que ha elevado la presente cuestión cuanto el Fiscal General del Estado y el Abogado del Estado.

La contradicción del precepto cuestionado con lo previsto en el art. 24.1 CE derivaría de que, en opinión del órgano que promueve la cuestión, la brevedad del plazo fijado en el art. 1.524 CC para ejercer el derecho de retracto, anudada con el hecho de que el plazo comience a computarse desde la inscripción registral, si esta hubiera tenido lugar, convierte en ilusorio el ejercicio del derecho, pues obliga al eventual retrayente a consultar con una alta periodicidad el Registro de la Propiedad, a los efectos de poder saber si se ha producido enajenación de la otra parte proindivisa del bien del que es copropietario. Por ello, quedaría vulnerado el derecho a la tutela judicial efectiva, pues el derecho de retracto resultaría, en la práctica, de imposible ejercicio.

Una primera precisión es aquí necesaria: como reiteradamente ha señalado este Tribunal, el contenido primario del derecho a la tutela judicial efectiva es el de obtener de los órganos judiciales una resolución motivada, que puede resultar de inadmisión cuando concurra una causa legalmente prevista. El derecho a la tutela judicial efectiva es, pues, un derecho a accionar, a acceder a los órganos judiciales y obtener de estos una resolución; es, por consiguiente, un derecho procesal. Es palmario, sin embargo, que ninguna vulneración de ese derecho se ha producido en el caso que dio lugar a la presente cuestión, pues el inicialmente demandante obtuvo una resolución judicial motivada y, cabe presumirlo, habría obtenido otra de no haberse interrumpido el proceso por el planteamiento de la cuestión de inconstitucionalidad.

Y difícilmente hubiera podido producirse tal vulneración, pues el ejercicio del derecho de retracto en modo alguno se configura, tal y como se afirma en el Auto que eleva la cuestión, como un requisito para obtener, precisamente, la tutela judicial efectiva: el establecido en el art. 1.524 del Código Civil es un plazo para el ejercicio de un derecho, el de retracto, legalmente reconocido, cosa bien diferente de los requisitos que el legislador pueda establecer al configurar el acceso a la tutela judicial efectiva, a los que nos referíamos en nuestra STC 172/87, establecimiento de ese plazo viene determinado porque la ley otorga, en caso de que se enajene la propiedad, preferencia al copropietario, pero exige que esta preferencia se ejerza en un período determinado, transcurrido el cual decae.

Resulta, pues, que el derecho de retracto regulado en los arts. 1.521 y ss. del CC es un derecho de carácter sustantivo. Y el plazo que para el ejercicio de ese derecho se prevé en el art. 1524 CC es también, como acertadamente ponen de relieve tanto el Fiscal General del Estado como el Abogado del Estado, un plazo sustantivo, no procesal; es, en efecto, un plazo para el ejercicio de un derecho, pero en modo alguno tiene relación con el acceso a los órganos jurisdiccionales a los efectos de obtener una resolución judicial motivada. De todo ello se desprende con claridad que ninguna relación existe entre el derecho a la tutela judicial efectiva, que es típicamente un derecho al proceso y en el proceso, y el precepto controvertido, que regula un derecho preferente a adquirir la propiedad en determinados supuestos. Este derecho es de creación legal y el legislador puede regularlo con la amplitud o restricción que considera más apropiada a la efectividad de los intereses en atención a los cuales los crea, dentro, claro está, de los límites que establece la Constitución.

Tercero. — Por lo que respecta a la eventual vulneración del principio de igualdad, ha de señalarse que el término de comparación utilizado en el Auto de planteamiento de la cuestión no es, aquí, pertinente, y ello por varias razones. En primer lugar, el artículo controvertido regula, como acertadamente pone de relieve el Abogado del Estado, los supuestos generales, revistiendo los que se utilizan como término de comparación un carácter especial. Por consiguiente, no es que el art. 1.524 del Código Civil establezca un régimen diferente; es que regula el régimen general, aun así cuando algunos otros preceptos legales prevean diversas especialidades. Además, estas especialidades están sobradamente justificadas por las circunstancias que en ellas concurren. Así, por lo que se refiere al retracto ejercitable por el arrendatario de viviendas urbanas, la especialidad tiene su justificación en la alta relevancia del bien objeto del retracto, que goza, incluso, de específica tutela constitucional en el art. 47 CE. Parecida justificación concurre en el caso del arrendatario rústico, y en los supuestos de los coherederos es claro que el tronco común de los bienes y la relación hereditaria justifican un tratamiento especial. Ni el plazo establecido en el art. 1.524 del Código Civil, ni el momento legalmente previsto para iniciar su cómputo constituyen, por ello, discriminación alguna.

En consecuencia, el legislador ha establecido un régimen que, al margen de cualquier juicio de oportunidad, no puede ser tachado de inconstitucional, puesto que se desenvuelve dentro del marco de libertad que el legislador tiene para crear y regular el derecho de retracto, sin que los inconvenientes, o incluso la pérdida de efectividad del derecho que pueda producirse en algunos supuestos, conlleven vulneración de ninguno de los preceptos constitucionales invocados, ni, por ello, elevarse a causa determinante de la inconstitucionalidad de la norma legal cuestionada.

SENTENCIAS DE LA SALA PRIMERA DEL TRIBUNAL SUPREMO

SENTENCIA DE 25 DE FEBRERO DE 1950. (*AR.* 361).
PONENTE: EXORNO. SR. D. MARIANO MIGUEL Y RODRÍGUEZ.

LA EXPRESIÓN «AL MISMO TIEMPO» DEL ART. 1.524 CC ES DENTRO DE LOS NUEVE DÍAS.

CONSIDERANDOS

Primero.—...el ejercicio por solo un colindante de la acción de retracto, con los requisitos que condicionan su eficacia, no puede ser privado de esta por el voluntario otorgamiento de la retroventa de la finca a otro colindante distinto del actor, con posterioridad a su demanda y desconociéndolo el mismo en tiempo hábil para ampliar o modificar aquélla, porque la adopción de un parecer contrario a esta doctrina equivaldría a dejar al arbitrio del comprador demandado la facultad de sustraer del conocimiento del juzgador el extremo relativo al derecho de preferencia entre los diversos colindantes, y de impedir el reconocimiento del que al actor asistiera.

Sentencia de 27 de febrero de 1954. (*Ar.* 981).
Ponente: Excmo. Sr. D. Acacio Charrín y Martín-Veña

El plazo del retracto —de colindantes— se cuenta desde la fecha de la inscripción de la venta y no la del asiento de presentación.

CONSIDERANDOS

Sexto.—...múltiples sentencias de esta Sala admiten que se cite al último poseedor después de contestada la demanda de retracto y concretamente la de 11 de junio de 1902, declara que no es el momento de la presentación del título en el Registro desde el que debe empezar a contarse el plazo para ejercitar la acción de retracto, sino el de la inscripción, y no podía ser de otra manera, en términos generales, porque el asiento de presentación no produce efectos si no va relacionado con la inscripción y concretamente en cuanto al retracto porque ese plazo no empieza a contarse desde que el retrayente tiene una simple, vaga o indeterminada noticia de la transmisión, sino desde que conoce esta con todos los detalles suficientes para que pueda apreciar si le conviene subrogarse en todas las obligaciones que por ese contrato contrae el adquirente demandado, según las sentencias de 6 de marzo de 1942 (*Ar.* 622) y 28 de junio de 1949 (*Ar.* 736) y esas condiciones del contrato, no tienen la publicidad registral más que por la inscripción del título y no en el asiento de presentación.

Sentencia de 4 de julio de 1956. (***Ar.*** 2749).
Ponente: Excmo. Sr. D. Acacio Charrín y Martín-Veña.

Prevalencia de la demanda de retracto —de colindantes— frente al posterior contrato de cesión del comprador con un arrendatario rústico de la finca.

CONSIDERANDOS

Primero.—...es preciso dejar sentado de antemano que la única cuestión que se plantea se reduce a determinar, si la acción de retracto de asurcanos formalmente ejercitada por don Benito M. A. con alegación y justificación de todos los requisitos que lo mismo el Código que la Ley procesal civil exigen para que sea viable, puede o no quedar sin efecto por la alegación de un derecho de retracto preferente, que no se hizo valer por el ejercicio de la correspondiente acción, sino que se invocó por el adquirente de la finca *ope excepcionis,* en trance de contestar la demanda de retracto de colindantes amparándose en el derecho de preferencia que le otorga la Ley de 16 de julio de 1949 (RCL 881 y Diccionario 1244, nota art. 17); cuestión la supuesta que exige para su solución el conocimiento de ciertos antecedentes de hecho en que las partes no discrepan y que, expuestos sintéticamente, son de este tenor: *a)* Don Roberto M. compró a doña Concepción S. en 3 de noviembre de 1949 la finca rústica objeto del retracto; *b)* Enterado de ello el colindante actor en el pleito don Benito M., citó a conciliación al adquirente para que, reconociendo aquella calidad, se aviniese a subrogarle en sus derechos, y la citación para el acto conciliatorio se llevó a cabo en 10 de diciembre siguiente: *c)* En 13 del mismo mes el demandado de conciliación cedió a su padre don Manuel M. la finca objeto del retracto por él adquirida que dijo se le había reclamado al amparo del artículo 16 de la Ley de 15 de marzo de 1935 (RCL 527 y Diccionario 1244), y por ello, cuando un día después, o sea el 14 de diciembre, concurrió don Roberto, M. al acto conciliatorio opuso al demandante la imposibilidad en que se veía, de acceder a su pretensión, que, sin embargo se formuló por M. en la correspondiente demanda de retracto dirigida contra el padre adquirente y el hijo revendedor, de los cuales solo el primero compareció en los autos para oponerse a la demanda con base de su preferente derecho a retraer.

Segundo. —Que el Tribunal sentenciador razona su tesis estimatoria de la acción de retracto de colindantes ejercitada por M., en que si bien es cierto que según la legislación vigente en materia de arrendamientos rústicos tiene preferencia sobre aquella la de retracto arrendaticio que, asiste, cuando concurren determinados presupuestos, así al arrendatario como al aparcero, es preciso para que tal preferencia se tome en consideración, que quien pretenda servirse de ella haga valer su derecho ejercitando en juicio la acción de retracto que le asiste, sin que a ese ejercicio equivalga la cesión voluntaria del inmueble que ha de ser retraído frente al que en primer lugar ejercitó el retracto de colindantes e impetró de los Tribunales su estimación.

Sentencia de 2 de octubre de 1956. (***Ar.*** 3169).

Ponente: Excmo. Sr. D. Francisco Bonet Ramón.

El plazo de la acción de retracto legal se cuenta desde el conocimiento de las condiciones trascendentales de la transmisión si es anterior a la inscripción.

Considerandos

Primero. —Que es doctrina legal, establecida, entre otras muchas, en las sentencias de 13 de diciembre de 1930 (*Ar.* 1348), 10 de junio de 1935 (*Ar.* 1251), 6 de marzo de 1942 (*Ar.* 622), 9 de abril de 1948 (*Ar.* 628) y 12 de junio de 1956 (*Ar.* 2486), que el conocimiento de la venta exigido por el artículo 1524 del Código Civil presupone, no una mera noticia de ella, sino el estar enterado el retrayente, acreditándolo el demandado, de todos los pactos y condiciones acerca de la cosa vendida y del precio, sin los cuales la relación contractual no puede perfeccionarse, para entablar, si le conviene, la acción correspondiente.

Sexto. —Que en virtud de lo expuesto, no ha incurrido en el presente caso de autos la Sala sentenciadora en la interpretación errónea del artículo 1.524 del Código Civil y doctrina legal que cita el recurrente en el motivo tercero y último de su recurso, al no quedar probado que el actor conociera la venta exactamente antes de la inscripción en el Registro de la Propiedad, haber deducido la acción dentro de los nueve días de verificarse este acto, y darse los demás requisitos legales...

Sentencia de 19 de diciembre de 1960. (*Ar.* 89/1961).
Ponente: Excmo. Sr. D. Francisco Eyré Varela.

Una vez presentada judicialmente la demanda de retracto —gentilicio— el demandado no puede enajenar la cosa que se pretende retraer.

CONSIDERANDOS DE LA PRIMERA SENTENCIA

Primero.—Que la primera cuestión que plantea el presente recurso, derivada de los términos en que se produce la sentencia recurrida, es determinar si presentada una demanda de retracto en forma, pendiente su tramitación de la celebración del acto conciliatorio previo a tenor de lo dispuesto en el artículo 1621 de la Ley de Enjuiciamiento Civil, pueden los demandados enajenar la casa retraída o que se pretende retraer preferente y enervar así por vía de contratación privada, al margen de la demanda ejercitada y del derecho en litigio, aquel retracto, problema que la sentencia de primera instancia resolvió negativamente, pero que la de segunda, desenfocando el problema, como acertadamente se dice en el recurso, y en cierta manera sustrayéndolo o dándole por resuelto afirmativamente, sostiene contrariamente que lo que en realidad se ventila es un problema de preferencia de retracto, que efectivamente, si las cosas se llevasen por los cauces adecuados la esencia del pleito consistiría sustancialmente en eso pero como no ocurre así porque planteada por uno, el actor, judicialmente y en forma procesal adecuada a su derecho a retraer, es indudable que frente a esa pretensión, a espaldas suyas y del Juzgado o Tribunal a quien compete conocer del asunto y bajo el cual está su conocimiento, no puede el retraído enervar los efectos jurídico-procesales de aquella demanda, por contratos con otras personas resolviendo en vía privada y extrajudicial una cuestión que entró y cayó bajo el régimen público del proceso, en el cual debe resolverse la cuestión planteada, y solo en él no se cuente por lo menos, con la expresa aquiescencia de todas las partes; el proceso como los contratos y aún más por su interés público, no puede quedar al arbitrio de uno de los litigantes, y en tal sentido, tratándose del problema concreto que ahora se examina y objeto de lo expuesto, se pronunciaron las sentencias de esta Sala, que se invocan en la del Juez y se amplían en el recurso, de 16 de octubre de 1920, 25 de febrero de 1950 (Ar. 362), y 4 de julio de 1956 (Ar. 2749), de las cuales claramente se deduce que la única forma de hacer valer el derecho preferente de retracto es su ejercicio en forma ante los Tribunales...

Sentencia de 22 de febrero de 1961. (Ar. 901)
Ponente: Excmo. Sr. D. Bernabé A. Pérez Jiménez.

En los supuestos de enajenaciones inscritas, el plazo de la acción retractual se comienza a contar desde la fecha de la inscripción y no desde la fecha de la presentación de la escritura en la oficina liquidadora de derechos reales.

Considerandos

Cuarto.—...ni el otorgamiento de la escritura de compraventa a favor del demandado en 16 de febrero de 1957, ni su presentación en la oficina liquidadora de derechos reales, que no tiene el alcance en cuanto a presunción de publicidad que la presentación en el Registro de la Propiedad, ni el contenido de la certificación del acto de conciliación celebrado en 8 de marzo siguiente, acusan de modo auténtico el conocimiento por el actor en aquellas fechas de las condiciones de la venta, razón por la que no puede estimarse el error de hecho y de derecho que bajo este motivo se aduce, por inexistencia de infracción alguna de los preceptos que se citan en relación con la valoración de prueba hecha por el Tribunal *a quo*.

Sentencia de 14 de noviembre de 1962. (Ar. 4539).
Ponente: Excmo. Sr. D. Pablo Murga Castro.

El plazo del retracto legal es civil y no judicial por lo que si el último día es inhábil no puede utilizarse el siguiente.

CONSIDERANDOS

Segundo.—Que si bien es cierto que el artículo 305 de la Ley de Enjuiciamiento Civil establece en su párrafo segundo que, en los términos judiciales, cuando el plazo concluyere en domingo o en otro día inhábil se entenderá prorrogado al siguiente hábil; y es verdad asimismo que el artículo 7.° del Código Civil expresa que cuando se habla de meses, se entenderá que estos son de 30 días, es exacto de igual modo. 1.° Que en el caso que se examina, se trata de dilucidar, el término existente para iniciar el ejercicio de una acción de retracto al amparo del párrafo segundo del artículo 48 de la Ley especial de Arrendamientos Urbanos, determinante de que el derecho de retracto caducará a los sesenta días naturales, contados desde el siguiente a la notificación que deberá el adquirente realizar al inquilino, lo que ya envuelve y obligatoriamente significa que aquél plazo no puede ser calificado de judicial al no existir una actuación de este orden preexistente; y 2.º Que la jurisprudencia del Tribunal Supremo en sentencias uniformes y contestes, tiene con reiteración, declarado, que el párrafo segundo del artículo 305, como comprendido en la Sección sexta, título sexto del Libro primero de la Ley de Enjuiciamiento, se refiere solo a los términos judiciales, y para poder ser así estimado se requiere que tenga su origen o punto de partida en una actuación de igual clase, como es una notificación, una citación o un emplazamiento, cual se dice en las de 12 de mayo de 1952 (*Ar.* 1227), 11 de febrero de 1959 (*Ar.* 472) y 1.º de julio de 1961, así como las que en ellas se citan lo que así se comprende que sea, tanto por el carácter restrictivo y la naturaleza del retracto, como por la necesidad de evitar la inseguridad en las transacciones realizadas, como establece la sentencia de 14 de diciembre de 1905, todo ello con la finalidad de que no permanezca la propiedad indefinidamente a merced de una tardía y eventual impugnación.

Sentencia de 21 de enero de 1965. (***Ar.*** 224).

Ponente: Excmo. Sr. D. Bernabé A. Pérez Jiménez.

Invalidez de la renuncia anticipada del retracto arrendaticio urbano con anterioridad a la transmisión del local arrendado.

Considerandos

Segundo. – Que el retracto arrendaticio urbano, propio y específico de la ley especial, tiene por razón y finalidad el cubrir las necesidades del ocupante, con preferencia a las de carácter general en todo cuanto afecta a su desarrollo y aplicación y de aquí que no sea válida la renuncia anticipada del mismo antes de haberse generado por la transmisión del local arrendado para ponerlo a salvo de toda coacción-ambiental impulsada por la necesidad del uso, sin perjuicio de su eficiencia y viabilidad legal cuando el derecho ya nacido e incorporado al patrimonio, se declina por acto voluntario y consentido, pues de lo contrario perdería todo sentido y alcance al interés general en que su otorgamiento descansa y quebrantaría la seguridad del tráfico jurídico obligacional, doctrina que aplicada al supuesto aquí controvertido ha de hacerse sobre la base que en la sentencia de primer grado se sienta como hecho cierto que los hoy retrayentes, por documento privado de 24 de mayo de 1953, renunciaron expresamente a la subrogación de compra que ahora pretenden, percibiendo como indemnización la cantidad de 5.000 pesetas, afirmación tenida por buena en la sentencia del tribunal *a quo* al decir en el primer considerando que conforme en su esencia la parte recurrente con los hechos debatidos que recoge la sentencia impugnada en alzada, queda centrada la cuestión a resolver en el recurso de apelación a la caducidad de la acción y consiguientemente al haberse efectuado la compraventa del local cuestionado en aquella remota fecha, aunque no se formalizara en escritura pública hasta el año 1958, la operación o negocio jurídico quedó perfecto *y* consumado por aquel entonces, con garantía legal a virtud de lo dispuesto en el art. 1278 del CC, reconocido por los demandantes, no solo en el acto de renuncia del derecho ya nacido, sino corroborado por documento de 25 de agosto del año 1953, donde se dan por saldadas las cuentas hasta 1 julio del año 1953 que se han de entender con el nuevo comprador Rafael B., todo lo cual pone de relieve la legalidad de la renuncia del derecho ejercitado de acuerdo con lo prevenido en el art. 4.° del CC y 6.° de la Ley de arrendamientos, por lo que se ha de dar lugar al tercer motivo donde se denuncia la infracción por violación del citado art. 4.° del Código y 6.° de la Ley, sin que haya necesidad de pasar al estudio de los demás motivos.

Sentencia de 2 de marzo de 1965. (***Ar.*** 1239).
Ponente: Excmo. Sr. D. Antonio de Vicente Tutor y Guelbenzu.

El plazo para ejercitar el retracto comienza desde la consumación de la venta mediante la entrega de la cosa.

Considerandos

Primero.—Que ambas partes litigantes están conformes y así se da como probado en la sentencia recurrida que los inmuebles objeto del retracto se vendieron por documento privado de 16 de octubre de 1961 y que de su contenido tuvo pleno conocimiento el retrayente el día 14 de junio 1962 en que fue presentado en el acto de juicio verbal de faltas seguido a virtud de denuncia que formuló contra dependientes del comprador por haber penetrado a pastorear el ganado en las fincas, habiendo sido presentada la demanda origen de estos autos el día 26 de citado mes de junio; por lo que entiende el recurrente que al no haberse efectuado la tradición real de los bienes, ni tampoco la ficta privada por verificarse la transmisión en documento privado que no la comprende, la venta no se ha consumado y no ha caducado la acción retractual, conforme a la doctrina jurisprudencial que cita, en contra de lo resuelto por la sentencia que impugna; y habida cuenta, aparte de que tal alegación constituye un hecho nuevo no debatido en el proceso, que la S. de 20 de mayo de 1943 (*Ar.* 572), resuelve un caso que no tiene paridad con el presente al tratarse una venta con pacto de retro y que las de 8 de julio de 1946 (*Ar.* 992) y 28 de junio de 1949 (*Ar.* 736), solo exigen o la tradición ficha o que el comprador tenga en su poder la finca, a lo que equivale la locución empleada en el contrato de que «se entregó el precio y la cosa, cuya apreciación como de hecho corresponde al Tribunal de instancia»; aparece evidente que como en el documento privado de 16 de octubre de 1961 se hace constar que se venden los inmuebles libres de ocupantes, concediéndose al comprador «autorización para ocupar las fincas y tomar posesión material de ellas», como lo hizo al meter en las mismas a pastar sus ganados, pues en otro caso el recurrente no hubiera podido presentar la denuncia por tales actos que originaron el juicio de faltas, hubo tradición real en la renta que quedó consumada y la resolución impugnada interpreta acertadamente el art. 1524 del CC, aplicando debidamente la doctrina jurisprudencial alegada y perecen los dos motivos del recurso, encauzados procesalmente por el n.º 1.º del art. 1692 de la LEC.

Sentencia de 27 de abril de 1967. (*Ar.* 2034).
Ponente: Excmo. Sr. D. Antonio de Vicente Tutor y Guelbenzu.

Ineficacia de las ulteriores transmisiones voluntarias para enervar la demanda de retracto dirigida contra el primitivo comprador y el pretendido retrayente, cuyo derecho de retracto se impugna.

Considerandos

Primero. —Que si bien es cierto que el Fuero General de Navarra en su Libro 3.º, Título 12, Capítulo 15 aplicaba solamente el retracto familiar a los bienes de patrimonio o abolorio, o sea a los que por lo menos procedan del abuelo, siendo lógica tal determinación que precisa dos transmisiones hereditarias para estimar entroncados los bienes a la familia, no es menos cierto que la Novísima Recopilación hizo extensivo el derecho de retracto en su Libro 3.º, Ley 2, pero solo entre hermanos, a los bienes adquiridos por el padre, en cuya interpretación este Tribunal en sus sentencias, entre otras, de 28 de mayo de 1928, 6 de mayo de 1958 (*Ar.* 1718) y 19 de diciembre de 1960 (*Ar.* 1961, 89), determinó la aplicación de este derecho sobre los bienes conquistados o adquiridos por el padre y que este mismo vendiera a tercera persona, siempre que fuera ejercitado por alguno de los hermanos, hijos del transmitente.

Segundo. —Que sentada la anterior doctrina y concurriendo en el caso contemplado todos los requisitos formales y materiales para que prospere la acción entablada, la sentencia recurrida al entender lo contrario ha violado los preceptos citados que se denuncian en el primer motivo del recurso y debe ser casada y anulada: sin que sea obstáculo para ello el hecho cierto de que la demandada sea también hija del transmitente, puesto que la acción se refiere a la venta realizada por el padre al otro demandado D. Jesús S. P., y no a la que este verificó a su codemandada libremente y no por vía retractual; todo lo que obliga a admitir el segundo motivo articulado, también por el mismo cauce procesal del núm. 1.º del art. 1692 de la L.E. Civ., en que se denuncia la violación de las sentencias de esta Sala que cita y que sancionan la ineficacia de las ulteriores transmisiones, producto de la voluntad de los contratantes, para enervar el retracto.

Sentencia de 17 de noviembre de 1967. (***Ar.*** 4616).
Ponente: Excmo. Sr. D. Manuel Taboada Roca, Conde de Borrajeros.

El ejercicio del derecho de retracto mediante intento de acto conciliatorio con consignación y cumplimiento de los demás requisitos legales no altera la naturaleza de caducidad de la acción.

Considerandos

Sexta.—Que la circunstancia de que el ejercicio del derecho de retracto, se inicie mediante intento de acto conciliatorio con consignación y cumplimiento de los demás requisitos legales, no altera la naturaleza de la acción, ni la convierte por tanto en prescriptible, sino que, lo único que sucede es que en tal supuesto, el proceso de ese modo incoado, sigue su curso normal si la demanda se presenta dentro de dos meses siguientes al acto, *y* por el contrario, si no se deduce dicha demanda, todo lo actuado pierde eficacia, como si hubiera estado sometido al cumplimiento de una condición resolutoria, que, al sobrevenir hace ineficaz la intentada conciliación, como si no se hubiese efectuado y queda automáticamente extinguida la acción por caducidad.

Sentencia de 30 de noviembre de 1967. (Ar. 4915).
Ponente: Excmo. Sr. D. Emilio Aguado González.

Posibilidades de determinación del día inicial del cómputo del plazo de la acción de retracto.

Considerandos

Primero.—Que para la decisión del presente recurso, es ante todo de tener en cuenta: 1.º) Que ya se considere el «retracto» como resolución del contrato de compraventa (y así se configura en el art. 1.506 del CC) o como una mera novación subjetiva del mismo, en la persona del adquirente o comprador, tal y como define el retracto legal del art. 1.521 del mismo Código, es lo cierto que, por implicar cierta inseguridad en las relaciones jurídicas pactadas, la ley señala un breve plazo para su ejercicio eficaz y establece el momento de arranque del mismo, optando por uno de estos tres criterios: *a)* el «objetivo» que lo hace empezar al día siguiente del otorgamiento de la escritura de venta, prescindiendo de que el retrayente, tenga o no conocimiento de la misma, sistema seguido en el art. 1.618, párr. 1.º de la LEC; *b)* el «subjetivo» que estima esencial aquel conocimiento para que el plazo principie a contarse y, por ello, impone la necesidad de que, la venta, se notifique el eventual retrayente (art. 48. núm. 2.º de la L. de 24 de diciembre de 1964 (Ar. 2885 y Ap. 51-66,787) y *c)* el «mixto» que distingue para el cómputo el caso de que haya habido inscripción de la transferencia en el Registro de la Propiedad o que no medie esta y, en esta última hipótesis, el plazo no podrá contarse, sino desde que el retrayente hubiese tenido conocimiento de la venta, tal y como dispone el párr. 1.º del art. 1.524 del CC, derogatorio del precepto del art. 1.618 de la Ley procesal. 2.º) Que como dicho artículo del CC, no exige la previa notificación de la venta, sino el hecho del conocimiento de la misma, por parte del retrayente, tal hecho, como elemento fáctico del proceso esencial en el mismo, habrá de inferirse del resultado que ofrezca la prueba practicada, cuya apreciación compete al Tribunal de instancia, sin otra posibilidad de ser impugnada, en trámite de casación, sino acudiendo a los medios y con las limitaciones que impone el núm. 7.º del art. 1.692 de la Ley rituaria civil.

Sentencia de 30 de mayo de 1969. (Ar. 2986).

Ponente: Excmo. Sr. D. Manuel Taboada Roca, Conde de Borrajeros.

Posibilidad de ejercicio del retracto de comuneros a través del acto conciliatorio, que es un mero trámite procesal.

CONSIDERANDOS

Noveno.—Que, además la recurrente, para justificar la procedencia de ese tercer motivo, hace una amalgama de alegaciones, confundiendo la misión del acto conciliatorio como trámite de celebración inexcusable en determinados procesos, con la función que la jurisprudencia le ha otorgado cuando, con dicho acto, se quiere actuar judicialmente el derecho de retracto; en este último supuesto, es cuando el acto conciliatorio —que se integra por presentación de papeleta, consiguiente citación y ulterior comparecencia ante el Juez—, debe reunir todos los requisitos de la demanda, ya que, en realidad, equivale a ella; en cambio, cuando el ejercicio de la acción de retracto, se inicia de modo normal, con la consiguiente demanda, —como ocurrió en el caso de autos—, es esta la que debe estar adornada de todas las formalidades y contener todos los compromisos que la ley exige en cada especie de retracto, y, entonces, ya nada significa el acto conciliatorio con reacción a la acción ejercitada en la demanda, y queda reducido al cumplimiento de un mero trámite procesal no previo a la iniciación del pleito; por eso nuestra LEC prescribe en el art. 461, que «no será necesario el acto de conciliación para la interposición de las demandas de..., retracto y de cualquiera otra que sea urgente y perentoria por su naturaleza, si bien, si hubiere de seguirse el pleito, se exigirá el acto de conciliación o la certificación de haberse intentado sin efectos».

Sentencia de 5 de mayo de 1972. (***Ar.*** 2130).
Ponente: Excmo. Sr. D. Juan Antonio Linares Fernández.

El plazo de la acción de retracto se cuenta desde la fecha de la inscripción si no se acreditó el conocimiento anterior de la venta.

Considerandos

Tercero. – En cuanto al segundo con amparo en el núm. 1.° del art. 1.692, por interpretación errónea del art. 1.524 del Código, que la Jurisprudencia de esta Sala, al interpretar el precepto citado en el motivo, previniendo la mala fe y la anomalía, de que quien tuvo conocimiento de la venta antes de la inscripción , sin ejercitar sus derechos, pueda ver revalidada su acción, por la posterior constancia de aquélla en el registro, ha declarado con reiteración, que el cómputo a partir de la inscripción, solo juega cuando no consta que el conocimiento de la enajenación data de anterior fecha, sentencia de 29 de noviembre de 1958 (*Ar.* 3808) que ratifica otras anteriores, con tal que se dé como probado, que el retrayente tuvo conocimiento de la venta con fecha anterior y que tal conocimiento sea completo, *y* como en el caso debatido la sentencia, da como probado, por apreciación conjunta de la prueba, tal conocimiento pleno y suficiente, el Tribunal se ve en la necesidad de apreciar correctamente interpretando el precepto, que el motivo acusa infringido y por ello en la de desestimar el motivo...

Sentencia de 20 de febrero de 1975. (***Ar.*** 6280).
Ponente: Excmo. Sr. D. Antonio Peral García.

En caso de venta en pública subasta, el plazo de la acción retractual se cuenta desde la consumación de la venta mediante el otorgamiento de la escritura pública.

Considerandos

Segundo.—Que la interpretación llevada a cabo por el Juzgador, del art. 1.524 del CC, se ajusta exactamente a la reiterada doctrina de esta Sala de casación, que exige para enervar la acción de retracto por caducidad del plazo de viabilidad, que el retrayente conozca en momento oportuno de una manera total y completa, no solo la venta, sino todas sus condiciones, sin que baste la mera noticia de haberse esta efectuado —SS. de 6 de mayo de 1961 (*Ar.* 2312) y 18 de noviembre de 1971 (*Ar.* 4900), entre otras— por lo que en el presente caso, no puede admitirse, que el juicio de retracto está entablado después de caducado el plazo de nueve días, porque es obvio, que no puede estimarse iniciado el mismo el día de la subasta, dada la letra y espíritu del mencionado art. 1.524, y de todo el sistema doctrinal de este Tribunal, del que se desprende, que el plazo para entablar el retracto, cuanto no se ha inscrito la transmisión en el Registro de la propiedad, ha de contarse, no desde la perfección del contrato, sino desde la consumación, que en el caso de autos sería el del otorgamiento de la escritura de venta, secuela de la subasta, y con más razón aún por la posibilidad de que se ejercitara hasta ese otorgamiento, por el rematante, el derecho de ceder —SS. de 29 de febrero de 1960 (*Ar.* 1255). 17 de febrero de 1956 (*Ar.* 1497) y 1 de abril de 1960 (*Ar.* 1268)— y como a mayor abundamiento, en el motivo primero, que analizamos, se señala doctrina legal que el recurrente estima infringida, sin que este advierta, que toda ella, está basada en el supuesto, de que el momento de inicio del plazo de los nueve días, es precisamente, desde que el retrayente tuvo conocimiento de la venta y del otorgamiento de la escritura, no solo antes de la inscripción en el Registro de la Propiedad, sino al día siguiente de verificarse la venta con escritura pública; es decir que dichas resoluciones toman como base principal para el cómputo, la escritura pública, por todas cuyas razones, declina el motivo segundo, imponiéndose como consecuencia la desestimación del recurso...

Sentencia de 30 de octubre de 1978. (Ar. 3289).
Ponente: Excmo. Sr. D. José Antonio Seijas Martínez.

El plazo de la acción de retracto se cuenta desde la fecha de la inscripción si no se acreditó el conocimiento anterior de la venta.

Considerandos

Segundo.—Que igual suerte desestimatoria ha de merecer el tercero y último de los motivos, amparado como el anterior en el núm. 1.º del art. 1.692 de la LEC, que denuncia infracción, por violación a causa de su inaplicación, del art. 1.524 del CC, relacionado con el 1.623 de referida Ley Procesal, relacionada con el 1.623 de referida Ley Procesal, por estimar el recurrente que la demandante tuvo conocimiento de la venta de la finca objeto del retracto con bastante anterioridad a la inscripción registral, pues si bien es cierto que desde la fecha de la compraventa y la de la inscripción transcurrió cerca de un año y que, conforme indica el citado art. 1.524, si la retrayente hubiere tenido conocimiento durante ese dilatado lapso de tiempo de la enajenación, había de computarse el plazo preclusivo de los nueve días a partir del en que tuvo noticia de la transmisión de la finca objeto del retracto, no es menos cierto que, como tiene declarado reiterada doctrina jurisprudencial, ese conocimiento ha de ser completo de todos los pactos, condiciones y circunstancias en que la venta se haya realizado, para que de ese modo pueda decidir, con suficientes elementos de juicio, si le conviene o no ejercitar la acción retractual, y a este respecto, la sentencia impugnada expresamente declara que «la retrayente no tuvo conocimiento completo de la compraventa de las fincas de los demandados con anterioridad al momento señalado en la demanda o la inscripción registral», por lo que esta declaración fáctica es la que ha de prevalecer dado que no ha sido impugnada por la vía adecuada, que lo era la del núm. 7.º del mencionado art. 1.692, habiéndose limitado el recurrente a pretender que prevalezca su criterio frente al más objetivo, ponderado e imparcial del Tribunal *a quo*, lo que no le es lícito.

Sentencia de 6 de febrero de 1979. (***Ar.*** 437).
Ponente: Excmo. Sr. D. José Beltrán de Heredia y Castaño.

Invalidez de la renuncia anticipada del retracto arrendaticio rústico.

CONSIDERANDOS

Primero.—Que el primer problema que, con carácter previo, es preciso dilucidar en el presente recurso, es el relativo a la caducidad de la acción de retracto ejercitada, que apreció la Sentencia recurrida, al entender que cuando se presentó la demanda —9 de diciembre de 1976— había transcurrido con exceso el plazo de tres meses fijado en el art. 16 de la Ley de 15 marzo de 1935 (*Ar.* 527 y NDL 1794) —texto refundido en el Regl. de 29 de abril de 1959 (*Ar.* 655, 936 y NDL 1809)—; apreciación, contra la que se alza el motivo primero, donde con amparo en la causa tercera del art. 4.º del art. 52 del indicado Reglamento, se denuncia injusticia notoria por infracción de precepto legal, que en este caso se dice ser por violación del mencionado art. 16, en sus aps.3.º y 4.º; siendo de observar, que lo que establece la Ley en los mismos, en relación con el arrendatario, no es una obligación de notificar del arrendador-propietario que vende, (que según el ap. 2.º a quien tiene que notificar es al comprador, la existencia del arrendamiento), sino del comprador, lo que en este caso no se ha cumplido, teniendo, por ello, que entrar en juego el último inciso del apartado 4.º, en el sentido de que el plazo empezará a transcurrir «a partir de la fecha en que el retrayente, por cualquier medio, haya tenido conocimiento de la transmisión», con los detalles concretos y exactos de la misma, según precisó la constante y reiterada Doctrina Jurisprudencial; a lo que no puede equipararse una carta manuscrita que la mujer del arrendatario, hablando a veces en nombre de los dos, cuyos nombres figuran con firma de igual caligrafía de ella, dirige el día 30 de junio de 1976, a los arrendadores, en la que vaga e indeterminadamente, se habla de la posibilidad de venta, sin especificarse ni el objeto (que luego resultó que difería de lo arrendado) ni el precio como consecuencia; y mucho menos, un simple papel —que no verdadero documento— mecanografiado, al que se añade la fecha manuscrita de 14 de mayo de 1974, sin firma alguna ni posterior reconocimiento del arrendatario en cuyo nombre se dice haber hecho, y en el que sin embargo e incomprensiblemente, se apoya el Tribunal *a quo* para afirmar que en esa fecha se tenía conocimiento de la operación —cuando en verdad esta no estaba hecha— y que a partir de entonces había que comenzar a contar el plazo de caducidad; siendo asimismo de observar que en el momento en que tiene lugar el conocimiento requerido, de la transmisión, por el arrendatario es, como se dice en el recurso, el del acto de conciliación celebrado ante el Juez de Paz de Maninreal el 6 de octubre de 1967 —del que se extiende el Acta pertinente, el siguiente día 7— donde por vez primera se exhibe por el comprador la escritura pública del contrato de compraventa de 23 de agosto que fue examinada por el retrayente quien entonces anunció su intención de retraer, según consta en autos y se refleja en el primero de los Resultados de la Sentencia de primera instancia que, como todos los demás, fue expresamente aceptado por la que ahora se recurre, por lo que cuando se entabla la acción el 9 de diciembre, no puede decirse que hubiera caducado, al no haber transcurrido aún los tres meses que marca la Ley; razones todas que conducen a la estimación de este primer motivo.

Segundo.—Que la Sentencia recurrida apoya, además, su decisión desestimatoria de la pretensión del en su día demandante —ahora recurrente— en el argumento de que este había renunciado al ejercicio del derecho de retracto que la Ley le concedía, afirmación que hace el Tribunal *a quo* con base en el antes aludido papel mecanografiado sin firma y sin posterior reconocimiento, de 14 de mayo de 1974 que como asimismo se dijo, no puede tener el más mínimo valor jurídico y en la carta, también referenciada, que la esposa del arrendatario dirige el 30 de junio de 1976 a los arrendadores, en la que dice que «... no le podemos pagar lo que usted pide de las tierras, yo estoy conforme en que las venda, por mi parte no tienen ningún problema...»; carta esta que, con independencia de que aunque firme con la misma letra en nombre del matrimonio, no está realmente escrita por el arrendatario —lo que excluye el requisito de personalísimo que el acto de renuncia debe tener, confirmado por la jurisprudencia cuando afirma en la Sentencia de 23 de diciembre de 1952 (Ar. 2670) que «la renuncia no afecta a quien no la hizo»— no puede en ningún caso estimarse como una auténtica renuncia que pueda ser apreciada a estos efectos, pues la misma Sentencia recurrida reconoce la falta de coincidencia entre las fincas arrendadas y las que constan en la escritura de compraventa, lo que lógicamente lleva consigo según antes se acordó, una también diferencia en el precio y no puede admitirse la posibilidad de una renuncia respecto de una hipotética y futura operación cuyos elementos internos o no estaban fijados o no se expusieron al que tenía que apoyarse en ellos para ejercitar o no el derecho de retraer, contrariando lo requerido por la Jurisprudencia que continuamente proclamó que la renuncia tiene que ser «explícita, clara y terminante» —Sentencias, entre otras, de 17 de noviembre de 1931 (Ar. 2226), 30 de marzo de 1953 (Ar. 1260) y 4 de octubre de 1962 (Ar. 3790)—; pero, sobre todo, porque como igualmente se ha dicho, en aquella fecha la referida compraventa no había tenido lugar, cosa que no ocurre hasta el 23 de agosto de 1976 y la acción para ejercitar el retracto no surge hasta que se tiene conocimiento de ella, que es el 6 octubre del mismo año, siendo de tener en cuenta el principio general de que es ineficaz la renuncia hecha por anticipado al hecho que produce el ejercicio de un derecho, pues no se puede renunciar a lo que todavía no se tiene, por no estar aún adquirido e incorporado al patrimonio del titular que renuncia, que la Sentencia de 18 de diciembre de 1952 (Ar. 2707) precisó declarando que «no se puede renunciar a un derecho a la sazón inexistente»; principio, del que hizo constante y uniforme aplicación a la materia, la doctrina de la Sala de lo Social de este Tribunal Supremo al afirmar que «no puede renunciarse anticipadamente a los derechos que confiere la legislación arrendaticia» y más concretamente, que «la renuncia anticipada al derecho retractual, carece de valor como contraria a las normas de carácter imperativo de la Ley» —Sentencias, entre otras, de 19 de mayo, 23 de septiembre y 13 de diciembre de 1943 (Ar. 656, 1089, 1459), 24 de diciembre de 1945 (Ar. 1460), 16 de marzo y 28 de mayo de 1948 (Ar. 441 y 917), 28 de junio de 1951 (Ar. 1610) y 1.º de junio de 1953 (Ar. 1676)—; todo ello, al modo denunciado en los motivos tercero *y* cuarto que, en su virtud, deben ser estimados y consiguientemente la totalidad del recurso interpuesto, sin necesidad de examinar el segundo que también se formuló; procediendo revocar la Sentencia recurrida...

Sentencia de 12 de febrero de 1981. (Ar. 391).
Ponente: Excmo. Sr. D. José M.ª. Gómez de la Bárcena *y* López.

Desestimación de la diferencia entre la acción de retracto, que prescribe, y el derecho, que caduca.

Considerandos

Segundo.—Que bastaría para rechazo de tal motivo, y consiguientemente del recurso, la elocuente circunstancia de que el problema planteado entraña una cuestión nueva no debatida en la instancia y por ello no planteable en casación, como esta Sala tiene reiterado en innumerables sentencias, cuya cita es ociosa: pero aun cuando el planteamiento de la misma fuera oportuno, su rechazo igualmente se impondría, en razón a las consideraciones siguientes: *a)* porque mediante el ejercicio de las acciones, lo que el demandante pretende es obtener en un proceso el reconocimiento, bien por vía de declaración o de condena, de un derecho que el ordenamiento legal le otorga, siendo considerada la acción como el derecho mismo o el derecho en actuación, sentencia de 20 de junio de 1928, o la facultad o modo legal de que está investido quien la ejercita para pedir en justicia lo que le corresponde, SS. de 17 de marzo de 1927 y 2 de febrero de 1929, o el derecho mismo puesto en movimiento reactivo frente a lo injusto de la conducta ajena, S. de junio de 1934 (Ar. 1100), o la facultad para pedir la protección de un bien tutelable, SS. de 4 de julio de 1973 (Ar. 3525) y 8 de junio de 1965 (Ar. 3530), o la protección de un derecho subjetivo o de un interés legítimo, SS. de 18 de noviembre de 1961 (Ar. 4104) y 2 de diciembre de 1969 (Ar. 5840); *b)* porque, a la vista de lo anterior, carece de toda consistencia el razonamiento del recurrente, al pretender establecer un distingo entre el reconocimiento del derecho a retraer, que es para lo que, a su juicio, le vincula el término de caducidad establecido en el art. 48 de la L.A.U., en su párr. 2.°, y el del ejercicio de la acción para obtener la declaración del tal derecho, pues ello conducirá a que verificada por él la exteriorización de su deseo de retraer, a través de una manifestación de futuro por conducto notarial, su acción para hacerlo efectivo, quedará viva mientras no transcurriera el término prescriptivo de quince años afectante a las acciones personales; y *c)* porque toda la reiteradísima jurisprudencia de esta Sala ha proclamado constantemente que la acción caduca si no se ejercita dentro del plazo de sesenta días contados bien desde la fecha de la notificación de la venta a los arrendatarios o desde aquella en que el retrayente tuviera cabal conocimiento de las condiciones de la venta, y como el conocimiento de la transmisión operada fue conocida por el demandante, recurrente, al menos desde 25 de enero de 1978, —extremo declarado probado por la sentencia recurrida, sin que tal declaración haya sido combatida por la adecuada vía, que no es otra que a través de la denuncia del error de hecho o de derecho, a que se refiere el ordinal séptimo del art. 1692 de la Ley Procesal—, sin que los actores promovieran al oportuno acto conciliatorio, seguido de la consignación obligada, hasta el día 22 de junio de 1978, la sentencia impugnada, al estimar la caducidad de la acción retractual ejercitada, interpretó correctamente, tanto el art. 48 de la Ley Locativa Urbana, como la constante doctrina jurisprudencial que lo interpreta, sin que el recurrente haya citado una sola resolución que pueda abonar la tesis que en su recurso mantiene.

Sentencia de 16 de febrero de 1982. (***Ar.*** 741).
Ponente: Excmo. Sr. D. Andrés Gallardo Ros.

Posibilidad de ejercitar el retracto a través del acto de conciliación si se cumplen todos los requisitos posteriores de la demanda.

CONSIDERANDOS

Primero.—Que en el primer motivo se denuncia la interpretación errónea del párr. 4.° del art. 16 del Regl. de Arrendamientos rústicos de 29 de abril de 1959 (*Ar.* 655, 936 y NDL 1809), intentar demostrar que la acción de retracto fue interpuesta ya transcurrido el plazo de caducidad establecido por dicho precepto, mas no tiene en cuenta que formulada la conciliación y consignado el precio de la venta dentro de dicho plazo, es evidente que el derecho fue reclamado dentro del término de caducidad fijado por la Ley sin que al recurrente le sea lícito hacer una interpretación legal distinta a la efectuada por la Sala.

Segundo.—Que el segundo motivo formulado como el anterior al amparo de la causa tercera del ap. 4.º del art. 52 del Reglamento antes citado vuelve a insistir sobre la interpretación del valor del acto de conciliación sobre los plazos de caducidad y ha de ser rechazado al igual que el anterior puesto que como la Sala dice con acierto, la conciliación con asignación del precio, supone efectivamente el ejercicio del propio derecho.

Sentencia de 14 de julio de 1982. (***Ar.*** 4238).
Ponente: Excmo. Sr. D. Carlos de la Vega Benayas.

La acción de retracto puede ejercitarse a través del acto conciliatorio, sin que el plazo pueda contarse desde la notificación de la sentencia recaída en pleito de nulidad de la venta.

Considerandos

Cuarto.—Que en el motivo tercero y último del recurso —por la vía del núm. 1.º del art. 1962— se alega la interpretación errónea del art. 1.067 del CC, en el sentido de que el plazo de un mes que fija dicha norma para el ejercicio de la acción de retracto hereditario se debiera haber contado a partir de la notificación de la sentencia de apelación antes citada, recaída en pleito de nulidad de partición y venta, y no desde la fecha que señala la sentencia ahora impugnada (cuando el actor retrayente se enteró por carta de la partición y transmisión, en 1974), y ello, según el recurrente, porque aquella acción de nulidad y sentencia habrían de fijarla su derecho o título, es decir, la validez o nulidad de la venta que su madre —sin su consenso— había realizado.

Quinto.—Que no es ciertamente correcta ni admisible tal tesis, pues nada impedía al actor recurrente ejercitar el retracto, conocida la venta, antes de interponer, como interpuso, la acción de nulidad de esta y de la liquidación y partición, sin esperar al resultado del juicio promovido, pues en todo caso, y en principio, no podía ponerse en duda su título de coheredero para aquel ejercicio retractual y serían los demandados, en el juicio de retracto que hubiera podido formular a tiempo, los que hubieran asumido la carga de impugnar la procedencia o improcedencia de la acción, sus presupuestos y requisitos, al fin y al cabo determinantes de la validez o invalidez de la venta de los derechos o porciones hereditarias por la resolución contractual que el retracto entraña, y que es acción distinta e independiente de la que puede entablar un coheredero en el supuesto de que otro de ellos, haya dispuesto (antes de la liquidación y partición), por sí solo, sin contar con todos —SS. de 18 de noviembre de 1918, 5 de octubre de 1963 (*Ar.* 3991), 17 de marzo de 1966 (Ar. 1227) y 8 de marzo de 1968 (*Ar.* 3991), 17 de marzo de 1966 (*Ar.* 1227) y 8 de marzo de 1968 (*Ar.* 1519)—, de bienes concretos de la herencia, para reintegrarlos a la comunidad.

Séptimo.—Que en cuanto a las consecuencias o repercusiones de la venta del derecho o porción abstracta del coheredero demandante (hoy recurrente), en el sentido —según alega— de que, sin saber si era o no nula dicha venta, no podía interponer el retracto, preciso es añadir que dicho argumento (fundado en la apariencia jurídica de esa venta) es susceptible de lícita y fácil retorsión, pues la apariencia —y no solo apariencia— y legitimidad jurídica estaría mas bien a favor de dicho coheredero, es decir, la de ser titular de un derecho hereditario (de coheredero según testamento) en la cuota correspondiente, que amparaba su legitimación *ad causam* para la acción de retracto, y es aquella apariencia y legitimidad la que, en su caso, habrá de ser invalidada por el demandado de retracto para demostrar su adquisición en firme, de donde resulta que el actor y recurrente (a quien por cierto las sentencias del anterior juicio, como no podía ser menos, le reconocieron su titularidad por ser nula la venta de su derecho, hecha por quien no tenía su autorización) erró en la elección y con ello dejó transcurrir el término de caducidad señalado en la ley —de 30 días— al impugnar la partición y venta sin ejercitar a tiempo el retracto, tal como la sentencia impugnada sienta de modo correcto y que, por ello, hace también inviable el motivo estudiado.

Sentencia de 21 de octubre de 1985. (***Ar.*** 4957).
Ponente: Excmo. Sr. D. Mariano Martín-Granizo Fernández.

Admisión de la interrupción del plazo de caducidad de la acción de retracto por el acto de conciliación si se llenan las exigencias legales determinadas para su ejercicio, especialmente la consignación del precio si es conocido o, en su caso, la fianza de consignarlo.

Considerandos

Tercero.—...parece olvidar quien impugna que en la resolución combatida se declara (tercer considerando), entre otras cosas, «que el retrayente tuvo conocimiento exacto y completo de la venta y sus condiciones en siete de noviembre de mil novecientos setenta y ocho, y ejercitó la acción de retracto por medio de acto de conciliación, presentado el día primero de febrero de mil novecientos setenta y nueve, sin consignar el precio pese a ser conocido», lo cual implica incumplimiento de los requisitos necesarios para lograr la viabilidad de la acción esgrimida conforme dispone la doctrina de esta Sala, que tiene insistentemente declarado, no solo que referido plazo es de caducidad, sino también, cual se consigna expresamente en la sentencia combatida, que aun cuando el acto de conciliación tiene virtualidad suficiente para interrumpir el plazo preclusivo en orden al ejercicio de la acción de retracto, para que ello se produzca es menester se cumpla también el requisito de la consignación que fija el citado artículo 1.518 del Código Civil, si el precio es conocido, lo que no se ha realizado en el supuesto aquí contemplado, razón por la cual todas las alegaciones contenidas en los motivos articulados caen por su base.

Sentencia de 7 de abril de 1986. (Ar. 1842).
Ponente: Excmo. Sr. D. Mariano Martín-Granizo Fernández.

Validez de la renuncia del derecho de retracto realizada con precisión y claridad al recibir el arrendatario en el mismo documento de venta de la finca una cantidad como indemnización por la resolución del contrato de arrendamiento rústico.

Fundamentos de Derecho

Primero. — La inconsistencia y consiguiente desestimación del primero de los motivos, al amparo del número 4.° del artículo 1.692 de la Ley de Enjuiciamiento, por pretendido error en la apreciación de la prueba de confesión judicial de dicho recurrente en relación al documento privado (folios 52 al 57), por violación de lo dispuesto en los artículos 1.225 y 1.233 del Código Civil, surge con solamente tener en cuenta que si quien impugna, cual admite al fundamentar el motivo, reconoció en confesión judicial, ser de su puño y letra la firma y rúbrica que figura tanto en las hojas como al pie del documento privado obrante a los folios 52 al 57, en el que consignada la venta de la finca en cuestión por el precio de nueve millones de pesetas, dicho recurrente aceptó recibir la suma de un millón de pesetas, que le fue entregada, como indemnización por la resolución del contrato de arrendamiento que le vinculaba con la expresada finca, con facultad de poder continuar en ella en calidad de precarista hasta el 31 de diciembre de 1984, fecha límite en que debería abandonar la mencionada finca, puesto que de una parte, ese reconocimiento según el invocado artículo 1.225

del Código Civil, provee al referido documento del mismo valor que la escritura pública depara a los que lo suscriban, el artículo 1.218 del mencionado Cuerpo legal con el consiguiente efecto probatorio de hacer prueba, aún contra tercero, del hecho que motiva su otorgamiento y de su fecha, así como de las declaraciones en él hechas, en tanto no se desvirtúe eficientemente por otros medios de prueba. Es pues evidente que el demandante y ahora recurrente, conoció que el precio real de la compraventa a que afecta el retracto ejercitado ascendía a la suma de nueve millones de pesetas y hacía renuncia de su derecho a retraer a cambio de la entrega, que aceptó, de la cantidad de un millón de pesetas. La sentencia de instancia se acomodó por tanto con todo rigor a los términos del meritado artículo 1225 del Código Civil.

Quinto.—Ejercitados los motivos quinto y sexto, ambos al amparo del número 5.° del artículo 1.692 de la Ley de Trámite, con fundamento, respectivamente, en infracción de los artículos 11.1 de la Ley de Arrendamientos Rústicos de 31 de diciembre de 1980 (*Ar.* 1981, 226), en relación con los artículos 87 y 91.2, de la misma, sobre reconocimiento de derechos de adquisición y notificación para su ejercicio, infracción de la normativa del artículo 1.114 del Código Civil, sobre la renuncia condicional presuntamente hecha por el actor. Su acogida decae con solamente apreciar que en apoyo de ambos motivos se parte de considerar como base fáctica que el arrendatario D. Salvador M. A., no fue notificado fehacientemente por los arrendadores trasmitentes del propósito de enajenar y con más precisión, que no se le notificó de forma fehaciente, la escritura de enajenación, conforme respectivamente exigen los referidos artículos 87 y 91.2 de la expresada Ley arrendaticia. Ello no es exacto, porque, en contra de la fundamentación de dichos motivos, la requerida notificación fehaciente, con adecuado cumplimiento de los requisitos impuestos por aquellos preceptos, ha sido adecuadamente cumplida a través del referido documento privado de 29 de abril de 1983, pues ninguna notificación más fehaciente que la personal intervención en el acto de enajenación de quien debía ser notificado, y sin que a ello obste el posterior otorgamiento de la escritura pública de 29 de junio de 1983, toda vez que es una mera actividad externa formal, en cuanto que la real y efectiva enajenación ya venía producida con el otorgamiento del referido documento privado de 29 de abril. Pero es que, además, si el tantas veces meritado D. Salvador conocía la enajenación de la finca en cuestión, así como sus condiciones, entre ellas el precio de nueve millones de pesetas convenido, y no obstante hizo renuncia de sus derechos arrendaticios, singularmente en el retracto, a cambio de percibir, la suma de un millón de pesetas como indemnización por esa renuncia, indudablemente ello conlleva la eficacia jurídica de tal renuncia. En consecuencia, ninguna infracción se ha producido del artículo 11 de la expresada Ley de Arrendamientos Rústicos de 31 de diciembre de 1980, ni del artículo 1.114 del Código Civil, dado que también se han cumplido las exigencias prevenidas en los precitados artículos 87 y 91.2, de la invocada Ley de Arrendamientos Rústicos, y, bajo otro aspecto, la condicionante de conocimiento por el arrendatario del precio realmente convenido para la efectividad de la renuncia, a que fue este supeditada, también aparece cumplido, al ser como reconoce la Sala de instancia, sin desvirtuación aparente, la de nueve millones de pesetas. Todo ello pone de relieve, que lo efectuado por el recurrente, a través de los expresados motivos quinto y sexto, es tratar de sustituir con su subjetivo y privativo criterio, la apreciación objetiva de la Sala, deducido de los diversos medios probatorios aportados a las actuaciones en cuestión.

Sentencia de 12 de diciembre de 1986 (*Ar.* 7436).
Ponente: Excmo. Sr. D. José Luis Albacar López.

Conocimiento completo de los extremos de la transmisión que le interesen para el cómputo del plazo a fin de ejercitar el derecho de retracto legal del art. 1.524 CC, siendo su apreciación una cuestión de hecho reservada a la soberanía de los Tribunales de instancia.

FUNDAMENTOS DE DERECHO

Tercero. —En orden a los requisitos exigibles a tal conocimiento de la venta, a efectos de cómputo del plazo de retracto, tiene declarado esta Sala que el artículo 1.524 del Código Civil establece que el derecho de retracto no podrá ejercitarse sino dentro de nueve días, contados desde la inscripción en el Registro y, en su defecto, desde que el retrayente hubiera tenido conocimiento de la venta, *y* si bien es cierto que la Jurisprudencia de esta Sala, al interpretar el referido precepto, previniendo la mala fe y la anomalía de que quien tuvo conocimiento de la venta, antes de la inscripción, sin ejercitar su derecho, pueda ver revalidada su acción, por la posterior constancia de aquélla en el Registro de la Propiedad, ha declarado, con reiteración, que el cómputo a partir de la inscripción registral solo juega cuando no consta que el conocimiento de la enajenación date de anterior fecha —sentencia de 20 de Noviembre de 1958 (R. 3457), que ratifica otras anteriores—, no lo es menos que para ello es precisa la concurrencia de dos requisitos esenciales: 1.° Que se declare como hechos indiscutiblemente probados que el retrayente tuvo ese conocimiento de la venta con anterioridad a la inscripción registral, que normalmente, constituye presunción *iuris et de iure;* y 2.° Que tal conocimiento sea completo a todas las condiciones y circunstancias en que la venta se efectuó, para que, con suficientes elementos de juicio, pueda el interesado decidir si conviene o no a su derecho el ejercicio de la acción que le asiste, así como que es de la exclusiva incumbencia del Tribunal *a quo* la apreciación de si quien retrae tuvo o no conocimiento exacto de la venta que se lleva a cabo, según constante y reiterada Jurisprudencia, que también ha declarado en múltiples ocasiones que «no basta la mera noticia de la venta, sino que es necesario el conocimiento total y completo de los pactos y condiciones consignadas en la escritura, para que, a su vista, pueda el interesado ejercitar la acción, si le conviene».

Sentencia de 6 de junio de 1988. (***Ar.*** 4820).
Ponente: Excmo. Sr. D. Antonio Carretero López.

El plazo para ejercitar el retracto comienza desde el conocimiento completo de la consumación de la venta mediante la entrega de la cosa, siendo una cuestión de hecho reservada a la soberanía de los tribunales de instancia.

FUNDAMENTOS DE DERECHO

Quinto.—La presencia del actor en la conversación en la cual se le ofreció la venta de la finca a él y al demandado, según la sentencia recurrida, no significa un conocimiento completo del negocio, lo que impide que pueda prosperar este segundo motivo, dado que la doctrina legal afirma: 1.º) Que la extensión del conocimiento del retrayente, es una cuestión de hecho solamente impugnable, en casación, por el artículo 1692-4.º de la Ley de Enjuiciamiento Civil, con base documental —Sentencias de esta Sala de 30 de noviembre de 1967 (*Ar.* 4915), 18 de octubre de 1980 (*Ar.* 3629) y 12 de diciembre de 1986 (*Ar.* 7436), entre otras—. 2.º) Que el conocimiento sea cabal y completo, referido a todos los pactos y condiciones de la venta, en el momento de su consumación, no en el de su perfección, de tal manera que el retrayente pueda decidir si le conviene o no retraer, incluso aunque conozca un precio que le haya parecido caro —Sentencias de esta Sala de 10 de octubre de 1901, 19 de junio de 1920, 3 de diciembre de 1955 (*Ar.* 3603), 22 de marzo de 1962, 30 de noviembre de 1967 (*Ar.* 4915), 18 de noviembre de 1971 (*Ar.* 4900), 5 de mayo de 1972 (*Ar.* 2130), 18 de octubre de 1980 (*Ar.* 3629) y 12 de diciembre de 1986 (*Ar.* 7436), entre otras—.

Sentencia de 22 de septiembre de 1988. (***Ar.*** 6848).
Ponente: Excmo. Sr. D. José Luis Albacar López.

La apreciación del momento en que el retrayente conoció la venta es una cuestión de hecho reservada a la soberanía de los tribunales de instancia.

FUNDAMENTOS DE DERECHO

Quinto.—Finalmente, tampoco podrá prosperar el motivo 3.° en el que se denuncia la infracción del art. 1.524 del Código Civil alegándose, de nuevo, no haber tenido conocimiento, en este caso completo y cabal, de la venta, tal y como lo exige la doctrina jurisprudencial, *y es* lo cierto que si esta Sala tiene reiteradamente declarada la necesidad de que el conocimiento sea completo, también lo es que, con la misma reiteración, se viene diciendo que la apreciación de si quien retrae tuvo conocimiento exacto de la venta es de la exclusiva competencia del Tribunal *a quo* que, en este caso, y tras una minuciosa valoración de la prueba, ha sentado como hecho probado tal conocimiento que, por otra parte, no ha sido eficazmente combatido en casación.

Sentencia de 31 de octubre de 1988. (Ar. 7780).
Ponente: Excmo. Sr. D. Rafael Casares López.

Desestimación del retracto porque el actor solo consignó la cantidad pagada en el acto de venta por el comprador y no la primera entrega del precio aplazado que se había verificado ya al interponer la demanda, aceptándose, obiter dictum, la posibilidad de ejercitar el retracto tras el documento privado de venta aunque no se haya otorgado escritura ni entregado la finca.

Fundamentos de Derecho

Primero.—La Sentencia de la Sala de lo Civil de Granada, de 24 de diciembre de 1986, que al absolver a las entidades demandadas Agraria de Arbolote, S. A. y Haciendas del Sur, S. A., vendedora y compradora, respectivamente, de la rústica objeto de la acción de retracto ejercitada por el actor don Luis A. S., por entender el Tribunal sentenciador que, con arreglo a la doctrina que cita, la acción entablada no había nacido en el momento en el que el demandante la desencadenó, ya que al contrato de compraventa documentado privadamente el 8 de enero de 1984, no había seguido la entrega, ni material ni instrumental, de la finca vendida, sin que consiguientemente, se hubiese producido la consumación del negocio «ni lesionado en realidad el derecho de preferencia que asiste a aquél (arrendatario)» razonamiento en fuerza del cual, la Sala de instancia deja sin resolver, al menos en apariencia, el problema de fondo objeto de las opuestas pretensiones de los litigantes que es eludido, concluyendo «que hay que negar, por el momento a don Luis A. S. el derecho que postula a detraer la finca Los Arenales», sentando una negativa momentánea que, luego, en la parte dispositiva de la sentencia, limitada a absolver, sin más, a las demandadas, no tiene una concreta traducción que deje inequívocamente a salvo la posibilidad de un ulterior planteamiento del tema imprejuzgado, situación que puede crear un punto de incertidumbre que es oportuno desvanecer, salvando el escrúpulo de la Sala sentenciadora que consciente, por otra parte, de la existencia «de otras razones aducidas por las partes demandadas que pudieran obstar a la viabilidad de la acción de retracto que se ejercita», se abstiene, dice implícitamente, de pronunciarse definitivamente en el fondo en prudente seguimiento de una doctrina, ahora bien discutible, que exige la consumación de la venta, implicada en la posesión del inmueble, para el nacimiento del derecho de retracto, criterio restrictivo que no solo pugna con la amplitud con que el Capítulo IX del Título I de la vigente Ley de Arrendamientos Rústicos (*Ar.* 1981, 226 y ApNDL, 731), establece las modalidades de acceso a la propiedad de los arrendatarios de fincas rústicas —derechos de tanteo, retracto y de adquisición preferente— alguno de los cuales queda obviamente lejos de la transmisión previa del inmueble y respecto de todos los cuales el artículo 90 del texto legal, da por supuesto normal el otorgamiento de la escritura —tradición instrumental— después del «ejercicio en forma legal de cualquiera de los derechos —sin excluir el de retracto— establecidos en los artículos anteriores», para puntualizar que el pago se acomodará a las condiciones «estipuladas en el contrato de transmisión» sino que, definido el retracto legal por el artículo 1.521 del Código Civil como «el derecho de subrogarse con las mismas condiciones estipuladas en el contrato en lugar del que adquiere una cosa por compra o dación en pago» es oportuno plantear si, legalmente, la subrogación tiene lugar en la mera posición contractual del tercero, tema que, si adquiere un particular relieve en el caso de aportación de finca rústica arrendadora a un ente social, merece ser traído también aquí para concluir —al hilo de cuanto va dicho y con el criterio interpretativo que sienta el artículo 3 del Código Civil de atender fundamentalmente al espíritu y finalidad de la norma—, que el ejercicio del derecho de retracto rústico ha de admitirse en toda enajenación onerosa en que la subrogación sea posible, sin que su ejercicio pueda ser tachado de prematuro desde el momento en que, en el negocio inter vivos, la sustitución del comprador por el retrayente pueda producirse sin obstáculos insalvables, tal y como sucede en el caso presente en el que además existe, sobre el particular, conformidad de todos los interesados cuya discrepancia gravita en torno a otras diversas y muy poderosas razones.

Sentencia de 27 de diciembre de 1988. (Ar. 10069).
Ponente: Excmo. Sr. D. Rafael Casares López.

Conocimiento completo de los extremos de la transmisión que le interesen para ejercitar el retracto, siendo una cuestión de hecho reservada a la soberanía de los tribunales de instancia.

Fundamentos de Derecho

Segundo. —A partir de la correcta afirmación hecha por la Sala de instancia de que la circunstancia del conocimiento muy anterior a los nueve días precedentes al ejercicio de la acción de retracto ejercitada que apoya la oposición de los demandados, ha de ser objeto de acreditamiento por estos para desvanecer, conforme al principio de carga de la prueba que establece el artículo 1.214 del Código Civil, la presunción de ignorancia implicada en la falta de inscripción de la venta en el Registro, la sentencia impugnada niega que en la fecha que los recurrentes dicen, 3 de junio de 1982, se operase el conocimiento de la transmisión que pretenden, en términos suficientes para iniciar el cómputo de los nueve días del plazo legal de ejercicio de la acción de retracto ya que, además de que en el acto conciliatorio que tuvo lugar en dicha fecha no se dio, a los comuneros actores, otra noticia que la de la mera titularidad que ostentaban los ahora retraídos, a los solos efectos de que aquéllos, se aviniesen a la cesación del estado de indivisión de la casa, sin añadir los detalles mínimamente exigibles —Sentencias de 18 de octubre de 1980 (*Ar.* 3629), 12 de diciembre de 1986 (*Ar.* 7436) y 6 de junio de 1988 (*Ar.* 4820)— para permitir a los copropietarios, pronunciarse acerca de la conveniencia o no de retraer, tampoco anticiparon, en demostración de buena fe, al acto de conciliación, instado a su vez por los copropietarios ahora retrayentes, mediante papeleta de 27 de noviembre siguiente, los demandados aquellos datos escuetamente orientadores que se les solicitaban, ni aun en el acto conciliatorio celebrado el 18 de enero de 1983, sino que, contrariamente, hicieron manifestación errónea de la fecha de otorgamiento de la escritura de venta y señalaron la imposibilidad de concretar el precio de venta no obstante su constancia en la escritura misma, todo lo cual sirvió al Tribunal sentenciador para rechazar la objeción de conocimiento propugnada por los demandados, en los mismos términos en que ha de serlo ahora, ya que además de que las circunstancias que en el recurso se exponen —ocupación de la vivienda por los retrayentes desde muy largo tiempo antes, lazos de familia entre estos y los comuneros retraídos, existencia de un arrendamiento de parte del edificio al que estos dieron fin con general conocimiento— fueron analizadas y sopesadas en la instancia y consideradas insuficientes a los fines de conocimiento para el ejercicio del retracto dada su vaguedad y las contradicciones que el juzgador subraya es reiterada doctrina de este Tribunal, expresada en las Sentencias más arriba relatadas y entre las más recientes en la de 22 de septiembre de 1988 (*Ar.* 6848), en el sentido de que la extensión del conocimiento del retrayente es una cuestión de hecho de la competencia del Tribunal a quo cuya impugnación a lo sumo habría de hacerse en vía y cumpliendo las exigencias del apartado 4.° del artículo 1692 de la Ley de Enjuiciamiento Civil, lo que está lejos de la situación del presente recurso en el que, por cuanto va dicho, ha de rechazarse el único motivo articulado en el mismo, determinante de su consiguiente desestimación...

Sentencia de 28 de febrero de 1989. (*Ar.* 1411).
Ponente: Excmo. Sr. D. Antonio Fernández Rodríguez.

Conocimiento completo de los extremos de la transmisión que le interesen para ejercitar el retracto pues solo así se pueden tener elementos de juicio sobre la conveniencia de la acción.

Fundamentos de Derecho

Tercero. —...si ciertamente, como ya ha tenido ocasión de declarar esta Sala en Sentencia de 20 de febrero de 1975 (*Ar.* 662). cuando se haya producido adjudicación al ejecutante, a solicitud de este, lo que es objeto de la subasta, por darse las condiciones prevenidas en cualquiera de los supuestos a que se contraen los artículos 1.504 y 1.505 de la Ley de Enjuiciamiento Civil, el momento de la consumación de la correspondiente transmisión viene determinada por el auto de adjudicación, es también de tener en cuenta que para producirse inicio del cómputo de la acción de retracto de copropietarios, que reconoce el artículo 1.522, párrafo 1.° del Código Civil, se precisa que al retrayente se le facilite el conocimiento completo de todos los pactos, condiciones y circunstancias en que la enajenación se haya realizado, para que de ese modo pueda decidir, con suficientes elementos de juicio, si le conviene o no ejercitar la acción retractual, elementos que indudablemente no han sido proporcionados en el presente caso, desde el momento que, aparte de hacerse referencia en la indicada acta de notificación a juicio sumario y no a ejecutivo, que es el en que en realidad se produjo la adjudicación, ni se hace cita del número del correspondiente procedimiento, ni se aporta al tan repetido retrayente el auto de adjudicación que se indicaba en el acta de notificación notarial a que se viene haciendo mención se dice haber sido dictado, con lo que se omiten esenciales elementos para comprobar la certeza de dicha adjudicación y las condiciones en que la misma viene efectuada, como previenen las

Sentencias de esta Sala, entre otras, de 18 de noviembre de 1971 (*Ar.* 4900) y 9 de febrero de 1984 (*Ar.* 1128), para que pueda entenderse que se tienen los completos conocimientos requeridos para iniciar el cómputo del plazo retractual, en este caso el de nueve días que dispone el artículo 1.524, en concordancia con el 1.522, del Código Civil, ya que a tal fin no basta la mera noticia de la transmisión, ni menos aún simples presumibles circunstancias posibilitadoras de conocimiento, a causa de que este, a los fines retractuales, ha de ser claro, preciso y sin aspectos dudosos, ni por tanto con precisión de que el retrayente tenga que acudir a indagaciones que legalmente no le vienen impuestas; y ante ello para determinar si la acción de retracto se ha extinguido o no, y consiguientemente ha o no caducado, se precisa acudir, para el inicio del correspondiente cómputo, a la inscripción registral, que producida el 25 de julio de 1995 y presentada la demanda de retracto en cuestión el 3 de agosto de 1985 conduce a apreciar fue ejercitada la expresada acción retractual dentro de los nueve días establecidos en el invocado artículo 1.524 del Código Civil, pues que tal plazo vencía al transcurrir el indicado día 3 de agosto de 1985.

Sentencia de 27 de marzo de 1989. (*Ar.* 2200).
Ponente: Excmo. Sr. D. Matías Malpica y González-Elipe.

Preferencia del retracto arrendaticio urbano sobre cualquier otro derecho similar salvo que se trate del retracto de comuneros, siendo la apreciación del momento en que el retrayente conoció la venta una cuestión de hecho reservada a la soberanía de los tribunales de instancia.

Fundamentos de Derecho

Segundo.—El primer motivo, acusa la infracción de los artículos 50 de la Ley de Arrendamientos Urbanos (*Ar.* 1964, 2885; *Ar.* 1965, 86 y NDL 1844) *y* 1522 del Código Civil, al propio tiempo que invoca los artículos 6-1.° y 47 de la Ley Especial señalada al principio, lo que evidentemente hace discurrir el alegato por el cauce del n.° 5 del art. 1.692 de la Ley de Enjuiciamiento Civil, si bien no lo expresa claramente con vulneración patente del mandato del artículo 1.707-1.° de la Ley Procesal mentada. El motivo fracasa: A) Porque distorsiona los hechos en que se funda la sentencia recurrida, los que al no haber sido desvirtuados han de tenerse presentes en la correcta aplicación de las normas y doctrina de esta Sala y al no cumplirlo de esta suerte, viene a hacerse supuesto de la cuestión en el motivo lo que no es lícito en casación; y B) Partiendo de la base de que la casa total, matriz del piso de autos, adquiera en 1952 por «Inversiones y Construcciones, S.

A.» cuyo piso arrendó al ahora recurrente en 1953 y al ser reducido el Capital Social, con adjudicación a los accionistas de la finca global en a cuotas partes indivisas en la misma proporción de las acciones de su respectiva titularidad, lo que tuvo lugar el 15 de octubre de 1975, escriturándose el 19 de noviembre de 1976, e escriturándose el 19 de noviembre de 1976, e inscribiéndose en 25 de octubre de 1983, correspondiéndole el 10% a la demandada, es evidente que no hay forma de advertir la posibilidad del ejercicio de retracto en esa adjudicación que refiriéndose a una finca completa, está fuera de las precisiones del artículo 47 de la Ley de Arrendamientos Urbanos conforme a la doctrina de esta Sala —Sentencias 30 de junio de 1962 (*Ar.* 3181) y 24 de mayo de 1982 (*Ar.* 2591)— que mantiene el criterio de que cuando el arrendador —en este caso la Sociedad «Inversiones y Construcciones, S. A.»— enajena una porción de finca mayor que la que el arrendatario tiene arrendada, no resulta posible el derecho de retracto. Pues bien, en el *iter* del proceso seguido en las transmisiones de que es objeto la finca en que está ubicada la vivienda arrendada por el recurrente, se otorga escritura pública que accede al Registro de la Propiedad en 25 de octubre de 1983 por asiento de presentación convertido en inscripción el 31 de diciembre del mismo año, por virtud de la cual las participaciones indivisas de los anteriores accionistas, más la de los herederos de uno de ellos fallecido, que recaían obre el edificio inmueble se concretan en todos y cada uno de los pisos que lo constituyen al acogerse al régimen de propiedad horizontal, correspondiéndole a la hoy demandada un 16/150 del piso arrendado al recurrente, transmisión esta o adjudicación que de acuerdo con esa misma doctrina señalada podría haber sido soporte del ejercicio del derecho de retracto, de haberse dirigido la acción contra todos y cada uno de líos copropietarios del piso venidos a tal situación por obra de la adjudicación referida, pues obviamente la demandada actual no era sino uno de ellos que solo podía estar legitimada pasivamente en cuanto concerniera a su participación indivisa pero no en cuanto a las demás de titularidad dominical ajena, y siempre que se hubiera ejercitado dentro de los sesenta días naturales siguientes al de tener conocimiento exacto de las circunstancias de esa adjudicación, que aparte de que le eran plenamente conocidas, según proclama la sentencia recurrida, a partir de cuyo conocimiento empieza el *dies a quo* de ese plazo de caducidad —Sentencia 24 de mayo de 1982 (*Ar.* 2591)— *y* cuyo dato fáctico no ha sido impugnado, e lo cierto que, el asiento de presentación en el Registro de la Propiedad, luego convertido en inscripción, pudo y debió ser conocido por el recurrente, conforme a los artículos 24 y 221 de la Ley Hipotecaria (*Ar.* 1946, 342, 886 y NDL 18732), por lo que el ejercicio del retracto del piso completo es ahora inoperante; consideración esta última que comporta el rechazo del motivo tercero que un tanto antilógicamente y sin precisar cual de los motivos del art. 1.692 de la

Ley de Enjuiciamiento Civil en que se apoya, denuncia la violación de los artículos 1622 de la Ley de Enjuiciamiento Civil y 48 de la Ley de Arrendamientos Urbanos con invocación de la Sentencia de 28 de febrero de 1980 (*Ar.* 1015) de esta Sala, lo que supone su inclusión en el ordinal 5.º de la norma casacional citada al principio.

Sentencia de 23 de enero de 1990. (Ar. 19).
Ponente: Excmo. Sr. D. Pedro González Poveda.

El plazo de la acción de retracto se computa desde el conocimiento pleno de la venta si es anterior a la inscripción.

FUNDAMENTOS DE DERECHO

Segundo.—...el primer motivo del recurso considera infringido el art. 48 de la Ley de Arrendamientos Urbanos (Ar. 1964, 2885; Ar. 1965, 86 y NDL 1844), en cuanto la sentencia impugnada declara caducada la acción de retracto ejercitada por el transcurso del plazo de sesenta días que establece el precepto legal. Es requisito, entre otros, para el éxito de la acción de retracto arrendaticio urbano que la misma se ejercite dentro del plazo legal que es, según el art. 48, párrafo 2.º de la Ley de Arrendamientos Urbanos, el de sesenta días naturales a partir de la notificación en forma fehaciente al arrendatario de las condiciones esenciales de la venta mediante entrega de copia de la escritura o documento en que fuere formalizada; precepto que ha sido interpretado por la doctrina de esta Sala en el sentido de no ser necesaria esa notificación cuando se pruebe que el retrayente ha tenido conocimiento cabal y completo de la venta así como de sus condiciones esenciales y en este sentido ya la Sentencia de 27 de mayo de 1960 (Ar. 2060) dijo que «ni la inscripción en el Registro ni la notificación notarial, son otra cosa que medios supletorios del conocimiento de la venta por el inquilino que no necesitan entrar en juego cuando con independencia de ellos, aquél ha tenido un conocimiento real, efectivo y perfecto de la venta y de sus esenciales circunstancias y a cuyo conocimiento, ni la inscripción ni la notificación aludidas, añaden nada de cuanto necesita conocer el inquilino para el ejercicio de su acción», línea interpretativa que ha sido seguida, entre otras, en Sentencias de 25 de junio de 1962 entre otras, en Sentencias de 25 de junio de 1962 (Ar. 3051), 22 de marzo de 1963 (Ar. 1807), 26 de junio de 1964 (Ar. 3699), 11 de mayo de 1966 (Ar. 2416), 30 de octubre de 1969 (Ar. 5057), 12 de febrero de 1981 (Ar. 391), 24 de mayo de 1982 (Ar. 2591), y 27 de marzo de 1989 (Ar. 2200), afirmado por el Tribunal de instancia la hoy recurrente tuvo conocimiento de la venta del local por ella ocupado así como del precio y demás circunstancias en la enajenación al personarse en el expediente gubernativo incoado para el derribo de la finca en el que figuraba unida la escritura pública de compraventa habiendo anunciado en su escrito de 27 de diciembre de 1984 su propósito de interponer ante las autoridades judiciales la acción real, de retracto y no habiendo resultado desvirtuados estos datos fácticos a través del segundo de los motivos del recurso, es evidente que el ejercicio de la acción de retracto mediante la interposición de la demanda inicial de los autos de que trae causa este recurso, realizado en 22 de mayo de 1985, fue extemporáneo por haber transcurrido con exceso el plazo de sesenta días que establece el art. 48, párrafo 2.° de la Ley de Arrendamientos Urbanos, por lo que al declarar caducada la acción, la Sala *a quo* no infringió sino que por el contrario aplicó rectamente el invocado artículo en relación con los que se citan en el motivo y la jurisprudencia de esta Sala que la interpreta; todo lo cual produce el rechazo de este motivo.

Sentencia de 21 de marzo de 1990. (*Ar.* 1716).
Ponente: Excmo. Sr. D. Eduardo Fernández-Cid de Termes.

Carácter facultativo del acto de conciliación, cuya omisión no da lugar a la nulidad de las actuaciones. Derogación tácita de los arts. 1.621 y 1.622 LEC. Conocimiento completo de los extremos de la transmisión que le interesen para el cómputo del plazo con el fin ejercitar el derecho de retracto legal del art. 1.524 CC.

FUNDAMENTOS DE DERECHO

Tercero.—El motivo segundo alega infracción del art. 1.524 del C. Civil en cuanto dispone que «no podrá ejercitarse el derecho de retracto legal sino dentro de nueve días contados desde la inscripción en el Registro, y en su defecto, desde que el retrayente hubiera tenido conocimiento de la venta». Es cierto que la jurisprudencia de esta Sala ha establecido que «el cómputo a partir de la inscripción solo juega cuando no consta que el conocimiento de la enajenación data de anterior fecha» (S. de 29 de febrero de 1958, que ratifica otras anteriores), pero no lo es menos que ello solo se produce «con tal de que se dé como probado que el retrayente tuvo conocimiento de la venta con fecha anterior y que tal conocimiento sea completo» —S. de 5 de mayo de 1972 (*Ar.* 2130)—, siendo preciso para enervar la acción de retracto por caducidad del plazo de viabilidad que el retrayente conozca en momento oportuno, cabal y completo no solo la venta, sino todas sus condiciones, sin que baste la mera noticia de haberse esta efectuado —S. de 18 de noviembre de 1971 (*Ar.* 4900)—, extremos exigidos por las dos últimas sentencias citadas que pugnan con la apreciación y valoración probatoria llevada a cabo por los juzgadores de instancia, sin que valga la afirmación en contra, hecha por quien recurre, de que la retrayente tuvo pleno conocimiento antes de la inscripción, según confiesa al absolver las posiciones décima y decimoprimera, pues por aquéllos —los juzgadores— se estableció que «tampoco puede deducirse tal conocimiento total de la venta por la contestación dada por la actora a las posiciones 10 y 11, porque ellas no se pueden considerar aisladamente sino en relación con todas las demás del pliego, y solo haciéndolo así con las contestaciones dadas a la octava y diecisiete, no puede llegarse a tal deducción», por lo que aplican que la inscripción se produjo en dos de junio y la demanda se presentó el diez del mismo mes, de manera tal que la recurrente hace supuesto de la cuestión, partiendo de unos hechos contrarios a los probados sin atacar su apreciación con cita del documento del que resulte el error (n.º 4 del art. 1.692 de la LEC.) o de la norma valorativa de prueba que considere infringida (n.º 5.º del propio precepto procesal), pues el art. 1524 del CC. no tiene tal carácter, y la jurisprudencia de esta Sala confirma que la fuerza probatoria de la confesión ha de referirse al conjunto armónico de lo confesado, no a la estimación fragmentaría de las respuestas —SS. de 11 de junio de 1981, 22 de marzo y 27 de abril de 1983 (*Ar.* 1607 y 2129)—, sin que sea lícito, por ende, aceptaría en lo que al confesante perjudica y rechazarla en lo que al confesante perjudica y rechazarla en lo que le favorezca —SS. de 9 de marzo, 21 de mayo y 17 de diciembre de 1982 (*Ar.* 1295, 2587 y 7697)—, todo lo cual obliga a desestimar el motivo que nos ocupa, y el cuarto, que considera infringida la jurisprudencia citada respecto al art. 1524 del CC. y concordantes, sin duda por no haber entendido el recurrente su recto sentido o, entendiéndolo, repetimos, querer hacer supuesto de la cuestión, cosa prohibida en recurso extraordinario como el que nos ocupa, que ni permite realizar una nueva secuencia valorativa, ni es una tercera instancia.

Sentencia de 7 de julio de 1990. (***Ar.*** 5781).
Ponente: Excmo. Sr. D. Pedro González Poveda.

Carácter facultativo de la conciliación que ya no tiene la condición de ejercicio anticipado de las acciones.

Fundamentos de Derecho

Primero.—Dictada por la Sala de lo Civil de la Audiencia Territorial de Cáceres sentencia confirmatoria de la del Juzgado de Primera Instancia que declaraba el derecho del actor a retraer las fincas adquiridas por los demandados ahora recurrentes y que aquél venía explotando en concepto de arrendatario, se formula el presente recurso de casación cuyo primer motivo, al amparo del ordinal 5.º del art. 1.692 de la Ley de Enjuiciamiento Civil, denuncia infracción del art. 129 de la vigente Ley de Arrendamientos Rústicos (*Ar.* 1981, 226 y ApNDL, 731), en relación con los arts. 1.621 y 1.622 de la Ley de Enjuiciamiento a lo exigido en estos dos últimos preceptos de la Ley Procesal Civil, sobre la celebración del acto de conciliación, que se ha omitido. Obviando la incorrecta vía elegida para denunciar la pretendida infracción que se atribuye a la sentencia recurrida, que, por la naturaleza procesal de las normas invocadas, debió de ser del número 3.º inciso segundo, del art. 1.692, quebrantamiento de las normas esenciales del juicio por infracción de las normas que rigen los actos y garantías procesales, el motivo ha de decaer; el carácter de presupuesto procesal que ostentaba el acto de conciliación a tenor del art. 460 de la Ley Procesal Civil, en su redacción anterior a la reforma llevada a cabo por la Ley 34/1984, de 6 de agosto (*Ar.* 2040 y ApNDL, 4257), ha desaparecido como consecuencia de esta reforma, quedando redactado el art. 460 citado en los siguientes términos: «antes de promover un juicio, podrá intentarse el acto de conciliación ante el Juzgado de Distrito o de Paz correspondiente»; se le atribuye así «un carácter meramente facultativo», en expresión de la Exposición de Motivos de la Ley 34/1984, por lo que su celebración previa a la interposición de la demanda se deja al arbitrio del demandante y ello ha de entenderse así no solo en relación con los juicios declarativos a que se refería el antiguo art. 460 al exigir su celebración, sino en relación a toda clase de procesos atendido ese propósito del legislador al proceder a la reforma indicada de aligerar la tramitación de los juicios, sin que pueda entenderse que la falta de concordancia resultante de no haber adaptado la redacción de los arts. 1.621 y 1.622 de la repetida Ley de Enjuiciamiento a la del art. 460 haya de interpretarse en el sentido pretendido por el recurrente, contradictorio de los principios informadores de la mentada reforma de 6 de agosto de 1984; por ello, ha de entenderse que se ha producido una derogación tácita de la exigencia del requisito de previa celebración del acto de conciliación en esta clase de juicios y al entenderlo así el juzgador de instancia en su bien razonado fundamento de derecho primero, no ha infringido los artículos que se citan en el motivo sino que los ha aplicado rectamente de acuerdo con los principios que rigen nuestro ordenamiento procesal vigente.

Sentencia de 30 de octubre de 1990. (Ar. 8268).
Ponente: Excmo. Sr. D. Luis Martínez-Calcerrada y Gómez.

Conocimiento completo de los extremos de la transmisión que le interesen para el cómputo del plazo para ejercitar el derecho de retracto legal del art. 1.524 CC, que, en lo que se opongan, ha derogado los arts. 1.618 a 1.620 LEC. En caso de venta en pública subasta, el plazo se cuenta desde la aprobación judicial de la subasta.

Fundamentos de Derecho

Tercero.—En el segundo y tercer motivos del recurso al amparo del núm. 5 del art. 1.692, se denuncia la infracción de los arts. 1.218 y 1.225 del CC al no haber otorgado la Sala el valor probatorio correspondiente al documento anteriormente citado que, en razón a la revisión antes estimada, han de prevalecer, sobre todo, con referencia al contenido del motivo tercero que, en síntesis, y aquí radica el núcleo del problema, la caducidad apreciada ha respondido a una indebida valoración de los repetidos preceptos, ya que, frente a la tesis de la sentencia, de que el *dies a quo* del plazo de nueve días requerido por el art. 1.524 para el ejercicio del derecho de retracto legal habrá de contarse desde la fecha de inscripción en el Registro, ha de ceder, en el caso de autos, cuando efectivamente, se ha comprobado que el luego retrayente tuvo conocimiento de las circunstancias de la enajenación con anterioridad a la fecha de esa inscripción e, incluso, a la de la fecha del otorgamiento de la escritura pública, pues si, como se ha constatado, la adjudicación judicial de la parte o proporción de la finca fue a resultas de la subasta de 3 de abril de 1987 y posterior cesión por el rematante a la demanda en 13 de igual mes, y que esas circunstancias fueron conocidas por la parte actora, según se desprende por el texto de la reiterada carta de 5 de mayo de 1987 (en lo que, ya reconociendo, explícitamente, el carácter dominical o dueña de la demandada de esa proporción, le propone la venta de la misma por el precio que consta, a lo que cabe añadir que por ser comunero el actor no cabe imaginar ignorase ese proceso litigioso con su otro comunero y que terminó con la repetida adjudicación) ha de desprenderse que conocía, cabalmente, o de modo completo y suficiente, no solo la adjudicación acontecida y las condiciones de esa adjudicación sino que se había efectuado la enajenación correspondiente a un tercero, por lo que frente a ello no se comparte, como especifica la Sala *a quo,* que hasta que no se consumó esta adquisición a través de la escritura pública otorgada en 16 de junio de 1987 e inscripción posterior en 19 de junio de 1987, no debía iniciarse el cómputo de los 9 días establecidos por el repetido precepto, por cuanto no puede dudarse de la finalidad de este plazo es fomentar la diligencia del comunero para que, cuando por los medios que sean al margen de la constancia registral en su caso, se ha acreditado que conoce la transmisión a un extraño de la parte correspondiente al otro u otros condueños o comuneros, pueda actuar ejercitando su derecho de adquisición preferente siempre y cuando la realice en este plazo de nueve días, según previene la sanción final del art. 1.524 CC, sin que sea procedente la hermenéutica legal de la recurrida en el sentido que, pese a ese conocimiento anterior, en todo caso ha de computarse el inicio de repetido plazo desde la inscripción en el Registro según el art. 1.524 del CC (que viene a revisar lo dispuesto en el art. 1.618-1 de la LEC) por la conocida publicidad del Registro y que cualquier persona interesada tiene acceso a conocer su realidad, pues, además, la primera tesis que se sostiene está ya decantada por varias resoluciones de esta Sala y entre ellas en las sentencias de 3 de octubre y 21 de noviembre de 1981, 31 de octubre de 1988 (*Ar.* 7780), 30 de enero de 1989 (*Ar.* 158) y 21 de marzo de 1990, en cuanto se hace constar que la computación del plazo de nueve días para ejercitar el retracto contando a partir de la inscripción de la venta en el Registro solo juega cuando no conste que el retrayente, aquí colindante, tuviera conocimiento de la enajenación desde la fecha anterior; el art. 1.524 del CC no excluye la posibilidad operativa vinculante de un previo conocimiento extrarregistral, a partir del cual desde realizarse el cómputo y evitar la arbitrariedad de quien, no obstante saber y conocer la transmisión, espera la inscripción registral y a su amparo formal ejercitar un derecho ya justamente precluido por no haberlo hecho cuando pudo y debió hacerlo.

Cuarto.—Y es que esa doctrina es consecuente con el significado que ostenta este derecho de adquisición preferente, que no es otro que conferir al comunero la posibilidad de adquirir la cosa vendida, objeto de su condominio o comunidad efectuada por el otro u otros partícipes en la misma, a un tercero, en igualdad de precio y demás condiciones a las de esta transmisión (con la finalidad ya secular y conocida de evitar el fenómeno de dispersión o fraccionamiento de estas cotitularidades, que encierran, aunque sea en potencia, un riesgo de conflictividad entre los mismos condóminos) a cuyo efecto es preciso, entre otros que su voluntad al respecto se ejercite en el inexorable plazo de 9 días contados según el citado art. 1.524 del CC —que en ello revisa lo preceptuado tanto en el art. 1.618-1 como en el 1620 de la LEC— desde la inscripción en el Registro de la venta cuya resolución se pretende con el retracto —regla general— o bien o «en su defecto» desde que el retrayente tuviere conocimiento de la venta, por lo que si, como se ha acreditado, que los actores por el expresivo contenido de su repetida carta —oferta del 5 de mayo de 1987— dirigida a la demandada le propone la compra, además de otra finca de la porción que ya se había adjudicado en 3 de abril de 1987 y cedida en 13 siguiente a la demandada con aprobación judicial (f. 97) como así admiten expresamente, al especificar las respectivas cuotas que sobre la misma ostentan unos y otros, es porque, no solo reconoce su cualidad ya dominical —se habla al punto «que son ustedes propietarios del 88,487883% de la finca núm. 1, objeto el litigio»—, sino porque tienen conocimiento cabal y completo de todas las condiciones de aquella adjudicación, entre las que sobresale el precio de la venta como principal contraprestación a satisfacer por el adjudicatario o comprador, al contar con la notoriedad de aquel procedimiento judicial, en donde, se bien no fueron parte, no por ello cabe deducir su desconocimiento cuando el pleito recaía sobre una porción de la misma finca de la que ellos eran cotitulares o comuneros, por lo que no es posible, ante la no consumación de esta oferta intentar, como han efectuado con el ejercicio de esta acción, pretender retraerla y aduciendo que solo tuvieron conocimiento de la primera adquisición tras el otorgamiento de la escritura pública en 16 de junio de 1987 y su posterior inscripción en 19 siguiente pues, además, consta, que en citada escritura no se variaron las condiciones de aquella adjudicación judicial y por tanto manteniéndose el mismo precio de adquisición de 7.300.000 pesetas según aparece del contenido de aquélla (ff. 97 y 98) en donde el propio Magistrado n.º 2 de Pamplona actuó como vendedor por rebeldía de la ejecutada.

Quinto.—Porque finalmente se añade a todo lo anterior que si la *ratio decidendi* que se estima prevalente según la tesis explicitada, se funda en lo dispuesto en la sanción final o subsidiaria del art. 1.524 del CC en su susodicha hermenéutica, esto es, que el comienzo de los 9 días empezará a contarse desde que el retrayente hubiera tenido conocimiento de la venta, es evidente, pues, que al concepto legal de dicha venta habrá de referir el momento de inicio de ese cómputo y, al respecto ha de afirmarse, que, tanto se parta de la prescripción general sobre la constitución o nacimiento de los contrato que, sin lugar a dudas, en virtud de lo dispuesto en el art. 1258, se deriva en que los mismos se perfeccionan por el mero consentimiento y desde entonces obligan a las consecuencias expresamente establecidas, como se acuda, particularmente, a la sanción sobre la constitución de la venta que se recoge en el art. 1.450 de dicho Código al establecerse que «la venta se perfeccionará entre comprador y vendedor y será obligatoria para ambos si hubiesen convenido en la cosa objeto del contrato y en el precio aunque ni la una ni el otro se hayan entregado», no es posible compartir el criterio de la Sala *a quo* de que, por proceder la adquisición de la cosa retraída de un previo proceso de adjudicación judicial, haya de entenderse que esa adjudicación deviene en compraventa hasta que la misma no se consuma por el otorgamiento de la escritura pública, ya que, con independencia de lo que al respecto se especifique en los arts. 1.514 y 1.515 de la LEC, ha de subrayarse que, en el plano sustantivo en que ha de ubicarse esta decisión, la disociación entre esa perfección y esa «consumación» no puede tener acogida porque, se repite, remitiendo ese art. 1.524 al dato de que el retrayente hubiera tenido conocimiento de la venta, dicha venta o dicho contrato de compraventa existe desde que el mismo se perfecciona y la perfección, en los términos fijados en tales preceptos en su adecuada contemplación al proceso de adjudicación judicial de que trae causa la adquisición del demandado, ha de ceñirse a cuando se da la concurrencia de los elementos esenciales del contrato, esto es, la existencia de ese mero consentimiento o cuanto se haya convenido sobre la cosa objeto del contrato y el precio, y a lo que, sin más, equivale que después de la subasta se efectúa la cesión y correspondiente adjudicación al Banco demandado en la fecha calendada, en cuyo caso o desde entonces es, pues, cuando existen o acontecen, aquellos presupuestos determinantes de la constitución o perfección del contrato, y ello con independencia de que la llamada «consumación» del mismo (que no es, sino en rigor, más que la observancia de la forma adecuada por el art. 1.280 del CC) no tenga lugar hasta posteriormente el momento de la suscripción de la escritura de compraventa, pudiéndose agregar, a mayor abundamiento, que en el caso del litigio, se reitera, el conocimiento exigido ha sido el suficiente o completo en dicho proceso adquisitivo por parte de la demandada, no solo por lo anteriormente expuesto, sino por la afirmación rotunda que especifica la Sala *a quo* al subrayar que antes incluso de la remisión de citada carta por parte del actor, hoy retrayente, se tuvo conocimiento de la adjudicación de la cuota indivisa al demandado y de todas las condiciones de la misma, en cuyas condiciones, por supuesto, habrá de incluir ese elemento básico o fundamental para la decisión del retracto que es el precio de adquisición de la cosa vendida, por lo que, sin necesidad de examinar los demás motivos, procede, con estimación del recurso, revocar la sentencia apelada con los demás efectos correspondientes.

Sentencia de 20 de mayo de 1991. (Ar. 3773).
Ponente: Excmo. Sr. D. Alfonso Villagómez Rodil.

Conocimiento completo de los extremos de la transmisión que le interesen para el cómputo del plazo a fin de ejercitar el derecho de retracto legal del art. 1.524 CC. La Ley 34/1984 ha quitado a la conciliación su fuerza obligatoria y su condición de ejercicio anticipado de las acciones.

FUNDAMENTOS DE DERECHO

Tercero.—Con base al ordinal n.º 5 del artículo 1.692 de la Ley de Enjuiciamiento Civil, se fundó el motivo segundo, en infracción del artículo 1.621, en relación al 1.618-1.º de dicha Ley y 1.524-1.º del Código Civil, pues sostiene que la demanda retractual no debió prosperar, al no haberse aportado con la misma, documento acreditativo alguno de haberse intentado conciliación, dentro del plazo legal.

El artículo 1621, que regula la presentación de la certificación del acto conciliatorio, con la demanda promoviendo el retracto, evidentemente pugna con la reforma operada en la Ley de Enjuiciamiento Civil, mediante Ley de 6 de agosto de 1984 (Ar. 1984, 2040; Ar. 1985, 39 y Ap. 1975-85, 4257), que modificó entre otros, el artículo 460 y concordantes, suprimiendo el carácter obligatorio de las conciliaciones previas a la interposición de los procesos, salvo excepciones, quedando aquel precepto, como un mero residuo, olvidado por el legislador, sin virtualidad procesal eficaz, y con equivalencia de entenderse tácitamente derogado, pues es función de los Tribunales de Justicia, la adecuación histórica a la realidad social de los tiempos presentes, de la normativa vigente y evitar situaciones dispares, que por sí no conjugan y se presentan con todas las apariencias de gravosas y, en cierto sentido, inútiles.

Pues, en este aspecto, esta Sala ha declarado que el acto de conciliación, deducido en el preclusivo plazo de los nueve días, con consignación de precio contractual, constituye instrumento procesal idóneo y modo adecuado de ejercicio del derecho —sentencias de 10 de marzo de 1945 (Ar. 683), 3 de julio de 1959 (Ar. 2954), 16 de abril de 1963 (Ar. 1973) (Ar. 1973), 30 de mayo de 1969 (Ar. 2986) y 8 de junio de 1979 (Ar. 2346)—, ha de entenderse necesariamente referenciado a las acciones de retracto postuladas judicialmente antes de la reforma procesal de la Ley 34/84, como precisó la sentencia de 24 de mayo de 1990, ya que efectivamente esta nueva normativa, ha quitado obligatoriedad a la conciliación, y su condición de ejercicio anticipado de las acciones, y con referencia, también a los procesos de retracto, pues ya los artículos 1621 y 1622, contienen en su espíritu, un cierto reconocimiento de la debilidad de dicho acto, como requisito procesal previo, en cuanto permite su celebración, una vez iniciado el proceso, presentándose como oportunidad para eludir el juicio y conseguir así evitar la fragmentación de la propiedad, que es la *ratio* de estos juicios especiales. En efecto, si a las demandas retractuales, no se acompañaba el acto conciliatorio, ello no determinaba su inadmisión, sino que ocasionaba la interrupción de su curso procesal, hasta en tanto no se presentara la correspondiente certificación de haberse producido el acto; lo que, a mayor abundamiento, también tuvo lugar en el proceso enjuiciado, y así consta haberse practicado conciliación sin avenencia, en fecha ocho de octubre de 1987 (folio 47 vuelto y 48 de los autos), conforme había dispuesto el Juez de la instancia en providencia de admisión de la demanda presentada, dictada el uno de septiembre de 1987, razones tales que motivan el rechazo del motivo analizado.

Sentencia de 1 de julio de 1991. (*Ar.* 5311).
Ponente: Excmo. Sr. D. Jesús Marina Martínez-Pardo.

Cómputo del plazo de la acción retractual en las ventas en pública subasta desde la adjudicación definitiva.

FUNDAMENTOS DE DERECHO

Tercero.—El motivo tercero razona: si, como ha dicho reiteradamente el Tribunal Supremo, el retracto de comuneros debe ejercitarse dentro del plazo de 9 días a contar de la inscripción de la compraventa en el Registro o del conocimiento de todas las condiciones de la venta, como en el caso de autos el retrayente que participó en la subasta tuvo conocimiento del remate, fue ese día, y no el de aprobación definitiva del remate, el día *a quo* del cómputo del plazo. Al no entenderlo así la sentencia ha infringido el artículo 1.524 del Código Civil, el 1.462 y el 609 del mismo cuerpo legal.

El motivo no puede prosperar. Cierto es que los contratos mediante la tradición generan el dominio; cierto también que la escritura pública equivale a la tradición, pero en el caso de autos la consumación del contrato solo se produjo cuando se aprobó definitivamente el remate del bien municipal vendido en subasta por exigirlo así la ley. Solo ese día pudo conocerse que la venta era ya una realidad jurídica consumada, que ya no se podía producir la quiebra de la subasta, que, en definitiva, no había ya dudas sobre la adjudicación provisional y solo desde ese día podía la Cooperativa comunera ejercitar el derecho de retracto colocándose en el lugar del comprador, hoy recurrente.

El caso de autos no plantea problema alguno sobre conocimiento de las condiciones de la venta, dado su carácter de venta pública. No hay ocultación alguna de la realidad, aunque no se produjera el acceso registral. El problema jurídico es decidir cuando se vendió, y ello tuvo lugar el día de la adjudicación definitiva. Está, pues, ejercitada la acción dentro del plazo y con estricto cumplimiento de los demás requisitos del retracto, porque consignó el precio y formuló el compromiso de pagar los gastos del contrato y los demás pagos legítimos hechos para la venta. No puede obligarse al retrayente a calcularlos con exactitud, por muy determinados que sean los impuestos que gravan las compraventas...

Sentencia de 15 de octubre de 1991. (*Ar.* 7451).
Ponente: Excmo. Sr. D. Teófilo Ortega Torres.

La apreciación del momento en que el retrayente conoció la venta es una cuestión de hecho reservada a la soberanía de los tribunales de instancia, sin que pueda estimarse que el plazo empieza a contarse desde la comunicación de una promesa de venta.

Fundamentos de Derecho

Cuarto.—El motivo cuarto, que también invoca error en la apreciación de la prueba, argumenta que la Sala de instancia incurrió en dicho error al afirmar «que los retrayentes solo tuvieron conocimiento con anterioridad a la inscripción registral de la existencia de un contrato preliminar o precontrato, cuando de la legal, lógica y correcta interpretación de la prueba documental obrante en autos se deduce que los retrayentes tenían completo y cabal conocimiento de la venta y de sus condiciones». La base documental del motivo es la misma utilizada en los anteriores adicionándose la escritura pública de compraventa otorgada en 7 de diciembre de 1987, en relación a la cual se ha ejercitado el retracto, y se citan como infringidos «los arts. 1.281 y 1.282 sobre las normas aplicables en la interpretación de los contratos, los arts. 1.215, 1.217, 1.218, sobre los efectos probatorios de los documentos públicos, 1.225, 1.226, 1.227, sobre los privados, en relación con los arts. 1.261, 1.271, 1.274, 1.278, 1.279, 1.445, 1.450 y 1.451, todos ellos del Código Civil». Ya el planteamiento de este motivo, con apoyo en normas tan heterogéneas, revela un notorio desbordamiento del ámbito del cauce procesal seguido —el art. 1.692, 4.° de la LEC—, pero es que, además, su argumentación reitera lo expuesto en los motivos anteriores para sostener que los retrayentes tuvieron conocimiento de la transmisión y de sus condiciones, por lo que ha de ser igualmente desestimado, mas no sin señalar que: *a)* El acta notarial de 3 de diciembre de 1987 para nada se refiere a que se hubiera realizado la venta ni mucho menos al documento privado de 30 de noviembre de 1987; y *b)* Como ya se ha dicho, de la manifestación de los esposos G.-S. en el sentido de que «en el día de la fecha», no tienen interés en la adquisición no se sigue el conocimiento del precio de una supuesta compraventa sino únicamente que, en relación a la promesa de venta que se les comunica, interpretaron esta notificación como una oferta que no consideraron conveniente aceptar, pero evidentemente no renunciaron al ejercicio del derecho de retracto si la venta llegaba efectivamente a operarse en el futuro.

Sentencia de 6 de febrero de 1992. (Ar. 834).
Ponente: Excmo. Sr. D. Alfonso Villagómez Rodil.

Conocimiento completo para el comienzo del cómputo previsto en el art. 88 LAR.

Fundamentos de Derecho

Cuarto. — Al amparo del núm. 5.º del art. 1692 de la Ley Procesal Civil se articuló el motivo quinto, por no aplicación de la Jurisprudencia establecida en las SS 26 de abril de 1965 (Ar. 1965, 2028) y 15 de febrero de 1971 (Ar. 1971, 1335), en cuanto la sentencia atacada no apreció la caducidad de la acción retractual que se ejercita.

A tales efectos hay que hacer constar que la primera noticia que tuvo la demandante de las ventas operadas en el año 1981, fue el requerimiento notarial de 28 de septiembre de 1987, llevada a cabo por el comprador hoy recurrente, ya que la arrendadora-transmitente incumplió el mandato del art. 87 de la Ley de Arrendamientos Rústicos de efectuar fehaciente notificación previa de su propósito de enajenar y condiciones al efecto, precio y nombre del adquirente, para poder ejercitar los derechos que autoriza el art. 88, en el plazo de sesenta días. Constatada tal omisión, el arriendo continuó desenvolviéndose normalmente, abonándose las rentas pactadas, incluso la última acreditada que corresponde al 29 de septiembre de 1987.

Noticiosa la arrendataria de la venta de las fincas, trató de averiguar y determinar su certeza y características y la certificación registral que obtuvo, la confirmó en el particular de hacer constar las inscripciones practicadas al respecto a los predios a que hace referencia el documento público de 28 de febrero de 1981, por lo que ante este conocimiento más aproximado hubo de presentar la demanda, sin conocer exactamente términos y condiciones, hasta que por mandato judicial se aportaron al pleito las escrituras de referencia y no obstante la oportunidad que se le ofreció al recurrente de actuar con lealtad procesal y buena fe, al poder exhibir dichos instrumentos notariales en la conciliación que al efecto se le promovió, cuyo acto se celebró el 11 de diciembre de 1987 sin avenencia, ya que no compareció el mencionado interesado.

Lo expuesto determina que no se ha producido la caducidad del plazo de sesenta días que la norma establece para retraer y así lo apreció la sentencia de la instancia, al rechazar con acierto la alegación correspondiente. Las Sentencias de esta Sala que se reseñan en el motivo, correspondientes a las fechas de 26 de abril de 1965 y 15 de febrero de 1971, no son determinativas ni contienen doctrina vinculante, pues han sido superadas por otras más recientes y reiteradas que exigen que el retrayente no solo tenga conocimiento de que la venta se ha efectuado e incluso de la identificación de los adquirentes, sino que su saber al respecto ha de abarcar los detalles completos, precisos y exactos de la transmisión, tanto esenciales como no esenciales (S 20 de mayo de 1981 (*Ar.* 1981, 2383). En este caso no se conoció ni el precio ni la identificación de las fincas vendidas, así como que solo se había cedido la nuda propiedad y demás datos complementarios.

Sentencia de 16 de marzo de 1992. (Ar. 2185).
Ponente: Excmo. Sr. D. Francisco Morales Morales.

Inexistencia de caducidad de la acción al fundarse en la presunción de abandono del derecho en un caso en que la demanda retractual se dirigió contra el representante del comprador, rectificándose el error fuera de plazo.

Fundamentos de Derecho

Segundo.—El motivo primero, con la sede procesal ya dicha, acusa a la sentencia recurrida la infracción del párr. 2.° del art. 48 de la Ley de Arrendamientos Urbanos, al considerar caducada la acción de retracto, cuando lo cierto es, dice la recurrente, que la referida acción la ejercitó dentro del plazo que establece dicho precepto, si bien la demanda, por error, la dirigió contra quien en la escritura pública de compraventa había actuado como representante de la compradora, creyendo que él había sido el comprador. Para la resolución del único *thema decidendi* que plantea el presente recurso (caducidad o no de la acción ejercitada), ha de partirse de que tanto la caducidad, como la prescripción extintiva (salvadas las diferencias que, en otros aspectos, existen entre ambas instituciones) descansan sobre la presunción de abandono de un derecho que entraña el no ejercicio del mismo por su titular dentro del plazo establecido para ello por la Ley (o por la voluntad de los interesados), presunción de abandono que, lógicamente, queda desvirtuada e inoperante por el ejercicio del derecho dentro del plazo establecido, al ser conceptos ontológica y jurídicamente incompatibles los de caducidad y ejercicio temporáneo o cronológicamente oportuno (dentro del plazo) de la acción respectiva. Sobre la base de la anterior doctrina, el motivo ha de ser estimado, ya que la arrendataria del local litigioso, aquí recurrente, doña Nuria B. M. al serle notificada (en 18 de mayo de 1988) la compra que del referido local, por escritura pública de fecha 13 de mayo de 1988, había hecho doña Ana María P. G., representada en dicha escritura pública por su padre don Anastasio P. O., ejercitó la correspondiente acción de retracto mediante demanda presentada en el Juzgado el día 15 de julio de 1988 y, por tanto, dentro de los sesenta días que para ello establece el párr. 2.º del art. 48 de la Ley de Arrendamientos Urbanos, en cuya demanda quedó plenamente identificado el local objeto del retracto y la causa determinante de este (la referida compraventa instrumentada en la ya dicha escritura pública de fecha 13 de mayo de 1988), sin que el hecho de que, por haber entendido erróneamente que el comprador era don Anastasio P. O. (representante y padre de la compradora), dirigiera inicialmente su demanda contra este y luego rectificara dicho error, dentro del mismo proceso, ampliando su demanda y dirigiéndola ya contra la verdadera compradora (doña Ana María P. G.), aunque esto último lo hiciera después de transcurridos los referidos sesenta días, pueda entrañar la caducidad del derecho de retracto, como aquí equivocadamente ha entendido la sentencia recurrida (en contra del criterio de la primera instancia), pues el expresado derecho, como ya se ha dicho, fue ejercitado dentro del plazo legal (lo que ya incompatibiliza la producción de la caducidad) con plena identificación del local retraído y de la enajenación determinante del retracto, que lógicamente había de entenderse dirigido contra la verdadera adquirente o compradora del mismo (única legitimada pasivamente para soportar la acción del retracto), aunque por el error ya dicho se dirigiera inicialmente la demanda contra quien en la compra actuó como representante de la compradora que, además, fue quien requirió al Notario para notificar a la arrendataria la compra efectuada, cuyo error, como también ya se ha dicho, quedó subsanado oportunamente, dentro del mismo proceso y antes de que don Anastasio P. O. (padre y representante de la compradora) evacuara el trámite de contestación, mediante la ampliación que la actora hizo de su demanda, dirigiéndola ya correctamente contra la verdadera compradora doña Ana María P. G., que se personó y defendió en el proceso, por lo que ha de entenderse que la acción de retracto fue ejercitada dentro del plazo y, por tanto, no producida la caducidad de la misma. La estimación del motivo primero, al que acabamos de referirnos, hace innecesario el examen de los motivos segundo y tercero, ya que estos, por los que se denuncia la infracción, por no aplicación, del art. 1.618 de la Ley de Enjuiciamiento Civil (en el segundo) y del art. 11, párr. 3.º de la Ley Orgánica del Poder Judicial (RCL 1985, 1578, 2635 Y ApNDL 8375) en relación con el art. 24 de la Constitución (RCL 1978, 2836 y ApNDL 2875) (en el tercero), tienen el mismo objeto impugnatorio que aquél, cual es el de combatir, desde otras perspectivas jurídicas, la declaración que la sentencia recurrida ha hecho erróneamente de caducidad de la acción.

Sentencia de 28 de abril de 1992 (***Ar.*** 3418).
Ponente: Excmo. Sr. D. Teófilo Ortega Torres.

Derogación del art. 1.619 LEC por el art. 1.524 CC, resultando improcedente ampliar el plazo legal de nueve días en función de la distancia entre el domicilio del retrayente y el lugar del otorgamiento de la escritura.

FUNDAMENTOS DE DERECHO

Primero.—En el primer motivo del recurso y al amparo del art. 1692-5.º de la Ley de Enjuiciamiento Civil, se acusa infracción de los arts. 1.618, 1.619 y 1.620 de esta Ley, que la recurrente estima aplicables al caso para fijar el plazo dentro del cual ha de ser ejercitada la acción de retracto de comuneros.

La cuestión se plantea básicamente con referencia al citado art. 1.619 por cuanto en la demanda se sostuvo que la actora disponía «de 69 días de plazo contados a partir del día 22 de octubre de 1987, fecha en que se presentó la escritura de compraventa en el Registro», y ello en atención a la distancia entre Alcobendas, donde aquélla estaba domiciliada, y Arrecife de Lanzarote, lugar de otorgamiento de la escritura. Pues bien, es doctrina jurisprudencial consolidada —así, SS 20 de marzo de 1925, 21 de febrero de 1931 (*Ar.* 1930-31, 1945), 4 de abril y 4 de junio de 1955 (*Ar.* 1955, 1722), entre otras— la expresiva de que el art. 1.524 del Código Civil derogó el antes citado art. 1.619 de la Ley de Enjuiciamiento Civil sobre ampliación del plazo de nueve días establecido para la interposición de la demanda de retracto, por lo que ha de estarse a lo dispuesto en dicho art. 1.524-1.º, conforme al cual «no podrá ejercitarse el derecho de retracto legal sino dentro de nueve días contados desde la inscripción en el Registro, y en su defecto, desde que el retrayente hubiera tenido conocimiento de la venta», y, siendo así, al haberse presentado la demanda el día 11 de enero de 1988, es patente que lo fue mucho después de haber transcurrido el plazo legal al efecto, como con acierto se declara en la sentencia impugnada, procediendo, por tanto, la desestimación del motivo estudiado.

Sentencia de 19 de mayo de 1992 (***Ar.*** 4911).
Ponente: Excmo. Sr. D. Teófilo Ortega Torres.

La apreciación del momento en que el retrayente tuvo conocimiento de la venta es una cuestión de hecho reservada a la soberanía de los tribunales de instancia, siendo de cuenta del demandado la prueba de un conocimiento anterior. Tácita derogación de los arts. 1.621 y 1.622 LEC en lo referente a la obligatoriedad del acto de conciliación en los juicios de retracto.

Fundamentos de Derecho

Primero.—Aun inadmitido el primer motivo del recurso, por su defectuoso planteamiento, ha de advertirse que la cuestión objeto del mismo ya fue resuelta por esta Sala (S. 21 de marzo de 1990 (*Ar.* 1990, 1716), cuya doctrina confirma la dictada en 20 de mayo de 1991 (*Ar.* 1991, 3773), en el sentido de que, como consecuencia de lo prevenido en la Ley 34/1984, de 6 agosto (RCL 1984, 2040; RCL 1985, 39 y ApNDL 4257), quedaron tácitamente derogados los arts. 1.621 y 1.622 de la Ley de Enjuiciamiento Civil en lo referente a la obligatoriedad del acto de conciliación en los juicios de retracto.

Segundo.—Inadmitido también el tercer motivo de los formulados por doña G. del F., procede examinar los formalizados como segundo y cuarto, amparados ambos en el núm. 5.° del art. 1.692 de la Ley de Enjuiciamiento Civil, que versan sobre el cómputo del plazo de nueve días establecido en el art. 1.524 del Código Civil para posibilitar el ejercicio del derecho de retracto legal, cuyo *dies a quo* estima la señora G. del F. debe ser aquél en que el retrayente tuvo completo conocimiento de la venta, si fuere anterior a la inscripción registral, lo cual es cierto y así lo entendió la Sala de instancia, pero ha de tenerse presente que, según la sentencia impugnada, «no hay constancia de que la retrayente tuviera conocimiento de la enajenación del tercio indiviso de la finca que es objeto del presente procedimiento, y por supuesto, menos que ese conocimiento fuera completo»; por tanto, basta recordar que la apreciación sobre la realidad de dicho extremo constituye una *quaestio facti,* que solo puede ser revisada en casación cuando se haya producido un error probatorio atacable por la vía del núm. 4.° del citado art. 1.692 (S. 20 de mayo de 1991, reiterando la doctrina de las que llevan fecha 12 de diciembre de 1991, reiterando la doctrina de las que llevan fecha 12 de diciembre de 1986 (*Ar.* 1986, 7436), 6 de junio y 22 de septiembre de 1988 (Ar. 1988, 4820 y 6848), por lo que la procedencia del rechazo de los motivos estudiados es evidente.

Sentencia de 29 de mayo de 1992. (***Ar.*** 4828).
Ponente: Excmo. Sr. D. Eduardo Fernández-Cid de Termes.

Apreciación de oficio de la caducidad, que se fundamenta en la seguridad del tráfico. Distinción entre plazos sustantivos y procesales.

Fundamentos de Derecho

Segundo.—La Sentencia de esta Sala de 1 de febrero de 1982 (*Ar.* 1982, 371), estableció que era constante jurisprudencia, distinguiendo entre términos o plazos sustantivos y procesales (SS. 24 de marzo de 1897, 24 de octubre de 1903, 23 de enero de 1946 (Ar. 1946, 24), 21 de mayo de 1951 (Ar. 1951, 1619), 11 de febrero de 1959 (Ar. 1959, 472), 14 de noviembre de 1962 (Ar. 1962, 4539) 22 de mayo de 1965 (Ar. 1965, 3013) y 25 de junio de 1968, 3829), que solo ofrecen carácter procesal los que «tengan su origen o punto de partida en una actuación de igual clase», o sea que solo tienen carácter procesal los que comienzan a partir de una notificación, citación emplazamiento o requerimiento, pero no cuando se asigna el plazo para el ejercicio de una acción; por otra parte, la de 25 de mayo de 1979 (Ar. 1979, 1893), que cita las de 30 de abril de 1940 (Ar. 1940-304), 7 de diciembre de 1943 (Ar. 1943, 1307), 17 de noviembre de 1948 (Ar. 1948, 1413), 25 de septiembre de 1950 (Ar. 1950, 1406), 5 de julio de 1957 (Ar. 1957, 2554), 18 de diciembre de 1963 (Ar. 1963, 4138) y 11 de mayo de 1966 (Ar. 1966, 2419), concreta que la caducidad o decadencia de derechos surge cuando la Ley o la voluntad de los particulares señalan un plazo fijo para la duración de un derecho, de tal modo que transcurrido no puede ser ya ejercitado, refiriéndose a las facultades o poderes jurídicos cuyo fin es promover un cambio de situación jurídica, nota característica que la diferencia de la prescripción, pues así como esta tiene por finalidad la extinción de un derecho ante la razón objetiva de su no ejercicio por el titular, y a fin de evitar la inseguridad jurídica, en la caducidad se atiende solo al hecho objetivo de la falta de ejercicio dentro del plazo prefijado, hasta el punto de que puede sostenerse en realidad que es de índole preclusiva, al tratarse de un plazo dentro del cual y únicamente dentro de él puede realizarse un acto con eficacia jurídica, de tal manera que transcurrido sin ejercitarlo impone la decadencia fatal y automática de tal derecho en razón meramente objetiva de su no utilización, y más en cuanto que los derechos o facultades jurídicas conceden a su titular la facultad o poder para provocar un efecto o modificación jurídica, con el fin de producir una consecuencia de tal índole en favor del sujeto y a cargo de otros, lo que puede tener lugar haciendo cesar un preexistente estado de derecho, hasta el punto de que, en definitiva, se es titular de la acción creadora y no del derecho creado, ya que para que surja este es condición indispensable que se ponga en ejercicio en el plazo prefijado, pues si transcurre sin que la acción concedida se utilice desaparecen los derechos correspondientes, situación incluso apreciable de oficio en instancia, según proclaman las Sentencias de esta Sala de 25 de septiembre de 1950 (*Ar.* 1950, 1406), 24 de noviembre de 1953 (*Ar.* 1953, 3138), 5 de julio de 1957 (*Ar.* 1957, 2554) y 18 de octubre de 1963 (*Ar.* 1963, 4138); finalmente, la de 5 de julio de 1957 aclara que la caducidad responde a la necesidad de dar seguridades al tráfico jurídico y la prescripción se funda en la conveniencia de poner término a la incertidumbre de los derechos, entendiéndolos abandonados cuando su titular no los ejercita.

Sentencia de 2 de julio de 1992. (Ar. 6501).
Ponente: Excmo. Sr. D. Alfonso Villagómez Rodil

Carácter facultativo de la conciliación que ya no tiene la condición de ejercicio anticipado de las acciones.

Fundamentos de Derecho

Primero.—Las sentencias de las instancias accedieron al retracto de colindantes promovido por D. Alejandro T. P. contra los esposos, recurrentes en casación, D. Juan José E. G. y doña María Teresa F. S., si bien la sentencia de apelación, que es objeto del ataque casacional, revocó la del Juzgado en el particular de fijar el precio de retracto en la cantidad de 3.600.000 pesetas.

El primer motivo del recurso, residenciado en el n.º 3 del artículo 1.692 de la Ley Procesal Civil, argumentó quebrantamiento de las formas esenciales del juicio, por infracción de las normas que rigen los actos y garantías procesales, ya que el recurrido no aportó con su demanda la correspondiente certificación de la conciliación previa que establece el artículo 1.621 de la Ley de Enjuiciamiento Civil.

Es cierto lo que se sostiene, pues no obra en autos el acto conciliatorio, cuya falta se denuncia. Evidentemente el artículo procesal citado 1.621 pugna con el contenido normativo de la reforma procesal operada mediante Ley de 6 de agosto de 1984, al suprimir la obligatoriedad de las conciliaciones previas a la interpretación de los procesos, salvo las excepciones que se prevén. De esta manera el precepto queda aislado del contexto legal y como residual, por olvido en que cayó el legislador y con equivalencia de entenderse tácitamente derogado.

El tema ya ha sido abordado por la Sala, habiendo elaborado una doctrina adecuada a la realidad. Se ha declarado que dicho acto conciliatorio previo a las demandas retractuales, ha de entenderse necesariamente referenciado a las acciones postuladas antes de la Ley 34/84, que no es el caso de autos, ya que esta nueva normativa ha quitado a la conciliación su fuerza obligatoria, así como su condición de ejercicio anticipado de las acciones (Sentencias de 24 de mayo de 1990 y 20 de mayo de 1991); razones suficientes que determinan la claudicación del motivo.

Sentencia de 11 de julio de 1992. (*Ar.* 6280).
Ponente: Excmo. Sr. D. Francisco Morales Morales.

El plazo de la acción de retracto es de caducidad, comenzando a contarse, en caso de venta en pública subasta desde la aprobación judicial de la subasta. Facultad del TS para integrar el factum no siempre claramente explicitado por el Juzgador de instancia.

FUNDAMENTOS DE DERECHO

Sexto.—Aunque no se trata de cuestión pacífica y es cierto que una jurisprudencia relativamente remota (Sentencias de 28 de junio de 1949, 17 de febrero de 1956, 29 de febrero de 1960, 20 de febrero de 1975) ha venido sosteniendo que, en los casos de subasta judicial, el nacimiento de la acción de retracto no se produce hasta la consumación de la venta, mediante el otorgamiento de la correspondiente escritura pública, la más reciente doctrina de esta Sala (contenida en las Sentencias de 30 de octubre de 1990 y 1 de julio de 1991) ha venido a cambiar el anterior criterio jurisprudencial, en el sentido de que la aprobación judicial de la subasta, al entrañar la perfección del contrato (como dice la primera de ellos) o la consumación del mismo (como afirma la segunda), determina el nacimiento de la acción de retracto, a lo que puede agregarse, reforzando la argumentación de las expresadas sentencias, que con la aprobación del remate y la subsiguiente adjudicación al rematante de la finca subastada, se opera la consumación del contrato (venta judicial), pues a la referida adjudicación que el Juez hace el rematante no hay obstáculo legal alguno en atribuirle el carácter de tradición simbólica o *ficta,* al no ser *numeras clausus* la enumeración de formas espiritualizadas de tradición que hacen los artículos 1462.2.° a 1464 del Código Civil (Sentencias de 31 de octubre de 1983 y 20 de octubre de 1989, entre otras), con lo que, consumada ya la venta por la concurrencia de título (aprobación del remate) y modo (adjudicación al rematante de la línea subastada), el posterior otorgamiento de la escritura pública, aunque imprescindible para otros efectos trascendentes (entre otros, el acceso de la adquisición al Registro de la Propiedad), no será necesaria para que, a los efectos aquí estudiados, concurra el requisito de la tradición (la instrumental del artículo 1.462.2.° del Código Civil), al haberse producido ya la misma con anterioridad en la forma *ficta* o simbólica antes expresada, por lo que con arreglo a dicha doctrina, que es la que mantiene esta Sala, la acción de retracto, en caso de subasta judicial, nace desde la celebración de dicha subasta, con aprobación del remate y adjudicación al rematante de la finca subastada (que es la tesis aquí mantenida por el recurrente), siempre, claro es, que el retrayente haya tenido conocimiento exacto de la subasta y de las condiciones de la misma, pero esto afecta ya a la posible caducidad de la acción, que es un tema totalmente distinto del aquí examinado y al que seguidamente nos referiremos. Por lo expuesto, procede la estimación de los motivos aquí tomados en consideración (segundo y tercero), lo que hace innecesario el examen de los otros dos (primero y cuarto) que, como ya se dijo, son meramente complementarios o subsidiarios de aquéllos, pero la estimación de los referidos motivos no ha de comportar, por sí sola, la del presente recurso, por lo que seguidamente expondremos, en íntima conexión con lo que ya hemos dejado dicho en el Fundamento jurídico cuarto de esta resolución.

Séptimo. – Admitido, pues, que la acción de retracto nació desde el momento mismo de la celebración de la subasta, con aprobación judicial del remate y adjudicación al rematante de la mitad indivisa subastada de la finca correspondiente, el tema que ahora hemos de afrontar es el relativo al de la posible caducidad de la acción de retracto ejercitada, cuyo plazo de nueve días, a falta de inscripción en el Registro, ha de contarse desde que el retrayente tuvo conocimiento de la venta (artículo 1.524.1 del Código Civil) y, en este caso, desde la celebración de la subasta. No solo porque la concreción del momento en que el retrayente tuvo conocimiento de la venta, en cuanto cuestión de hecho, es de la exclusiva incumbencia del juzgador de instancia, solo impugnable en casación por la vía del error de hecho probatorio, aquí no utilizada, a pesar de que la sentencia recurrida, como ya se ha dicho, considera probado que el retrayente D. Agustín M. P. conoció la subasta desde la celebración de la misma, sino también a virtud de la facultad integradora del *factum* que corresponde a esta Sala (Sentencias de 2 de julio de 1981, 15 de julio de 1983, 17 de marzo de 1987, 8 de octubre de 1988, 8 de febrero de 1991, entre otras) ha de mantenerse la conclusión de que el retrayente conoció con exactitud los datos y condiciones de la subasta, no desde el 6 de noviembre de 1987 (como afirma en su demanda), sino desde la fecha de celebración de la misma, como así lo evidencian los hechos siguientes que aparecen probados en los autos: en dicha subasta intervino como licitador, para optar exclusivamente a la adquisición de la mitad indivisa litigiosa, el Abogado D. Luis P. M., que es el defensor del retrayente (en primera instancia por medio de la Abogada D.ª María-Luisa L. T., del «Estudio Jurídico P. y L.» y en la segunda instancia y en este recurso por el propio D. Luis P. M.), lo que patentiza (como declara probado la sentencia recurrida) que dicho Abogado y, por tanto, su defendido, conoció las condiciones exactas de la subasta desde el momento mismo de su celebración; por otra parte, el cheque por importe de cuatro millones de pesetas, que el retrayente acompañó con su demanda para hacer la preceptiva consignación del precio de la venta (que después, por razones que no se alcanzan, pidió al Juzgado le fuera devuelto, como así se le concedió, sustituyéndolo por una posterior consignación en dinero efectivo) era de fecha 4 de noviembre de 1987, según consta en la diligencia que, al serle devuelto, se extendió en los autos (folio 32), cuya fecha no guarda mucha concordancia con la afirmación que hace de que fue el seis de noviembre cuando tuvo conocimiento exacto de las condiciones de la subasta; asimismo, en prueba testifical, D. Dionisio M. N. (dueño de la mitad indivisa subastada), que es primo hermano del retrayente D. Agustín M. P., declara que tenía a este totalmente informado de la fecha de la subasta y de las condiciones de la misma. Por tanto, al aparecer probado que la retrayente conoció con exactitud los datos y condiciones de la venta desde el momento mismo de la celebración de la subasta (7 de octubre de 1987) y que la acción de retracto de comuneros no la ejercitó el día 12 de noviembre de 1987, es evidente que había transcurrido con exceso el plazo de nueve días establecido por el artículo 1.524.1 del Código Civil y, por tanto, producida la caducidad de la referida acción, por lo que procede desestimar el recurso y mantener subsistente el fallo de la sentencia recurrida, aunque no por los razonamientos jurídicos que constituyen el núcleo esencial de su *ratio decidendi*, sino por los que aquí han sido expuestos.

Sentencia de 30 de septiembre de 1992. (Ar. 7419).
Ponente: Excmo. Sr. D. Gumersindo Burgos Pérez de Andrade.

El plazo de la acción de retracto es de caducidad, habiendo sido derogado el art. 1.618 LEC por el art. 1.524 CC y sin que la existencia de una serie concatenada de errores procedimentales puedan producir el efecto de privar al retrayente de su legítimo derecho, considerándose efectuada la consignación en plazo a pesar de que judicialmente se declaró realizada en fecha posterior.

Fundamentos de Derecho

Segundo. — La relación fáctica del asunto que nos ocupa no ha sido objeto de discrepancia, y resumidamente podemos concretarla en los siguientes puntos: A) Con fecha 30 de septiembre de 1987 el Juzgado de 1.ª Instancia núm. 3 de Valencia saca a subasta unas participaciones indivisas del edificio situado en Valencia c/ Embajador Vich núm. 15; B) Esta subasta tenía su origen en el procedimiento ejecutivo núm. 1598/1984 promovido a instancias de la entidad «Lynotipe Máquinas Españolas S. A.», contra «Focobethe», Juan Gabriel C., y otros. Las participaciones indivisas se las adjudicó la entidad actora, cediendo seguidamente el remate a don Francisco C. M., por la misma cantidad que figuraba en la subasta, es decir, por 3.200.000 pesetas; C) En escrito fechado el día 6 octubre siguiente doña Ana María C. C.-V. se persona en el procedimiento ejecutivo, pretendiendo ejercitar en este marco procesal un derecho de retracto de comuneros, consignando en tal procedimiento el precio de la subasta mediante tres cheques, que fueron ingresados sin obstáculo en la Cuenta Provisional del Juzgado; D) El Juez de 1.ª Instancia núm. 3 de Valencia dictó resolución con fecha 13 del referido mes de octubre, teniendo por comparecida a la recurrente, mandando dar traslado del escrito a los adjudicatarios en la subasta, y declarando hecha la consignación de la cantidad 3.200.000 pesetas, que ordena sea ingresada en la cuenta provisional de consignaciones; E) Don Francisco C. M, en su cualidad de cesionario del remate, presenta escrito en el mencionado Juzgado núm. 3, fechado el 3 diciembre siguiente, en el que pide ser tenido por personado, solicitando se le conceda un plazo para contestar a la demanda de retracto de la que se le había dado traslado, demanda a la que piensa oponerse, así como a recibir la cantidad consignada. En los autos no consta pronunciamiento alguno del Juzgado núm. 3 de Valencia en relación con esta «extraña» acumulación procesal, solo figura la copia de un escrito fechado el 7 de enero de 1988 en el que doña Ana C. comunica al Juzgado núm. 3 que ha presentado, y está en tramitación, otra demanda de retracto, que por turno correspondió al Juzgado de 1.ª Instancia núm. 7 —Autos 916/1987—, por lo que interesa la devolución de la consignación que primitivamente efectuó, al haberse duplicado la misma por mandato judicial; F) Ciertamente, con fecha 7 de octubre de 1987 (registrada el 8), la señora C. C. había presentado la demanda que nos ocupa en el Juzgado de 1.ª Instancia núm. 7, alegando que había tenido conocimiento de la venta y sus condiciones el día 6 anterior, que ejercitaba la acción de retracto contra los adquirentes en la subasta, que el precio ya lo había consignado en el Juzgado núm. 3, y que ahora solo adicionaba otras 100.000 pesetas presupuestadas para gastos; y G). El juzgado núm. 7 en providencia de fecha 14 octubre acuerda suspender el trámite de la demanda, haciendo saber a la actora que debe consignar en los presentes autos el precio, «pues no se conoce la causa del depósito que indica en su escrito», mandato que se cumplimenta mediante la nueva consignación efectuada con fecha 16 del mismo mes.

Con esta relación fáctica el único problema realmente planteado en el recurso viene referido al cumplimiento por parte de la señora retrayente, y hoy recurrida, del contenido del art. 1.618, parrs. 1.º y 2.º de la Ley de Enjuiciamiento Civil, puestos en relación con la modificación introducida por el art. 1.524 del Código Civil, en cuanto que este último precepto modificó el señalamiento del día inicial del cómputo del plazo para ejercitar la acción de retracto, refiriéndolo a la fecha en que el retrayente tenga conocimiento de la venta, evento que en el presente caso se produjo, según propia declaración de la parte, el día 6 de octubre de 1987.

La Sala no desconoce su propia doctrina, en cuanto viene reiteradamente declarando: que el plazo de nueve días tiene la naturaleza propia de la caducidad, no admitiéndose por consiguiente interrupción alguna del mismo; que dentro del referido plazo es obligado presentar la demanda y hacer la consignación, aunque estos trámites no se efectúen al mismo tiempo; y que la demanda de retracto, o la consignación efectuada ante Juez que carece de jurisdicción para el conocimiento del proceso, no puede surtir efectos de clase alguna (SS. 21 de febrero de 1953 (*Ar.* 1953, 576); 4 de mayo de 1956 (*Ar.* 1956, 2412); 8 de junio de 1979 (Ar. 1979, 2346), etc.).

Pero el caso que nos ocupa no puede incardinarse en ninguno de los supuestos negativos citados, ya que realmente la existencia de una serie concatenada de errores procedimentales no puede producir el efecto de privar a la parte retrayente de su legítimo derecho. La primera anomalía procesal se produce intentando acumular a un procedimiento ejecutivo una demanda de retracto (pues no otra calificación merece el escrito de doña Ana María de fecha 6 de octubre de 1987), segundo error figura en la providencia del Juzgado núm. 3 de Valencia de fecha 13 siguiente, teniendo por comparecida en el ejecutivo a esta señora, dando traslado del escrito a los adjudicatarios en la subasta, y declarando hecha la consignación del precio del retracto; actos procesales que eran de la competencia del Juez a quien por reparto le hubiera podido corresponder el conocimiento del juicio especial y autónomo, trámite de Decanato a donde debió remitirse el escrito y la consignación y no queden ahí las anomalías, pues don Francisco C. contesta con fecha 3 diciembre a la providencia del Juzgado, pidiendo se le tenga por personado, se le conceda un plazo para contestar al retracto, al que piensa oponerse, así como a recibir la cantidad consignada; todo ello como decíamos, dentro del marco de un juicio ejecutivo, y cuando otra demanda de retracto sobre los mismos bienes y entre las mismas partes, hacía tres meses que estaba en marcha en otro Juzgado.

Realmente la consignación efectuada y admitida por el Juzgado núm. 3 de Valencia, lo fue ante un órgano jurisdiccional competente para conocer del asunto, de tal forma que bien pudo haberle correspondido en el reparto el conocimiento de la demanda que aquí nos ocupa; este órgano judicial declaró efectuada la consignación con fecha 13 de octubre, y mandó ingresar su importe en la cuenta de consignaciones y estas declaraciones judiciales, al margen de los errores procesales que las acompañaran, no pueden ser desconocidas en perjuicio de unos derechos que merecen una efectiva tutela por parte de los Tribunales.

Por todo lo que se acaba de razonar, resulta obligado tener por efectuada la consignación del precio de la compraventa con fecha 6 de octubre, declarada judicialmente como tal el día 13 siguiente, y por tanto todo ello dentro del plazo preclusivo que señala el art. 1.618, 1.° y 2.° de la Ley de Enjuiciamiento Civil. Apreciación que conduce al decaimiento del único motivo planteado en el recurso, y con ello al rechazo de la totalidad del mismo...

Sentencia de 10 de noviembre de 1992. (Ar. 9102).
Ponente: Excmo. Sr. D. Luis Martínez-Calcerrada y Gómez.

Conocimiento completo de los extremos de la transmisión que le interesen para el cómputo del plazo para ejercitar el derecho de retracto legal del art. 1.524 CC, siendo una cuestión de hecho reservada a la soberanía de los tribunales de instancia.

Fundamentos de Derecho

Primero.—Por Sentencia del Juzgado de Primera Instancia Número Uno de los de Bilbao, de 1 de septiembre de 1988, se desestimó la demanda formulada por el actor contra la demandada ejercitando la acción de retracto arrendaticio urbano al haberse apreciado la caducidad de la acción, pues según el Fundamento Jurídico 3.°, teniendo conocimiento el actor de la transmisión del piso en 20 de mayo de 1987, y notificada dicha transmisión por la propia demandada en el Acta de conciliación de 15 de septiembre de 1987, y habiendo consentido en esa transmisión por lo que no es preciso para que opere el plazo de caducidad exista una notificación fehaciente por lo que el ejercitarse su acción, había transcurrido el plazo de 60 días establecido por el art. 48-1 LAU (RCL 1964, 2885; RCL 1965, 86 y NDL 1844), y todo ello aunque según su Fundamento Jurídico 2, se acredite que el actor es el arrendatario y ocupante real del piso por cesión de su esposa demandada, de la cual estaba separado, que fue la que suscribió el contrato correspondiente; apelada esa decisión por el actor, se dictó Sentencia por la Audiencia Provincial de Bilbao, Sección Cuarta, de 9 de enero de 1990, en la que se estimó el recurso, declarando el derecho del actor a retraer la vivienda sita en la casa núm. 10 bajo 1.ª de la c/ Bidebarri de Algota, con los demás efectos derivados, tras constatar los antecedentes precisos del litigio, esto es —Fundamento Jurídico 1.°—, que el demandante mantuvo relaciones de noviazgo con la codemandada, la cual el día 22 de marzo de 1978 había concertado el contrato arrendaticio de la vivienda objeto del litigio, contrajeron matrimonio el 20 de octubre de 1978 fecha a partir de la cual los esposos fijaron el domicilio familiar en dicha vivienda sin que esté probado su ocupación antecedente por la esposa arrendataria, que convinieron ambos esposos en enero 1985 su separación otorgando el convenio regulador en 19 de diciembre de 1985, que desde la separación de hecho el demandante don Francisco U., se mantuvo en la posesión inmediata de la vivienda, pagando las rentas, todo ello con conocimiento y consentimiento de la propietaria y de la propia demandada; con posterioridad la propietaria de la vivienda conviene con doña Carmen S., la demandada, la compraventa del inmueble, y se otorga el documento privado en 21 de mayo de 1987, elevado a escritura pública el 5 junio, e inscrito en el Registro de la Propiedad en 21 de octubre de 1987, tras lo cual, se insta por la hoy demandada, demanda de desahucio por precario, cuya demanda provoca el emplazamiento del demandado, hoy actor, el 4 de diciembre de 1987, y esta demanda de retracto se presenta el 1 de febrero de 1988 y sigue diciendo la Sala, que con respecto a las dos cuestiones que plantean, esto es, 1.°) si el demandante es inquilino y por tanto titular del derecho de retracto y en 2.° lugar, si la acción había o no caducado, responde en cuanto, al primer aspecto y según su Fundamento 2.°, que hay que ratificar al respecto lo expuesto por el Fundamento 2.° de la sentencia apelada, donde se argumenta que el demandante, al continuar en la posesión de la vivienda pagando la renta a plena satisfacción de la propiedad, adquirió la condición de arrendatario y ocupante de la casa habitada, y que, en consecuencia, es el titular de la correspondiente acción de retracto al ser ocupante efectivo de la vivienda, que según constante jurisprudencia debe prevalecer sobre cualquier arrendatario formal; *y acerca* del 2.º aspecto de la caducidad de la acción, tras reflejar los distintos criterios de la jurisprudencia y en base a lo establecido el art. 48.1 LAU, la Sala concreta que no es suficiente para iniciar el cómputo del plazo de 60 días tener un conocimiento parcial de la existencia de la compraventa, en la idea de que es cierto que el demandante con anterioridad al otorgamiento del documento privado de compraventa, asistió a una reunión juntamente con la propiedad para tratar el tema, pero que en tal reunión no consta que se convinieran las condiciones esenciales de la compraventa y por ello, la asistencia a estas conversaciones preliminares no supone que el inquilino adquiera el pleno conocimiento que se refieren los arts. 47 y 48 de aquella Ley (para que se inicie el plazo de caducidad o existe la notificación fehaciente, o se acreditase por otros medios un conocimiento pleno), por lo cual ese pleno conocimiento única y exclusivamente pudo tenerlo a partir, de la fecha del emplazamiento para contestar al juicio de desahucio que es el 4 de diciembre de 1987, por lo que presentada la demanda en 1 de febrero de 1988, procede estimar el recurso de apelación, frente al cual se interpone el presente de casación, con base a los 7 motivos que integran su escrito de los cuales el 1, 5 y 6 fueron inadmitidos en el trámite correspondiente, dedicándose la Sala a continuación a examinar el resto.

Tercero.—En el motivo séptimo del recurso, por la misma vía del antiguo núm. 5 del art. 1.692 LEC, se denuncia la infracción del art. 48 LAU, en cuanto a la no apreciación de la Sala sentenciadora del plazo de caducidad de la acción, siendo como se ha visto anteriormente, esta la razón fundamental de la revocación de la sentencia dictada por la Jueza de Primera Instancia, y, el desarrollo del motivo se basa, justamente en el contenido del motivo 5.º del recurso, en donde se razona que por parte del hoy recurrido se tuvo conocimiento en la reunión de 20 de mayo de 1987 de la compraventa de la citada vivienda por parte de su esposa y que por ello ha de derivarse que, desde esa fecha conocía la existencia de esa compraventa, tal y como lo apreció así el juzgador de instancia; el motivo también decae pues se basa, en uno, como es el 5.º motivo inadmitido *ad limine,* y además porque su alegato no sirve para poder doblegar la convicción obtenida por la Sala para integrar su decisión de que la acción no estaba caducada y que de manera pormenorizada desarrolla en su Fundamento 3.º, discrepando del parecer de la propia sentencia de primera instancia, en la cual, como se ha dicho en virtud de la asistencia a dicha reunión por parte del actor, el día 20 de mayo de 1987, esto es, un día antes del otorgamiento del documento privado de compraventa e, incluso, asimismo teniendo en cuenta lo declarado por la correspondiente prueba testifical, se considera que en todos los efectos desde esa fecha tuvo conocimiento de la existencia de tal compraventa, frente a lo cual, como se dice, la Sala sentenciadora, tras esclarecer el verdadero sentido interpretador dispuesto en el art. 48 párr. 2.º de la LAU, concreta en que el conocimiento habría de ser de las condiciones esenciales convenidas en la compraventa y que, por tanto no es suficiente un conocimiento parcial de esa compraventa y, sobre todo, tampoco es menos aún atendible la referencia que hace el motivo de que por la existencia de referida reunión, el recurrido podía tener conocimiento de esa operación ya que en cualquier caso, dado que fue el día anterior a la verificación del documento privado lo único que podía conocer era el propósito de efectuar la transmisión de dominio de la compraventa, al día siguiente, y ello en caso alguno, puede integrar la observancia del requisito que establece el art. 48 párr. 2.º de la LAU, en donde literalmente se hace constar que el derecho de retracto caducará a los 60 días naturales contados desde el siguiente al de la notificación que en forma fehaciente deberá hacer en todo caso el adquirente al inquilino o arrendatario de las condiciones esenciales en que se efectuó la transmisión mediante entrega de copia o de la escritura o documento en que fuera formalizada, taxatividad esta que, desde luego, ha sido debidamente flexibilizada por una jurisprudencia razonable que entiende, que no solo es suficiente para acreditar este conocimiento que se verifique la notificación en los términos expuestos, sino por cualquier otro medio que acreditase que efectivamente existía ese conocimiento, pero, en caso alguno puede ese conocimiento, aunque sea por la segunda vía, integrarse en que se sepa de antemano el propósito de comprar o vender, ni tampoco de la existencia de la compraventa en general, y sin que a esta Sala le sea posible con estricta técnica casacional, desconocer la insoslayable vinculación al *factum* fijado al punto por la Sala *a quo* al no impugnarse ese dato por vías de hechos admitidos en el recurso (entre otras en SS. 29 de febrero de 1958, 18 de noviembre de 1971 (*Ar.* 1971, 4900), 5 de mayo de 1972 (*Ar.* 1972, 2130) y 21 de marzo de 1990 (*Ar.* 1990, 1716), en que se decía: «... El cómputo de plazo a fines de ejercicio de la acción de retracto solo juega en orden a la inscripción cuando no consta que el conocimiento de la enajenación data de anterior fecha, pero para ello se requiere acreditar que el retrayente tuvo conocimiento de la venta con fecha anterior y que tal conocimiento sea completo, en todas sus condiciones, sin que baste la mera noticia de que se ha efectuado...» y asimismo en S. 15 de octubre de 1991 (*Ar.* 1991, 7451), que dice: «Según la doctrina jurisprudencial, el conocimiento por el retrayente de las condiciones de la venta, es una cuestión de hecho sobre la que habrá de estarse a lo declarado por la Sala de instancia (S. 22 de septiembre de 1988 (*Ar.* 1988, 6848) (salvo que prospere la impugnación por vía adecuada lo que no acontece en el presente caso, en que se han desestimado los motivos formulados con tal finalidad en consecuencia, la cantidad consignada como precio fue la procedente al coincidir con la que aparecía en la escritura y, además, los retrayentes se comprometieron expresamente en la demanda a prestar la fianza que se "estime necesaria en el supuesto improbable de que el precio realmente satisfecho fuera superior al consignado", con lo que se dio cumplimiento a lo prevenido en el art. 1.618.2 LEC, de todo lo cual ha de seguirse el rechazo del motivo que acusa la infracción de los arts. 1.521 y 1.524 CC, en relación con el 1.618.2 LEC...)» por lo que precisándose se conozcan las condiciones esenciales en que se efectuó la transmisión y, naturalmente, entre ellas, está lo relativo a las características del precio convenido y condiciones de pago, elemento esencial, según art. 1.445 CC por todo ello pues, al haberlo así entendido, correctamente, la Sala al respecto, procede con el rehúse del motivo, desestimar el recurso.

Sentencia de 10 de febrero de 1993. (Ar. 699).
Ponente: Excmo. Sr. D. Matías Malpica González-Elipe.

Inaplicación del derecho de retracto previsto en la LAU derogada para las transmisiones voluntarias en caso de enajenación mediante subasta pública en vía de apremio.

Fundamentos de Derecho

Cuarto. — El motivo segundo, al amparo del ordinal 5.° del art. 1.692 de la Ley de Enjuiciamiento Civil denuncia la infracción de los arts. 47 y 48-1 de la Ley de Arrendamientos Urbanos y jurisprudencia cuyas sentencias invoca. El motivo fracasa aparte de lo ya señalado en el Fundamento de Derecho Primero de esta resolución en punto a la plaza de garaje porque si bien se advierte, el arrendatario en presencia de la subasta pública del objeto de su locación ni puede desconocer las circunstancias minuciosamente exactas de la venta proyectada dada su publicidad en el Boletín Oficial del Estado y en el diario de mayor tirada de la provincia, con lo que ello supone en punto a la caducidad del ejercicio de su acción, habida cuenta de las fechas concretamente subrayadas en el Fundamento de Derecho Primero ya señalado con vistas del art. 48-2 de la Ley de Arrendamientos Urbanos, máxime no existiendo un precepto paralelo al art. 33 de dicha Ley en cuanto atañe al retracto arrendaticio a favor del inquilino y menos aún puede hacerse énfasis en un derecho de retracto como el que nos ocupa, que trae su causa directa, inmediata y en forma vinculante del incumplimiento de las condiciones o requisitos prevenidos en el art. 47 de la Ley de Arrendamientos Urbanos tantas veces invocada, lo que obviamente refleja la intención del legislador de no ser utilizable en estos supuestos de subastas el derecho de retracto arrendaticio en que por su condición de forzosa o involuntaria y por sus especiales características no puede ser aplicable a estos supuestos, los de los prevenidos en los arts. 47 y 48 de la misma Ley para las transmisiones voluntarias cuya interpretación no puede hacerse extensiva a aquéllas.

Quinto. —El motivo tercero, por el mismo cauce del anterior acusa también la infracción del art. 1.549 del Código Civil, cuya redacción en el alegato del motivo se proyecta sobre la subsistencia del arrendamiento en cuanto a su prórroga y por ello lo conecta con el art. 57 de la Ley de Arrendamientos Urbanos citando sentencias al socaire del supuesto que analiza, lo cierto es decimos, que ningún razonamiento da en orden a la negada por el recurrente necesidad de inscripción registral del arrendamiento para que pueda viabilizar el derecho de retracto a favor del inquilino por el que al no atacar frontalmente la consecuencia jurídica que sienta la sentencia recurrida, no es posible —por no haber cancha dialéctica que la soporte—, establecer razonamientos que lo confirmen o lo contraríen en punto al retracto lo que conlleva el rechazo del motivo; pero lo que si es posible constatar es que tanto en la sentencia de apelación (Fundamento de Derecho Segundo) como en la de primer grado asumida por aquélla en este particular (Fundamentos de Derecho Tercero y Cuarto) se hace fuerte hincapié que no solo no constaba registralmente la existencia del arrendamiento del que es titular el aquí recurrente, sino que ni se hizo alusión a su posible existencia ni en el anuncio de subasta ni en la escritura pública otorgada a consecuencia de la adjudicación que tuvo lugar en ella, lo que pone de manifiesto por el lado la lealtad del adjudicatario y el cesionario del remate y adjudicatario y el cesionario del remate y adjudicación y la actitud un tanto fraudulenta, procesalmente diciendo, de quien con conocimiento del embargo y del anuncio de subasta (hechos fijados en las sentencias y no descalificados) ejercita una acción de retracto pasados los sesenta días naturales de la venta que procesalmente tiene lugar en el acto de subasta y adjudicación aprobando el remate.

Sentencia de 20 de julio de 1993. (Ar. 6170).
Ponente: Excmo. Sr. D. Antonio Gullón Ballesteros.

Desestimación de la diferencia entre la acción de retracto, que prescribe, y el derecho, que caduca.

Fundamentos de Derecho

Segundo.—El motivo segundo, al amparo del art. 1.692.5.º LEC, alega infracción del art. 48 de la Ley de Arrendamientos Urbanos (RCL 1964, 2885; RCL 1965, 86 y NDL 1844), por aplicación errónea, en relación con la jurisprudencia aplicable comprendida en las sentencias que se citan. En la argumentación justificativa se distingue entre el derecho de retracto y las acciones derivadas de tal derecho, no pudiendo equipararse porque no lo hace el susodicho art. 48, que se refiere al derecho y no a las acciones. En el caso de autos, se ejercitó por la recurrente el retracto dentro del plazo legal; cierto que es de caducidad, pero la acción, como consecuencia del derecho violado, ha de considerarse iniciada desde el acta notarial de 2-3-1988, quedando interrumpida su prescripción. Todo ello, arguye la recurrente, debe ponerse en relación con la finalidad protectora social de los preceptos que regulan el derecho de retracto, tendentes a facilitar a los arrendatarios el acceso a la propiedad y que implican y exigen una interpretación y aplicación favorable al arrendatario y con un criterio extensivo.

El motivo vuelve a traer a la consideración de esta Sala la misma cuestión jurídica que ya estudió en su S. 12 de febrero de 1981 (Ar. 1981, 391), a saber: la hipotética disociación entre el derecho a retraer, que puede considerarse ejercitado extrajudicialmente con el requerimiento notarial comprensivo de todos los requisitos exigibles para efectuarlo por vía judicial, y la acción de retraer, que nacería cuando no es atendido aquel requerimiento. El primero sería el sometido al plazo de caducidad legal, mientras la segunda a la prescripción normal y ordinaria, con posibilidad de interrupción. Sin embargo, esta Sala sigue sosteniendo como doctrina la sentada por la calendada sentencia, a la cual se remite, en cuanto niega la posibilidad de esta disección de la realidad legislativa, que no pasa de ser una abstracción puramente doctrinal que no tiene en cuenta que, de admitirse, llevaría a que la situación jurídica del comprador se encontrase amenazada durante un larguísimo período de tiempo (treinta años, art. 1.963 CC), lo que es contrario con toda evidencia a la intención del legislador, que por ello establece unos inexorables plazos de ejercicio (60 días naturales en el art. 48 LAU) deseando la consolidación de aquella situación lo antes posible. Ello no obsta, por supuesto, a que el retrayente intente evitar la contienda judicial para la efectividad de su derecho, pero siempre ha de tener en cuenta en sus actuaciones el límite temporal para lograrlo por la vía del litigio si no tiene éxito por la extrajudicial.

Por ello, el motivo, dirigido a combatir la *ratio decidendi* de la sentencia recurrida, concretado en que la recurrente no había ejercitado la acción dentro del plazo legal, ha de ser desestimado.

Sentencia de 21 de julio de 1993. (*Ar.* 6106).

Ponente: Excmo. Sr. D. Teófilo Ortega Torres.

Desestimación del retracto de comuneros porque el adquirente de la cuota ya era copropietario. La acción retractual solo se puede ejercitar durante el plazo de caducidad del art. 1.524 sin que a ello pueda oponérsele la función social de la propiedad, habiendo sido derogado el art. 1.620 LEC.

Fundamentos de Derecho

Cuarto.—En el motivo tercero se invoca infracción del art. 1.524.1 del Código Civil, en relación con los arts. 1.620.1 de la Ley de Enjuiciamiento Civil y 3.1 del mismo Código, y se sostiene, en síntesis, que «resultando probado y palmario en el caso de autos el desconocimiento por el actor de las transmisiones de autos, no resulta pues posible aplicarle una presunción de conocimiento derivada de la inscripción registral —viciada, además, por falta de buena fe en el inscribiente—, debiendo entrar en juego la función interpretativa, integradora y correctora de la jurisprudencia...», con lo que, en definitiva, en opinión del recurrente, el *dies a quo* determinado en el art. 1.524.1 (desde la inscripción en el Registro) solo supondría «una presunción de conocimiento» derivada de la inscripción registral, que se vería enervada por «el no conocimiento o conocimiento erróneo» derivado de la conducta atribuida al Presidente del Consejo de Administración de la sociedad adquirente. Esta interpretación del art. 1.524.1 es inaceptable porque: *a)* Como se declaró en SS. 20 de mayo de 1943 (*Ar.* 1943, 572) y 28 de mayo de 1963 (*Ar.* 1963, 2952), el art. 1524, al señalar, como comienzo del cómputo de los nueve días para el ejercicio del derecho de retracto, la fecha de inscripción de la venta, estima con presunción *iuris et de iure* que en ese momento conoce el retrayente la enajenación de la finca, con lo que aquel plazo se contará desde el día siguiente a realizarse la inscripción (SS. 26 febrero y 15 de diciembre de 1956 (*Ar.* 1956, 1503 y *Ar.* 1957, 1131), 1 de julio de 1959 (*Ar.* 1959, 2949) y 20 de noviembre de 1964 (*Ar.* 1964, 5394), si bien cuando se acredite que el retrayente conoció la venta «con anterioridad» a la fecha de la inscripción, el plazo se computará a partir de dicho conocimiento (SS. 20

de noviembre de 1958 (*Ar.* 1958, 3457) Y 5 de mayo de 1972 (*Ar.* 1972, 2130), pero no así cuando se invoque que el conocimiento fue posterior a la inscripción, como aquí se alega; *b)* El art. 1.620 de la Ley de Enjuiciamiento Civil es del todo incompatible con el sistema establecido en el art. 1.524 del CC, por lo que ha de considerarse derogado por este, pues el precepto de la Ley Procesal parte de que el art. 1.618.1.° de la misma requería que el retracto se interpusiera «dentro de nueve días, contados desde el otorgamiento de la escritura de venta» y, por ello, tenía sentido ponderar el hecho de que se hubiera ocultado la transmisión con malicia, pero no lo tiene cuando la fecha *a quo* es la de la inscripción registral cuya publicidad reputa suficiente el legislador; *c)* Los anteriores contratos, formalizados en documentos privados, en los que figura don Arturo E. como comprador, no tienen virtualidad para que el hoy recurrente —atribuyendo mala fe a dicho don Arturo— elude el plazo legal de caducidad de la acción de retracto, que es algo completamente independiente de la supuesta maquinación imputada a don Arturo, cuya realidad, además, no puede inferirse de aquella circunstancia; y *d)* En definitiva, la transmisión operada en 29 de noviembre de 1986 fue inscrita en el Registro de la Propiedad y como correctamente entendió la Audiencia, a ello ha de estarse para contar el plazo de caducidad de la acción, siendo del todo irrelevante que don Antonio E. alegue no haber tenido conocimiento de la venta hasta fecha posterior.

Quinto.—El motivo cuarto se funda en «infracción del art. 33.2 de la Constitución Española en cuanto delimita la función social del derecho de propiedad, y de la jurisprudencia recaída sobre la función del retracto». Carece este motivo de la mínima fundamentación convincente; en efecto, no se trata aquí de la función social de la propiedad privada, que constitucionalmente delimitará su contenido, ni de la finalidad del retracto de comuneros, sino de que, presupuesta la conveniencia general de reducir, en lo posible el número de copropietarios, lo que sucede es que, como ya tuvo ocasión de declarar esta Sala en S. 20 de noviembre de 1958 (*Ar.* 1958, 3457), por el principio de la seguridad del tráfico y consiguiente certeza de la adquisición de los derechos por justos títulos, la acción de retracto solo puede ser ejercitada formalmente dentro de un breve plazo de caducidad, y, en el caso que nos ocupa, la acción se ejercitó cuando ya había transcurrido.

Sexto.—Por último, se denuncia en el motivo quinto «la infracción del art. 7.1 del CC por falta de buena fe en el ejercicio de sus derechos por la sociedad demandada. Con carácter subsidiario y diferenciado la vulneración también por la sentencia recurrida de la doctrina del abuso de derecho y fraude de ley (respec. arts. 7.2 y 6.4 del CC)». Debe también decaer este motivo por cuanto el recurrente insiste en obviar la caducidad de su derecho atribuyendo mala fe en el ejercicio de sus derechos —debe referirse al de adquirir la participación indivisa— a la sociedad demandada, lo cual no es admisible por las razones ya expuestas, sin que, por lo demás, se aprecie en tal adquisición ningún abuso de derecho que hubiera podido ser determinado por la ausencia de finalidad seria y exceso en su ejercicio (S. 11 de mayo de 1991(Ar. 1991, 36581) con cita de otras anteriores), ni menos aún fraude de ley, según aparece configurado en el art. 6.4.

Sentencia de 16 de diciembre de 1993. (*Ar.* 9997).
Ponente: Excmo. Sr. D. Jaime Santos Briz.

La conciliación permite que se inicie un nuevo plazo de 9 días pero no interrumpe durante dos meses el plazo del art. 1.524 CC pues ya no es obligatoria y no es aplicable el art. 1.947 CC.

Fundamentos de Derecho

Tercero.—...el motivo considera infringido el art. 1.947 del Código Civil (al que no se refieren en absoluto las sentencias de instancia), y lo hace en conexión con la anterior redacción del art. 479 de la Ley Procesal Civil; se llega a afirmar que «se ha dado al traste con la especialidad y singularidad del plazo de nueve días» que señala para estos retractos el art. 1.524 del Código Civil, y confundiendo la prescripción adquisitiva con el retracto legal se dice quedó interrumpida la prescripción o la caducidad: también con referencia al anterior art. 479 de la Ley adjetiva, se afirma que el acto de conciliación constituye un medio adecuado de ejercicio del derecho de retracto, e, insistiendo en la supuesta línea jurisprudencial que la recurrente señala anteriormente, considera que el retracto en este caso ha sido ejercitado dentro del plazo legal. Después de las confusas elucubraciones del motivo sucintamente resumida, no ofrece dificultad considerar que el mismo debe ser sin duda desestimado, y ello por las siguientes razones: *a)* Por la fecha de ejercicio de la acción, autos núm. 44/1989, y del ejercicio del retracto 12 de enero de 1989, habiendo tenido conocimiento de la venta la actora recurrente el 2 de noviembre de 1988, es evidente, que no rige para este supuesto litigioso la antigua redacción del art. 479 de la Ley de Enjuiciamiento Civil, sino la que le dio la Ley de reforma procesal de 6 de agosto de 1984; por tanto, no puede hablarse de interrupción de la prescripción, o de la caducidad, por dos meses a partir de la celebración del acto de conciliación. Pero ya con anterioridad a esta normativa, esta Sala había declarado (sentencias, entre otras, de 25 de septiembre de 1950, 24 de noviembre de 1953, 30 de mayo de 1969 y 7 de mayo de 1981), que el que denomina plazo de caducidad no lo interrumpe el acto de conciliación, sino que solo el verdadero ejercicio de la acción en el juicio correspondiente impide el efecto preclusivo de su fatal fenecimiento. *b)* Mas en casos como el debatido, esta Sala (sentencias, entre otras, de 24 de mayo de 1990, 30 de mayo de 1991 y 2 de julio de 1992) ha declarado que el acto conciliatorio previo a las demandas retractuales ha de entenderse necesariamente referenciado a las acciones postuladas antes de la Ley 34/1984, que no es el caso de autos, ya que esta nueva normativa ha quitado a la conciliación su fuerza obligatoria, así como su condición de ejercicio anticipado de acciones. *c)* Por lo tanto, es claro que el acto de conciliación tuvo únicamente no el efecto de ejercicio de la acción sino una mera significación de interrumpir la prescripción o la caducidad, interrupción que se refiere lógicamente al plazo de nueve días que establece el art. 1.524 del CC, de modo que la fecha de conciliación (26 de noviembre de 1988) inició el nuevo plazo, plazo que concluyó a los nueve días; muy sobradamente antes de ser presentada la demanda de retracto el día 12 de enero de 1989, según se deduce de la doctrina ya seguida por esta Sala en su sentencia de 10 de octubre de 1986, y que ratifican en el mismo sentido las de 14 de mayo y 8 de junio de 1987. *d)* No es admisible, como intenta el motivo en examen, la aplicación del art. 1.947 del CC, que aparte de plantear una cuestión nueva no aludida en las instancias, no se considera aplicable al caso litigioso, en cuanto que ello supondría confundir la usucapión (modo de adquirir el dominio por medio de la posesión de la cosa en concepto de dueño continuada durante el tiempo señalado en la ley), con su supuesto de retracto legal. Concebido este en nuestro ordenamiento como una forma de resolución del contrato de compraventa, aunque tenga contenido y efectos *erga ommes* propios de los derechos reales; doble vertiente de este derecho de preferencia de la suma se ha hecho eco múltiples veces este Tribunal Supremo, por ej., en sentencia de 26 de mayo de 1951. Todo ello sin eludir la cierta contradicción que la doctrina científica observa en los retractos legales; por un lado con resolución de contrato, y, por otro, subrogación en el contrato de una persona por otra, lo que le puede atribuir la función añadida de liquidar o extinguir una situación anterior mediante las prestaciones que señala el art. 1.518 del CC. *e)* Consecuentemente, no es admisible aplicar el art. 1.947 del CC a la relación jurídica de retracto legal, por tratarse, según ha declarado esta Sala (sentencias entre otras de 14 de julio y 29 de septiembre de 1984, 15 de marzo y 15 de julio de 1985 y 8 de julio de 1987) de un precepto legal dictado solamente para la prescripción adquisitiva. Teniendo en cuenta lo que anteriormente se expresa, es manifiesto que no es necesario entrar a dilucidar en esta litis el alcance de las consignaciones que ha de hacer el retrayente al amparo del art. 1.518, así como el momento de las mismas, en cuanto que a nada conduciría en el supuesto discutido, dado que ha quedado claro que el retracto se ejercitó fuera de plazo legal. En definitiva, el motivo, como se dijo, es de rechazar y con él la totalidad del recurso.

Sentencia de 11 de marzo de 1994. (*Ar.* 1741).
Ponente: Excmo. Sr. D. Rafael Casares Córdoba.

El cómputo de la acción de retracto de colindantes a partir de la inscripción solo juega cuando no consta que el conocimiento de la venta es anterior.

Fundamentos de Derecho

Primero.—Establecido literalmente en la instancia que la cuestión única a dilucidar se contrae a precisar si el ejercicio del derecho de retracto legal, en este caso entre colindantes, ha tenido lugar dentro de los nueve días que prescribe el artículo 1.524 del Código Civil, la expresa aceptación por el recurrente, en el motivo segundo del recurso, del acierto de esta limitación, acota el tema litigioso frente al que en este motivo articulado como ordinal 2.º, pero a examinar lógicamente en primer término, se resisten, por el representante del actor, las circunstancias de hecho afirmadas en la instancia de las que, presuntivamente, deriva el juzgador la afirmación de conocimiento de la venta por el recurrente seguidamente de la celebración del contrato. Mas los hechos afirmados en la instancia, como resultado de las pruebas practicadas, que permiten establecer aquel conocimiento muy antes de la inscripción registral: publicidad y notoriedad de la venta en el reducido ámbito, pago de Harriel en que, el recurrente actor y los demandados compradores, ejercían sus actividades, estrechas relaciones de vecindad, y colaboración en las tareas agrícolas respectivas y muy especialmente el ofrecimiento de venta que se afirma, hecho al actor por la vendedora de la finca objeto del retracto y negativa a su adquisición por parte de aquél, no son enfrentadas en el recurso con cita de uno o varios documentos que, con la fehaciencia que jurisprudencialmente se exige (Sentencias del 10 y 19 de mayo y 26 de julio 1989 (*Ar.* 1989, 3679, 3778 y 6381), 23 de julio y 23 de octubre de 1990 (*Ar.* 1990, 6165 y 8034), entre tantas otras) evidencien el error denunciado, sino oponiendo a aquella afirmación fáctica del juzgador otras consideraciones: no inscripción registral de la escritura de venta hasta pasados cuatro meses de su otorgamiento y deficiencia de precio entre el figurado en el inicial documento privado (3.100.000 pesetas, en parte aplazadas) y el que consta en la escritura pública (2.600.000 pesetas de contado) circunstancias que, además de carecer manifiestamente de relieve para poner en entredicho la afirmación de conocimiento del contrato que el juzgador dice, ya que sobre que más bien son reveladoras de un modo próximo al normal de conducirse, suponen oponer a la valoración hecha en la instancia, con cometido propio y de exclusiva incumbencia del Tribunal a quo (Sentencias del 12 de diciembre de 1986 (*Ar.* 1986, 7434), 6 de mayo de 1961 (Ar. 1961 (Ar. 1961, 1862) y el 9 de noviembre de 1984 (*Ar.* 1984, 5546, una limitada y subjetiva estimación de la prueba de sentido contrario a la llevada a cabo por el juzgador cuya prevalencia obliga a rechazar el motivo en que se contradice sin contar para ello, como se dice, con documento alguno del que, con literosuficiencia, resulte el error denunciado.

Segundo.—No mejor destino alcanza el otro motivo de casación que, con base en la literalidad del artículo 1.524 del Código Civil, que establece el cómputo del plazo de los nueve días para el ejercicio del derecho de retracto legal desde la inscripción en los casos de las enajenaciones inscritas en el Registro de la Propiedad, impugna la denegación del ejercicio por el recurrente no obstante haberlo sido dentro de los citados nueve días de la inscripción en el Registro de Posadas de la escritura de venta de la finca en cuestión, tesis que no tiene en cuenta la constante doctrina jurisprudencial (Sentencias del 12 de mayo de 1956 (*Ar.* 1956, 1976), 29 de noviembre de 1958 (*Ar.* 1958, 3808), 5 de mayo de 1972, 2130), 12 de diciembre de 1986 (*Ar.* 1986, 7436), 30 de enero de 1989 (*Ar.* 1989, 158) y 30 de octubre de 1990 (*Ar.* 1990, 8268), y las en ellas citadas) que previniendo la mala fe y la anomalía de quien tuvo conocimiento de la venta, antes de la inscripción, sin ejercitar su derecho, pueda ver revalidada su acción por la posterior constancia de aquélla en el Registro de la Propiedad, ha declarado que el cómputo a partir de la inscripción registral, solo juega cuando no consta que el conocimiento dicen las Sentencias de 8 de julio de 1941 y 21 de diciembre de 1898, cuya apreciación de existencia es una cuestión de hecho que el juzgador ha de discernir del análisis de las pruebas alegadas tal y como en el caso presente ha sucedido.

Sentencia de 25 de marzo de 1994. (*Ar.* 2536).

Ponente: Excmo. Sr. D. Jesús Marina Martínez-Pardo.

La acción de retracto solo se ejercita mediante demanda judicial si bien el acto de conciliación es medio apto para ejercitar el derecho de retracto si la consignación se hace dentro del plazo de caducidad.

Fundamentos de Derecho

Primero.—Las acciones se ejercitan todas mediante demanda judicial; cualquier otra fórmula de satisfacción de derechos o solución de conflictos tiene carácter extrajudicial, de tal modo que cuando se pretende hacer uso de un derecho de retracto el cauce jurídico es la demanda siempre que las partes no hayan respetado el derecho de preferente adquisición, y en ella han de cumplirse los requisitos legales exigidos por el artículo 1.618 de la Ley de Enjuiciamiento Civil en cuanto no se han modificado por el Código Civil y la jurisprudencia.

La jurisprudencia tuvo a bien entender que medio apto para el ejercicio del derecho lo constituye también la conciliación, siempre que se acuda a ella dentro del plazo y cumpliendo con el requisito de la consignación, pues en otro caso no se tiene por ejercitado en sentido propio ya que no se asegura al demandado la entrega del dinero dentro del plazo de 30 días ni se cumple con los requisitos del retracto (artículos 1.618 de la Ley de Enjuiciamiento Civil y 1.067 del Código Civil). Así lo ha repetido la jurisprudencia que, aplicada al caso de autos, obliga a la desestimación del motivo pues está fuera de toda duda que el dinero no se consignó hasta pasados 57 días de la venta.

Sentencia de 8 de junio de 1995 (Ar. 4909).
Ponente: Excmo. Sr. D. Alfonso Barcala y Trillo-Figueroa.

Conocimiento completo de los extremos de la transmisión para el cómputo del plazo de la acción de retracto de comuneros. En caso de venta en pública subasta, el plazo se cuenta desde el conocimiento de la aprobación judicial de la subasta.

Fundamentos de Derecho

Quinto.— Aún cuando la doctrina jurisprudencial es favorable a una orientación restrictiva respecto a la admisión de los supuestos del retracto legal prevenido en el artículo 1521 del Código Civil, viniendo a excluir del mismo los actos transmisivos del dominio distintos de la compra y de la dación en pago o cesión solutoria, como, por vía de ejemplo, los casos consistentes en transmisión hereditaria, y por permuta, donación y renta vitalicia, y aún cuando dicho precepto hable de compra, y el 1522, de enajenación, ello no autoriza a entender limitado el retracto a las adquisiciones derivadas del contrato de compraventa, con rechazo de las efectuadas en el curso de una subasta judicial, no solo porque estas segundas ofrezcan respecto a las primeras notoria semejanza, sino debido, principalmente, a la correlación substancial que existe entre los efectos y consecuencias de las adquisiciones verificadas por uno u otro mecanismo. Este criterio de equiparación entre las enajenaciones contractuales y en pública subasta judicial a los fines del retracto legal de que tratamos, es el mantenido por la doctrina de esta Sala, bastando citar al respecto la establecida en la sentencia de 11 de julio de 1992...

Noveno. — Una cuestión es que el nacimiento de la acción de retracto venga determinado por la perfección o la consumación del contrato del que dimana, en coincidencia con la aprobación del remate y la adjudicación de la finca subastada, como señaló la orientación jurisprudencial descrita en la sentencia de 11 de julio de 1992, y ratificada, también, en la de 30 de octubre de 1990, citada en el motivo, y otra bien distinta la relativa al cómputo del plazo de los nueve días exigido en el artículo 1524 del Código, más concretamente, el correspondiente al día inicial del mismo, el que, desde un punto de vista material, está supeditado al conocimiento que de la venta hubiera tenido el retrayente, requiriéndose al efecto un conocimiento completo, cumplido y cabal, que abarque no solo al del hecho de la venta, sino también la noticia exacta de todos los extremos de la transmisión, como precio, condiciones esenciales de la venta, modalidades de pago, etc., pues solo únicamente en tal caso el titular del retracto puede disponer de elementos de juicio suficientes para decidir sobre la conveniencia o no de ejercitar la acción, y el conocimiento de la venta en los términos expuestos está reconocido y recogido en consolidada doctrina de la Sala, reflejada, entre otras, en las sentencias de 6 de marzo de 1942, 21 de diciembre de 1946, 20 de octubre de 1956, 22 de abril de 1958, 30 de enero y 28 de mayo de 1963, 6 de marzo de 1973, 15 de febrero de 1974, 20 de febrero de 1975, 30 de octubre de 1978, 9 de febrero de 1984, 12 de diciembre de 1986, 28 de abril de 1988, cuyo conocimiento, por supuesto, puede tener lugar por el adquirido con el otorgamiento de la escritura o por el obtenido con anterioridad por cualquier otro medio, siempre y cuando que uno u otro comprenda el de la totalidad de extremos de la transmisión, por lo que ello no implica contradicción alguna con la doctrina de las sentencias de 11 de junio de 1885 y 25 de junio de 1927, así mismo citadas en el motivo. Y en relación con el tan repetido conocimiento es de decir que no puede hacerse depender de la posibilidad de que el retrayente pudiera haber tenido acceso a las actuaciones judiciales que originaron la subasta, siendo de desestimar, por tanto, la infracción acerca del artículo 234 de la Ley Orgánica del Poder Judicial, sin que al tema a que se está haciendo referencia pueda menoscabar de alguna manera el principio de la seguridad jurídica proclamado constitucionalmente.

Décimo. — Igualmente es doctrina constante de la Sala la concerniente a que sobre la fecha del conocimiento de la venta ha de estarse a lo alegado por el actor en su demanda, correspondiéndole al demandado, en base al artículo 1524 del Código Civil, la prueba de un conocimiento en fecha anterior, así como que la apreciación del momento en que el retrayente conoció la venta y sus condiciones principales es cuestión de hecho reservada al Tribunal de instancia, cuya apreciación solo es impugnable a través del cauce del ordinal 4.º del artículo 1692 de la Ley de Enjuiciamiento Civil, cuya doctrina figura establecida, además de en otras, en las fechas de 2 de abril de 1949, 26 de febrero de 1956, 4 de abril y 6 de mayo de 1961, 5 de marzo de 1964, 8 de junio de 1977, 9 de febrero de 1984 y 12 de diciembre de 1986. En el orden de cosas expresado, el «factum» figurado en la sentencia de primera instancia fue que «la parte demandada no ha acreditado, por cualquiera de los medios de prueba admitidos en derecho, la realidad de las alegaciones aducidas», y en la recurrida que «lo que no ha quedado acreditado dado que para sostener su tesis se apoyara en conjeturas, pues parte de hechos no probados, dado que no es bastante la fecha del otorgamiento de los poderes notariales, ni el que los actores sean hermanos del ejecutado en el procedimiento en el que se llevó a cabo la transmisión, o el anuncio de la subasta en el Boletín Oficial de la Propiedad, para deducir, sin más, que poseía el conocimiento completo al que hemos hecho referencia», «factum» el antedicho que ha quedado incólume al no haber sido combatido por vía casacional adecuada. Atendiendo a los razonamientos que anteceden y a los formulados en el anterior fundamento es de concluir que no es posible apreciar, tampoco, ninguna infracción del artículo 1524 del Código Civil, lo que conduce a entender carente de viabilidad el último motivo del recurso, interpuesto por doña María del Coral Saceda Vacas y don Eugenio Cubells Roig, y la improcedencia de todos los en él defendidos, lleva consigo, a tenor del párrafo final del rituario artículo 1715, la declaración de no haber lugar al mismo, con imposición de las costas a la parte recurrente y la pérdida del depósito constituido.

SENTENCIAS DE LOS TRIBUNALES SUPERIORES DE JUSTICIA

NAVARRA.

Sentencia de 22 de junio de 1991. (*Ar.* 9795).
Ponente: Excmo. Sr. D. José Antonio Álvarez Caperochipi.

El cómputo del plazo de la acción de retracto —gentilicio— se cuenta desde el conocimiento de la venta o adjudicación en subasta judicial, siendo contraria a la buena fe la actitud pasiva del retrayente durante largo tiempo a pesar de conocer las condiciones de la adjudicación firme.

Fundamentos de Derecho

Tercero.—La jurisprudencia del Tribunal Supremo ha sido vacilante en cuanto a la interpretación del momento en el cual una enajenación en subasta judicial ha de considerarse consumada a efectos de ejercicio de las acciones de retracto. Una antigua jurisprudencia consideraba que en las ventas en subastas judiciales el dies a quo solo puede empezar a contarse desde el otorgamiento de la escritura pública de venta (STS 29 de febrero de 1960 (*Ar.* 1960, 943), en relación con la doctrina que consideraba que el retracto solo puede ejercitarse desde que el comprador adquiere el dominio por entrar plenamente mediante la entrega, de la posesión y disfrute de la cosa (doctrina clásica: SSTS 19 de junio de 1920, 24 de junio de 1927, 20 de mayo de 1943 (Ar. 572). Doctrina fundada en la definición de retracto del art. 1.521 del Código Civil, como derecho a subrogarse en lugar del que adquiere.

Pero esta doctrina estaba lejos de ser unánime. Ya la STS de 22 de marzo de 1954 (*Ar.* 1954, 999) declara que en las ventas de las subastas judiciales los plazos para el ejercicio de los retractos legales han de contarse desde la aprobación del remate. La S. 20 de febrero de 1975 (*Ar.* 1975, 662) en un procedimiento ejecutivo ordinario, declara que el momento de consumación de la correspondiente transmisión viene determinado por el Auto firme de adjudicación y en el mismo sentido la S. 28 de febrero de 1989 (*Ar.* 1989, 1411). La S 31 de octubre de 1988 (*Ar.* 1988, 7780) declara que un retracto arrendaticio rústico es ejercitable desde que la venta es perfecta, aunque no se haya consumado la transmisión de la propiedad, pues el retracto legal se define como el derecho a subrogarse «con las mismas condiciones estipuladas en el contrato». Recientemente la S. 30 de octubre de 1990 (*Ar.* 1990, 8268), relativa también al ejercicio del retracto tras una adjudicación firme en subasta judicial, declara que el dies a quo debe computarse desde que el retrayente tuviera pleno conocimiento de la adjudicación, por la diligencia exigióle en el retrayente, evitando la arbitrariedad de quien no obstante saber y conocer la transmisión espera al amparo de un mero trámite formal, doctrina consecuente con la naturaleza del derecho de adquisición preferente como derecho a retraer la cosa vendida, cuyo plazo de caducidad debe empezar a contar desde el conocimiento de la venta (art. 1.524 del Código Civil).

Cabe poner esta doctrina jurisprudencial en relación con la regulación del procedimiento del art. 131 de la Ley Hipotecaria (Ar. 1946, 342, 886, 342, 886 y NDL 18732), en el que se suprime la exigencia de formalización notarial de la adjudicación firme, lo que no impide que la jurisprudencia haya declarado que procede el retrato tras la adjudicación en un procedimiento del art. 131 de la Ley Hipotecaria (SSTS 2 de marzo de 1959 (Ar. 1959, 1498), 23 de enero de 1971 (*Ar.* 1971, 289), y RDGRN de 19 de noviembre de 1987 (*Ar.* 1987, 87371). Lo que parece significar que el retrayente recibe el tracto del vendedor y no del comprador o adquirente.

Cuarto.—En el Derecho Navarro existen razones que perfilan con mejor claridad aún que en el derecho común la adjudicación firme, supuesto el conocimiento, como momento a partir del cual debe computarse el plazo de caducidad a que se refiere el núm. 3 de la Ley 458.

En el derecho histórico navarro el retracto gentilicio aparece regulado para las enajenaciones voluntarias (Fuero General 3, 12, 14 y 15; Fuero Reducido 4, 9, 29, Nueva Recopilación 3, 3, 1). Una gran parte de la doctrina navarra entendió que el retracto gentilicio no podría ejercitarse en las enajenaciones forzosas en subasta judicial. Frente a ello, la Ley 51 de las Leyes de Cortes de Pamplona 1765-1766, reconoce expresamente el ejercicio de retracto gentilicio en las subastas judiciales, en las que el plazo de un año y un a se configura como una concreción (núm. 8 de la Ley) del plazo ordinario para el ejercicio del retracto gracioso y «deba correr en los ejecutados y elegidos desde el a en que se hiciere la elección de ellos».

A la misma conclusión se llega por razón de analogía con la ley 451, que al regular el cómputo del término para ejercicio del retracto gracioso lo sitúa en el momento de la definitiva adjudicación de los bienes, sin que haya razón para distinguir el inicio de cómputo del tiempo cómputo para el ejercicio del retracto gentilicio, lo que deja sin significado el ejercicio subsidiario del retracto gracioso.

La interpretación literal y sistemática del núm. 3 de la Ley 458.4 pone claramente de manifiesto que el plazo general para el ejercicio de la acción de retracto gentilicio es un plazo de conocimiento, pues salvo ocultación maliciosa de la venta, en caso de conocimiento incompleto de las condiciones de la misma, otorga al retrayente un plazo preclusivo de treinta días para requerir las condiciones de la enajenación, lo que implica imponer en el retrayente una obligación positiva de diligencia en el ejercicio de la acción de retracto, contradictorio con una actitud pasiva de espera hasta el momento del otorgamiento de la escritura pública de venta. Por ello no se puede interpretar que en el caso de conocimiento completo de la venta el retrayente disponga de un plazo superior al supuesto de que tenga un conocimiento incompleto (imposición taxativa de la obligación preclusiva de requerir en el plazo de 30 días). Lo que en todo caso, subraya la incidencia normativa en el conocimiento, y predica un dies a quo cuyo cómputo se inicia desde el momento de la perfección de la venta (es decir desde la aprobación firme del remate, y no del otorgamiento de la escritura).

En Navarra el derecho de retracto se define como derecho de adquisición con preferencia a terceros (Ley 445), y como límite al poder de disposición del dueño, lo que parece dar a entender que el retrayente recibe la cosa por tracto del vendedor y no del tercero comprador, por lo que no parece exigirse para el ejercicio del retracto la transmisión completa de la propiedad al comprador sino bastando solo la perfección de la venta. En consecuencia, el concepto de enajenación de la Ley 458, no ha de tomarse como un concepto traslativo de la propiedad, sino en un sentido más amplio, que en el caso de autos, es predecible desde la adjudicación firme y no desde el otorgamiento de la escritura pública.

Tal es por otra parte la solución que mejor se aviene con la naturaleza y finalidad de los plazos, que con carácter general se deben computar desde que pueden ejercitarse (Ley 26), en relación con la diligencia y buena fe exigible en el ejercicio de los derechos (Ley 17), pues es contrario a la naturaleza del plazo de quince conoce las condiciones de una adjudicación firme, que pueda posponer el ejercicio del retracto durante un largo período hasta el otorgamiento de la escritura, con grave daño para el adquirente en subasta judicial, que después del largo proceso de ejecución puede sufrir un quebranto patrimonial por el retracto tardío.

Sentencia de 13 de febrero de 1990 (Sección 16.ª). RGD, julio-agosto 1990, núms. 550 y 551, pp. 5946 y 5947.

Ponente: limo. Sr. D. Agustín Ferrer Barriendos

Validez de la renuncia anticipada del derecho de retracto arrendaticio urbano efectuada por el arrendatario en el momento de celebrar el contrato de arrendamiento, ya que el retracto es un derecho renunciable.

Fundamentos de Derecho

Tercero.—También es verdad que en aplicación de la doctrina de que la renuncia debe ser clara y concreta, se negó valor a aquellas renuncias, contenidas en contratos anteriores a la Ley de Arrendamientos, sobre derechos entonces no existentes o regulados de diversa forma (fundamentalmente referidas al derecho de traspaso del arrendatario que solo lo tenía *y con* carácter de derecho necesario si lo había pagado al contratar; ver sentencias de 24 de febrero y 30 de marzo de 1951, 18 de diciembre de 1952 y 21 de enero de 1969). Pero ello no es de aplicación al caso presente.

Una sentencia significada, la del Tribunal Supremo de fecha 21 de enero de 1965, establece con una generalización sorprendente la invalidez de la renuncia anticipada en caso de retracto y referido, en principio, a un local comercial (la "V.C."). Pero el valor de este precedente es escaso en una doble dirección: 1) Por sí mismo porque en definitiva la sentencia no dio lugar al retracto por otros motivos (la renuncia fue mediante pago finiquitado) de manera que la argumentación inicialmente citada pudo incluirse sin demasiada matización. 2) Por sus consecuencias, ya que convierte en irrenunciables todos y cada uno de los derechos que contiene la ley arrendaticia, al no admitirse otro alcance a la renuncia que el abandono de facultades legales ante situaciones consolidadas; y ello es contrario al concepto y utilidad social de la renuncia (y más en relación con la definición del marco obligacional de contratos de tracto sucesivo) y al propio criterio legal que diferencia lo que es renunciable de lo que es irrenunciable en el arrendamiento urbano.

Sentencia de 7 de enero de 1991 (Sección 11.ª). RGD, julio-agosto 1991, núms. 562 y 563, pp. 6672 a 6675.

Ponente: limo. Sr. Don José Francisco Valls Gumbau

Invalidez del pacto impreso de renuncia al derecho de retracto arrendaticio urbano en cuanto no traduce la voluntad manifiesta del

arrendatario de renunciar a tal derecho por tratarse de una cláusula de mera adhesión. La interposición de una papeleta de conciliación supone la expresión de la voluntad del arrendatario de ejercer el derecho de retracto, y en el caso de que no exista avenencia el retrayente deberá ejercer tal derecho mediante la interposición de la correspondiente demanda en el plazo de los dos meses siguientes.

Fundamentos de Derecho

Segundo. — 1.°. La renuncia al derecho de retracto resulta apreciada por el juzgador de instancia como causa de desestimación de la acción entablada. A fin de dilucidar dicho extremo, debe hacerse constar que en el apartado 3 de «renuncias», obra estipulación como cláusula *d),* cuyo tenor literal es el siguiente: «A los derechos de tanteo, retracto e impugnación establecidos en el Capítulo VI de la vigente Ley de Arrendamientos Urbanos, y para todos los supuestos de venta, donación, adjudicación de la finca o del local arrendado, que en el citado Capítulo se hace mención».

2.° La validez de dicha renuncia, a los efectos litigiosos, debe ser cuestionada por los siguientes motivos:

a) El derecho a retraer establecido por la Ley en favor de los inquilinos prosigue y busca una finalidad protectora tendente a facilitar a los mismos el acceso a la propiedad, de lo cual se infiere que sus normas reguladoras deban interpretarse con un carácter no restrictivo a diferencia de lo que sucede con los actos que lo originan —sentencias de 16 y 23 de mayo de 1990, 9 de diciembre de 1964 y 2 de abril de 1985, entre otras—, así como los supuestos que lo inviabilizaren mediante la expresión de una voluntad en contrario —sentencias de 17 de octubre de 1956 y 31 de enero de 1965—; declarándose que solo resulta posible «... cuando el derecho abstracto ha pasado a ser un derecho objetivo por haberse incorporado al patrimonio del titular...», y

b) Que para surtir efecto debe ser clara, evidente, no condicionada, deduciéndose de la misma la voluntad manifiesta de renunciar al derecho.

3.° En este contexto, debe señalarse que la renuncia obraba impresa en el contrato de arrendamiento debiendo resaltarse la falta de una especial manifestación. Y dicha estipulación no cabe sino calificarla de «mera adhesión». Ello la inviabiliza, a los efectos pretendidos, por no ser la expresión terminante de la decisión, en su caso, de no ejercitar la acción de retracto. Además, la renuncia se pactó en el mismo contrato de arrendamiento, lo cual si bien es entendido por la jurisprudencia como posible, cuando ya se ha adquirido, la condición de arrendatario tras quedar incorporado el derecho a su patrimonio, debe significarse que esta doctrina solo viene a reflejar una línea de pensamiento protector que podría ser cuestionada, pero que en autos dada la forma en que tuvo lugar la renuncia no debe acogerse, estimándose como insuficiente y no válida a los fines pretendidos. Por tanto, procede revocar en dicho extremo la sentencia apelada.

Tercero.—...Sabido es que la caducidad no permite interrupción alguna a diferencia de la prescripción. Ahora bien, como entiende la mejor doctrina, con la presentación de la papeleta toma estado la expresión de una voluntad dirigida a la efectividad del derecho reconocido por la Ley que se quiere efectuar, por lo cual reiterada jurisprudencia —sentencias de 17 de febrero de 1979, 8 de noviembre de 1983, 23 de diciembre de 1983, 11 de marzo de 1987, entre otras—, declara que el promover acto de conciliación implica ejercicio judicial del derecho, puesto que no hay razón para sostener que solo se ejercita eficazmente mediante la presentación de la demanda. No obstante, el problema surge en relación con la siguiente cuestión: celebrado acto de conciliación, sin avenencia, existe o no plazo para la presentación de la demanda o, en su caso, se encuentra sujeto a un tiempo superior coincidente con el de ejercicio de las acciones personales (15 años). Anteriormente a la reforma operada en la Ley de Enjuiciamiento Civil por la Ley 34/84, se aplicaba el artículo 479 de la Ley de Enjuiciamiento Civil, precisándose que la demanda fuera presentada dentro de los dos meses siguientes a la celebración del acto de conciliación. Sin embargo, dicho precepto fue derogado quedando este extremo huérfano de regulación. Por ello, la solución más acorde con el principio de seguridad jurídica y la justicia aplicada al caso concreto es seguir entendiendo que rige dicho plazo (2 meses), por aplicación del artículo 1.947 del Código Civil, dada la analogía existente entre los supuestos examinados y la identidad sobre el modo de solicitar el amparo judicial. Y ello con el propósito de mantener la vigencia, por un lado, de la precedente jurisprudencia sobre la validez del ejercicio del derecho de retracto realizado en acto de conciliación, y por otro, su conciliación con principios como el de seguridad jurídica y equidad, puesto que además se ajusta a unas pautas e normalidad en el ejercicio de los derechos. En este contexto, resulta que desde la celebración de la demanda solo transcurrieron 12 días, y, consecuentemente, se cumplía el presupuesto de ejercicio del derecho antes de los 60 días de la notificación fehaciente, por medio de la presentación de la papeleta.

Sentencia de 30 de septiembre de 1992 (Sección 14.ª). Ar. C. 1250/1992.

Ponente: limo. Sr. D. Eloy Mendaña Prieto.

Validez de la renuncia del derecho de retracto arrendaticio urbano efectuada por el arrendatario en el momento de celebrarse el contrato de arrendamiento de local de negocio.

Fundamentos de Derecho

Tercero.—El primero de los motivos a examinar, por razones de lógica y sistemática, ha de ser la renuncia del derecho de retracto, efectuada por el arrendatario en el momento de la celebración del contrato. Es conocida la doctrina jurisprudencial relativa a la irrenunciabilidad de tal derecho en el momento de la celebración del contrato, doctrina que actualmente no es unánime en cuanto que es perfectamente admisible, sin contrariar normas jurídicas imperativas, renunciar a tal derecho de contenido potencial (solo despliega su eficacia cuando se produce la transmisión onerosa del inmueble locado) en el mismo momento en que se adquiere tal derecho. Pero, además, la problemática señalada nace de un cierto confusionismo existente entre la regulación del arrendamiento de viviendas y el de locales de negocio que efectúa la Ley de Arrendamientos Urbanos, regulación que si bien es común en ciertos aspectos, en otros es diferente; y en este punto no puede olvidarse la sustancial diferencia que señala el núm. 3 del art. 6 de la mencionada Ley, que textualmente señala que «serán asimismo renunciables los beneficios que la Ley confiere al arrendador, lo sea de vivienda o de local de negocio, y a los arrendatarios y subarrendatarios de estos últimos, salvo el de prórroga del contrato de arrendamiento, cuyo derecho no podrá ser renunciado por el arrendatario». Esto significa que la propia Ley admite la validez de la renuncia del derecho de retracto que otorga como beneficio al arrendatario de un local de negocio.

Consecuentemente, ha de estimarse que es válida la renuncia del derecho de retracto efectuada por el arrendatario en el momento de celebrarse el contrato, validez que trae como consecuencia lógica que el mismo carezca de legitimación para ejercerlo. Y esta carencia de legitimación la admite incidentalmente el mismo al alegar la nulidad de tal renuncia por haber incurrido en un error, que centra en el desconocimiento que tenía del real propietario del inmueble arrendado, si bien tal error, en el caso de que fuera cierto (nada trascendencia en cuanto que el mismo no constituye un conocimiento erróneo o equivocado respecto del derecho de retracto y las consecuencias de su renuncia, que sí eran conocidas (o debieron ser conocidas) por el arrendatario.

Sentencia de 26 de enero de 1994 (Sección 13.ª). RGD, junio 1994, núm. 597, pp. 7204 a 7206.

Ponente: Doña Isabel Carriedo Mompín

Validez de la renuncia efectuada por el arrendatario en el momento de la celebración del contrato de arrendamiento al derecho de retracto a través de una cláusula impresa, conocida por el mismo.

Fundamentos de Derecho

Segundo.—...la primera cuestión a estudiar y decidir es la relativa a la naturaleza de la facultad de retraer en el momento de convenir el arrendamiento y al respecto y en línea con otras sentencias de esta Audiencia (*ad exemplum* las de 27 de noviembre de 1973 de la Sala 2.ª, 16 de febrero de 1987 de la Sala 1.ª y 20 de junio de 1988 de la Sala 3.ª) conviene recordar que los derechos subjetivos, entendidos como poderes o señoríos de la voluntad reconocidos por el ordenamiento jurídico o como intereses jurídicamente protegidos, pueden alcanzar en su desarrollo un grado de absoluta plenitud que permita actuar de inmediato la coercibilidad de la norma en propio provecho o no llegar a tal plenitud por faltar alguno de los elementos del supuesto de hecho, surgiendo las llamadas situaciones jurídicas interinas, de las que son claro ejemplo los negocios condicionales del artículo 1.114 del Código Civil, y de las que también forman parte las expectativas de derecho, en las que si bien este no ha nacido existe potencialmente, dependiendo su actuación y efectos de un acontecimiento futuro al que están subordinadas, expectativas que pueden significar un valor patrimonial y en este sentido pertenecen al ámbito de disposición de la persona a quien corresponden, siendo, por tanto, renunciables como lógica consecuencia del principio de autonomía de la voluntad; perfiles los apuntados aplicables al concreto supuesto debatido, pues si el derecho a retraer no había nacido en el momento de contratar, si estaba in situ en el tipo de relación jurídica antes de su exclusión.

En este sentido se sostiene por la doctrina que el artículo 6 apartado 3 de la Ley de Arrendamientos Urbanos se refiere a beneficios, lo que permite cobijar la renuncia de las expectativas jurídicas o derechos expectantes, teniendo este carácter los privilegios configuradores en la Ley Especial. Sentado esto, es también de significar que a la misma conclusión se llega discurriendo sobre la exclusión voluntaria de la Ley (artículo 6 del Código Civil), en línea con cierto sector doctrinal que entiende que cuando el artículo 6 de la Ley de Arrendamientos Urbanos habla de renuncia de beneficios no se está refiriendo a la renuncia de derechos como situaciones concretas de poder, sino a actos de exclusión del contenido normal establecido por la Ley, es decir de algo que forma parte normal del contenido de la relación tal y como es pensada por el ordenamiento especial y que existirían y funcionarían si los contratantes no los excluyen, por lo que el artículo 6 de la Ley de Arrendamientos Urbanos tiene como objetivo el de prohibir que en uso de la autonomía se puedan recortar determinados aspectos que se consideran intangibles de la relación arrendaticia, ya que en la renuncia solo está limitada por el interés u orden público y el perjuicio de tercero y solo el de prórroga para los arrendatarios o subarrendatarios de locales de negocio viene a ser estimado como integrante de ese interés u orden. De todo lo cual se sigue que el beneficio del artículo 47 de la Ley de Arrendamientos Urbanos pudo ser oportunamente renunciado en el mismo momento de contratar.

Tercero. — Establecida la posibilidad de renunciar en el mismo contrato de arrendamiento, la siguiente cuestión que se plantea es la de si en el caso concreto es válida la renuncia por estar contenida en una cláusula impresa a la que el arrendatario meramente se adhirió. Pues bien, al respecto ha de responderse que el hecho de que el contrato fuera efectivamente de adhesión, no es motivo, per se, para concluir en la ineficacia del mismo y si con ello lo que se quiere decir es que por ser una cláusula impresa el actor no fue consciente de su presencia, también la respuesta ha de ser negativa, pues examinado el contrato no puede pensarse que el clausulado impreso, entre el que figura la renuncia a la facultad de retraer, sea ajeno al conocimiento o consentimiento del recurrente: en primer lugar porque se adiciona al impreso una cláusula otorgando al arrendatario la facultad de hacer obras en el local, lo que indica la idea de examen de dicho clausulado; en segundo lugar porque firmado este en mayo de 1986 no se ha preocupado el actor hasta ahora de impugnar tal renuncia; y en tercer lugar porque aun admitiendo que el recurrente no hubiera leído el tantas veces citado clausulado, es doctrina jurisprudencial reiterada la de que un error que se haya podido evitar con regular diligencia, no puede ser invocado por el que haya incurrido en él para anular la declaración (sentencias del Tribunal Supremo de 25 de noviembre de 1932, 14 de junio de 1943, 28 de octubre de 1946, 18 de abril de 1978, 27 de enero de 1988...). Por todo lo cual ha de concluirse que la cláusula veintiocho del contrato de arrendamiento es válida y que, por contener una renuncia clara, expresa y terminante al derecho de retracto no le es dable al actor el ejercicio del mismo.

Sentencia de 14 de febrero de 1994 (Sección 14.ª). RGD, julio-agosto 1994, núms. 598 y 599, pp. 8542 a 8544.

Ponente: limo. Sr. D. Juan Poch Serrats.

Nulidad de la renuncia al retracto hecha en cláusula impresa en el contrato, puesto que en el momento de la constitución del contrato tal derecho o expectativa jurídica aún no ha entrado en el patrimonio del arrendatario.

Fundamentos de Derecho

Segundo.—Los demandantes don J. L. D. A. y don A. G. G., formularon su pretensión de retraer, al considerar que la aportación a la sociedad, fue un medio fraudulento de burlar los derechos que los artículos 47 y 48 de la Ley de Arrendamientos Urbanos les otorga, tesis que acepta el Juzgador de Instancia, declarando el derecho a retraer el local de negocio arrendado, interponiéndose contra tal resolución, el presente recurso, reproduciendo los mismos argumentos vertidos en su contestación a la demanda y concretamente: *a)* renuncia al ejercicio del derecho y *b)* improcedencia de su ejercicio en los supuestos de aportación del inmueble arrendado a una sociedad y en consecuencia, inexistencia de una compraventa.

Respecto al argumento de ordinal *a),* son de aceptar los razonamientos y conclusiones del Juzgador de Instancia un derecho solamente puede ser renunciado cuando se ha integrado o incorporado al patrimonio jurídico y consiguientemente disponibilidad del sujeto (sentencias del Tribunal Supremo de 17 de octubre de 1956 y 21 de enero 1965 aparte debe ser tal dejación expresa y manifiesta, careciendo de tales requisitos condicionantes de su eficacia y oponibilidad, una cláusula meramente impresa en unas condiciones generales incorporadas a un contrato de arrendamiento, por representar una limitación de expectativas que por su trascendencia, merecen y requieren una «expresividad» más notoria y clara, por implicar dejación de derechos trascendentales que el ordenamiento jurídico otorga al arrendatario...

CÓRDOBA

Sentencia de 8 de febrero de 1992 (Sección 1.ª). Ar. C. 242/1992.
Ponente: limo. Sr. D. Augusto Méndez de Lugo y López de Ayala

El plazo de la acción de retracto comienza desde el conocimiento completo de la venta si se prueba que es anterior a la inscripción registral.

FUNDAMENTOS DE DERECHO

Primero. — Por evidentes razones de seguridad jurídica, y al ser los retractos legales una limitación a las facultades de libre disposición del propietario, el Legislador, a la hora de fijar un plazo para el ejercicio de la acción, cuidó mucho de que este fuera breve en el tiempo, y además, taxativamente determinó el momento o inicio para el cómputo. En efecto, el art. 1.524 del Código Civil, manteniendo el plazo de los 9 días que el Proyecto de 1851 fijó, y la Ley de Enjuiciamiento Civil respetó, a la hora de concretar la fecha inicial para el cómputo de ese plazo, vino a establecer que no podrá ejercitarse el derecho de retracto legal, sino dentro de los 9 días, contados desde la inscripción en el Registro, y en su defecto, desde que el retrayente hubiese tenido conocimiento de la venta. Sin embargo ese inicio para el cómputo del plazo de caducidad de 9 días, al no haber tenido en cuenta el Código Civil, el carácter voluntario de la inscripción que aplazaría *sine die* su comienzo, la doctrina científica, y la jurisprudencial, recaída en tomo a la interpretación de este precepto , ha venido a establecer que el art. 1.524 no ha de entenderse en el sentido literal de que habiendo inscripción registral el plazo comenzará a contarse desde ella, al ser posible, y no quedar excluido, un conocimiento anterior como punto inicial de partida. Es decir, cuando se tiene conocimiento de la venta con anterioridad a practicar la inscripción en el Registro de la Propiedad, a aquella fecha ha de contraerse el cómputo del plazo sin que, con la posterior inscripción, se vea revalidada la posibilidad de ejercitar el derecho de retracto [cfr. SS. 12 de mayo de 1956 (*Ar.* 1956, 1976), 20 de noviembre de 1958 (*Ar.* 1958, 3457), 5 de mayo de 1972 (*Ar.* 1972, 2130), 12 de diciembre de 1986 (*Ar.* 1986, 7436), entre otras].

Sentencia de 4 de septiembre de 1992 (Sección 3.ª). Ar. C. 1161/1992.
Ponente: limo. Sr. D. Eduardo Baena Ruiz

Desestimación del retracto interpuesto, a la vista de las mejoras, una vez transcurrido el plazo de caducidad de la acción en el que han de contarse todos los días desde el conocimiento de la consumación de la venta.

Fundamentos de Derecho

Segundo.—Sin hacer ahora una evolución a través de nuestro ordenamiento jurídico sobre los avatares seguidos respecto del plazo para ejercitar la acción de retracto legal, lo único que procede es afirmar que nuestra jurisprudencia desde que el Código Civil recogió el contenido del art. 1.524 ha consolidado un cuerpo de doctrina a la hora de interpretarlo que por lo que interesa en los presentes autos puede resumirse en los siguientes términos: *a)* Que el plazo de nueve días es un plazo de caducidad contándose, pues, todos los días en su cómputo (SS. 14 de noviembre de 1953 (*Ar.* 1953, 2711); 20 de noviembre de 1958 (*Ar.* 1958, 3457); 12 de febrero de 1959 (*Ar.* 1959, 1064); *b)* Que el día inicial para el cómputo del plazo es, en principio, con una interpretación correctora del precepto legal, el del conocimiento de la venta, a no ser que previamente se haya procedido a la inscripción de la misma en el Registro de la Propiedad (SS. 20 de marzo de 1925; 24 de junio de 1927; 8 de julio de 1946 (*Ar.* 1946, 992); *c)* En el supuesto de inscripción solo comenzará a computarse el plazo desde su fecha cuando no se acredite que, con anterioridad a la misma, conocía el retrayente la venta, supuesto este en que el plazo se comenzará a contar a partir de dicho conocimiento (SS. 20 de noviembre de 1958 y 5 de mayo de 1972 (*Ar.* 1972, 2130); *d)* El conocimiento de la venta debe referirse, no a su perfección, sino a su consumación, (SS. 8 de julio de 1946 (*Ar.* 1965, 1239); *e)* Para que comience a contarse dicho plazo es preciso que el conocimiento de la venta sea completo, es decir, abarque, no solo el hecho de la venta, sino también el de las condiciones esenciales de la misma; incluyendo el precio y, en su caso, el de las modalidades de su pago, cuando estas sean tales que su conocimiento pueda reputarse trascendente; (SS. 2 de octubre de 1956 (*Ar.* 1956, 3169), 22 de abril de 1958 (*Ar.* 1958, 1683); 28 de mayo de 1963 (*Ar.* 1963, 2952); *f)* Que el conocimiento de la venta puede acreditarse por cualquiera de los medios que las normas procesales admiten, entre los que se encuentra la prueba de presunciones, constituyendo una cuestión de hecho libremente apreciada por lo Tribunales.

Tercero.—Aplicando la anterior doctrina al caso de autos, no ofrece dudas, de la valoración conjunta de la prueba practicada, que el recurrente tuvo noticias de la venta, al menos, en septiembre u octubre 1988, si no antes; luego la cuestión se contrae a determinar si, también, en esa fecha tuvo un conocimiento cabal y completo, referido a todos los pactos y condiciones de la venta, de tal manera que pudiese decidir si le convenía o no retraer, como recuerda la S. 6 de junio de 1988 (*Ar.* 1988, 4820). Pues bien, no obstante reconocer la deficiente forma de haberse practicado parte de las pruebas para las que se libraron exhortos, alcanzamos la convicción, en coincidencia con el Jugador de instancia, que el retrayente tuvo conocimiento con mucha antelación a la presentación de la demanda de las condiciones esenciales en que se llevó a cabo la venta. En primer lugar, reconoce que así fue, el contestar a la pregunta novena (folio 142), don Andrés R. S., lo que viene a coincidir con la absolución de posiciones en confesión judicial del demandado, el cual, adoptando una postura sincera, reconoce que él no le manifestó las condiciones de la venta pero sí se las había comunicado el vendedor. En segundo lugar se alcanza, también, tal convicción por la propia conducta del recurrente, el cual, conocida la venta en otoño 1988, al menos, no ha probado que hiciese gestión alguna para conocer todas las condiciones y pactos de la misma, sino que, por el contrario, incluso participó en labores de mejoramiento de ella, como trocear los olivos arrancados, abonando a su primo demandado el importe de la leña, bien en nombre propio o como mandatario de otro. Se desprende de tal forma de conducirse que el pacto clave y trascendental, definidor del interés contractual del recurrente, era la cláusula precio, y que al pedirse por la parte vendedora un precio superior al millón de pesetas dejó de interesarle la compra. De ahí que cuando el demandado adquirió la finca él se aquietase a la compra, no llevase a cabo ningún acto revelador de su intención de retraer e incluso ejecutarse actos propios de una renuncia tácita de tal derecho, como fue colaborar, aunque fuese remuneradamente, en el mejoramiento de la finca. Pero, más adelante, cuando la finca ha sido notablemente mejorada, eliminando los olivos viejos, plantando olivos jóvenes y realizadas labores para un mejor desarrollo de estos plantones, el recurrente recobra el interés de la finca y es cuando se pone en contacto con el Letrado Sr. M. S., el cual no dudamos que realizase todas las gestiones que declara, pues querría conocer todos los detalles para no errar en su demanda. En consecuencia el actor conoció las condiciones esenciales de la venta, no le interesó, dejó transcurrir más de nueve días y, pasados unos meses, a la vista de las mejoras, recobró su interés, si bien ya era tarde, procediendo, por ello, desestimar el recurso.

GIRONA

Sentencia de 27 de septiembre de 1993 (Sección 2.ª). AC 109/1994.
Ponente: lima. Sra. Bassols Muntada

La actitud, en un retracto arrendaticio urbano, del actor, que había conocido la venta, inscrita en el Registro, con mucha anterioridad a la interposición de la demanda, se considera un acto de renuncia de su derecho retractual de acuerdo con el art. 7 CC.

Fundamentos de Derecho

Único.—La demanda que dio origen a estas actuaciones fue interpuesta por el actor D. José Luis P. M. contra la demandada doña Helena M. V. en ejercicio del derecho de retracto arrendaticio derivado del artículo 48 de la vigente Ley de Arrendamientos Urbanos, que dispone que en los supuestos en que no se le hubiera hecho el arrendador la notificación prevenida en el apartado precedente o se omitiere en ella cualquiera de los requisitos exigidos, resultare inferior el precio efectivo de la transmisión, menos onerosas las restantes condiciones esenciales de esta o la transmisión se realizare a persona distinta de la consignada en la notificación para el tanteo, podrá el inquilino o arrendatario ejercitar el derecho de retracto con sujeción a lo dispuesto en el artículo 1.518 del Código Civil.

Manifestaba el arrendatario actor, que en fecha 15 de mayo de 1990, los propietarios del apartamento que venía ocupando en su calidad de inquilino, vendieron a la demandada dicho apartamento, sin que se le notificara fehacientemente el hecho de la venta, y en consecuencia, cuando tiene conocimiento de la misma transmisión y de las condiciones de esta, a través de la oportuna certificación registral, solicitada a su instancia, y dentro del plazo previsto en el artículo citado de la Ley de Arrendamientos Urbanos, interpone la presente demanda de retracto.

La sentencia dictada en la instancia estimó la demanda principal dando lugar al retracto y condenando, en consecuencia, a la demandada a otorgar en favor de la actora la correspondiente escritura de compraventa.

Contra dicha resolución interpone la demandada que resultó condenada el presente recurso de apelación, alegando su letrado a través de las manifestaciones efectuadas in voce en el acto de la vista celebrado en esta alzada, en primer lugar la inexistencia del contrato de arrendamiento en que se basa el retrayente, ofreciendo a la Sala documentación suficiente que acredita el que el hermano del antiguo propietario del apartamento que dio lugar a la presente litis, quien fue el que intervino en la venta del mismo, y quien había alquilado este al actor, carecía de poderes para realizar el susodicho contrato de locación, contrato que se realizó sin el consentimiento de los propietarios, por lo que considera que al faltar el consentimiento exigido en el artículo 1.261 de nuestro Código Civil, nos hallamos ante un contrato inexistente.

Lo anterior no puede ser tenido en cuenta a los efectos de esta litis, ya que aunque la Sala diera crédito a lo esgrimido por el apelante, nos hallaríamos ante una cuestión nueva que no se habría atendido por la parte contraria y que podría dar lugar a indefensión de la misma a mayor abundamiento, como se razonará la prueba documental ofrecida para mejor proveer resulta innecesaria a las pretensiones del recurrente.

Manifestó, también el recurrente su disconformidad con la resolución impugnada, al entender que el plazo para el ejercicio de la acción de retracto establecido en el artículo 48 de la Ley de Arrendamientos Urbanos, habría caducado, puesto que, en el momento de interponer la presente demanda, habían transcurrido más de sesenta días naturales, a contar desde el momento en que el inquilino tuvo conocimiento de las condiciones esenciales en que se efectuó la transmisión, y que debido al transcurso de un largo período de tiempo, a partir de dicho momento, habría que entender renunciado el derecho retraer.

Lo cierto es que el artículo 48, citado de la Ley de Arrendamientos Urbanos, en su segundo párrafo, determina que el plazo de caducidad para el ejercicio de la acción que aquí nos ocupa, empieza a correr al día siguiente en que se notifique fehacientemente por parte del adquirente, al inquilino o arrendatario, las condiciones esenciales en que se efectuó la transmisión.

Por ello, la Jurisprudencia de nuestro más alto tribunal se ha pronunciado reiteradamente en el sentido de que el defecto de notificación fehaciente constituye un impedimento para apreciar indefinidamente la iniciación del plazo de caducidad, que nunca puede terminar sin su comienzo, siendo muchas las resoluciones que ratifican la necesidad de la notificación por parte del arrendador para empezar a contarse el plazo para el retracto por el inquilino.

La Sentencia del Tribunal Supremo de 19 de diciembre de 1968, también reitera que como ya ha advertido por este tribunal en Sentencias tales como la de 6 de febrero de 1965 y 22 de junio de 1962, por impulso de la doctrina jurisprudencial y en garantía de los arrendatarios para favorecer el fin social de acceso a la propiedad, el legislador dio al artículo 48 de la Ley de Arrendamientos Urbanos de 1956 una redacción diferente, más clara y rotunda que la del artículo de la

Ley anterior eliminando la ficción del registro y su consiguiente presunción de conocimiento, así como cualquier fuente de conocimiento que no se apoye en una notificación fehaciente mediante copia de la escritura o documento en que fuese formalizada la enajenación, salvo, en los casos en que el arrendatario o inquilino se dé por renunciado expresa o tácitamente a su derecho.

Sin embargo otras resoluciones de dicho alto Tribunal, como la de 11 de febrero de 1972, establecen que cuando la conducta observada públicamente por el arrendatario revele no solo el pleno conocimiento de la relación jurídica creada por la venta a la tercera persona, sino además el asentimiento a dicha transmisión, no se hace imprescindible la notificación, por implicar semejante forma de proceder un abandono consciente del derecho mencionado que por su significación y eficacia jurídicas entraña su renuncia implícita.

En el supuesto en estudio, lo cierto es que el actor, debió conocer forzosamente la venta del apartamento que parece ser ocupaba como inquilino el día 24 de octubre de 1990, cuando el Notario actuante, se persona en el domicilio del mismo, y le notifica que la demandada es propietaria del apartamento que él ocupa manifestándole la voluntad de la misma de dar por finalizada la relación locaticia, requiriéndole para que lo abandone y lo deje libre, vacuo y expedito a disposición de la propietaria.

A pesar de lo anterior, el arrendatario retrayente continua ocupando el apartamento, pero pretende desconocer las condiciones de la venta hasta que se expide la certificación registral que obra en los autos, sin embargo, en la prueba de absolución de posiciones, manifestó conocer el hecho de la venta desde el momento mismo en que esta se realizó, es decir el día 15 de mayo de 1990.

Lo cierto es que si el actor tiene conocimiento de la venta desde el mismo momento en que se produce, es requerido por el nuevo propietario al cabo de cinco meses de la susodicha transmisión para que desaloje la finca que viene ocupando en concepto de locatario, siendo obvia la posibilidad de que gozaba de acceder al registro de la propiedad para observar las condiciones precisas en que se llevó a cabo el contrato que le interesaba, solo como un acto de renuncia a la adquisición del apartamento que venía ocupando en concepto de inquilino, puede entenderse su actitud de aquietarse durante casi diez meses a la venta realizada sin que conste su voluntad de adquirir la vivienda, hasta la presentación de la correspondiente demanda.

El artículo 7 del Código Civil exige que los derechos se ejerciten conforme a las exigencias de la buena fe, y la referida conducta del actor en la Instancia, que conoce la venta desde el momento en que se realiza, no consta que manifieste su voluntad de adquirir el piso que ocupa, y deje transcurrir casi un año para interponer una demanda de retracto, se estima contraria a la fides e impide el que prospere la demanda principal, por entender renunciado el ejercicio de la acción de retracto, siendo en consecuencia intrascendente el que el nuevo adquirente de la vivienda no realizara en forma la notificación exigida en el artículo 47 de la Ley de Arrendamientos Urbanos.

Por lo anterior procede la estimación del presente recurso de apelación, revocación de la sentencia recurrida, debiendo absolver a la demandada de la demanda principal...

GRANADA

Sentencia de 29 de octubre de 1990 (Sección 4.ª). RGD, núm. 564, septiembre 1991, pp. 8438 y 8439.

Ponente: limo. Sr. D. Antonio del Moral Martín

La manifestación ante Notario, para su notificación al comprador de una finca, de la voluntad de ejercitar el retracto arrendaticio urbano por parte del arrendatario no se considera ejercicio del derecho ni tiene efectos enervatorios de la caducidad de la acción retractual.

Considerandos

Primero.—Que cuestión clave del presente litigio es la de determinar si, como propugna la parte apelante, la manifestación ante Notario, para su notificación al comprador de una finca, de la voluntad de retraer por parte de arrendatario debe ser considerada como ejercicio del derecho de retracto que a este confiere el artículo 48 de la Ley de Arrendamientos Urbanos y tiene, por lo tanto, efectos enervatorios de la caducidad del derecho; cuestión que ha sido clara y rotundamente dilucidada en sentido negativo por el Tribunal Supremo de Justicia en su sentencia de 12 de febrero de 1981, según la cual, la acción ha de ser entendida como el derecho mismo, o el derecho en actuación, o la facultad o modo legal de que está investido el que lo ejercita para pedir en justicia lo que le corresponde, o el derecho mismo puesto en movimiento reactivo frente a lo injusto de la conducta ajena, o la facultad para pedir la protección de un bien tutelable, o la protección de un derecho subjetivo o de un interés legítimo, por lo que el derecho de retracto arrendaticio caduca si no se ejercita la acción dentro del plazo de sesenta días, bien desde la fecha de la notificación de la venta a los arrendatarios o bien desde la en que el retrayente tuviera conocimiento cabal de la venta.

Sentencia de 3 de febrero de 1992 (Sección 4.ª). RGD, septiembre 1993, n. 588, p. 9251.

Ponente: limo. Sr. D. Antonio Molina García

En un retracto arrendaticio urbano, el plazo de ejercicio de la acción se computa desde la inscripción en el Registro aunque la notificación careciere de datos precisos.

FUNDAMENTOS DE DERECHO

Segundo.—Es preciso poner de manifiesto, anticipadamente, que para el cómputo de los sesenta días que establece el precepto antes citado ha de partirse de la notificación fehaciente hecha por el comprador y no desde la inscripción en el Registro de la Propiedad como para el retracto legal computa el artículo 1.524 del Código Civil, por ello aquí la fecha a tener en cuenta como inicial será de la carta en que le comunica haber adquirido el apartamento (10 de mayo de 1989); pero esta carta, visto su texto, claramente evidencia que no reúne las exigencias de datos pormenorizados de la compraventa por lo cual no sería en si suficiente para entender que el retrayente había tenido el cabal conocimiento preciso para poder ejercitar el retracto, pero no es menos cierto que teniendo conocimiento directo de la compraventa y hallándose está inscrita desde fechas anteriores a la carta, como antes se ha dicho, es innegable que la actora estaba en situación de conocer todas las condiciones de la venta, a través del Registro de la Propiedad, al igual que posteriormente han podido constatar el precio para efectuar la consignación. En este sentido ha de tenerse en cuenta la idea sustentada en varias sentencias del Tribunal Supremo (6 de febrero de 1965, 21 de abril de 1975) en el sentido de que no es imprescindible la referida notificación y así la de 22 de junio de 1962 dice que lo que se requiere al fin del ejercicio de la acción de retracto es el conocimiento de la enajenación con todas las circunstancias, desde cuyo instante el sujeto del derecho está en actitud manifiesta para reclamar la subrogación en la operación de compra; y por consiguiente obvio es que empezase a correr el plazo de caducidad fijado para seguridad del tráfico jurídico, cuando conste que a sabiendas y por su voluntad no hace uso del mismo, habiendo podido comprobar cabal y cumplidamente la transmisión mediante el Registro de la Propiedad como dice la sentencia del citado Tribunal Supremo de 15 de septiembre de 1990, de modo que la inscripción en este no es fecha de inicio del cómputo de la caducidad de la acción, sino presupuesto de conocimiento sustantivo para su ejercicio, y es indudable que la actora estuvo en condiciones para conocer los pormenores de la transmisión desde el momento de recibir la carta, con solo acudir al Registro de la Propiedad donde ya constaba y no haber dejado transcurrir el plazo como hizo (del 13 de mayo de 1989 al 21 de julio de 1989) dejando caducar la acción, por lo que no puede prosperar su pretensión.

Sentencia de 24 de febrero de 1992 (Sección 4.ª). RGD, septiembre 1993, n. 588, p. 9260.

Ponente: limo. Sr. D. Antonio del Moral Martín

En las inscripciones regístrales practicadas al amparo del art. 205 Lh, no se modifica el plazo de 9 días del art. 1524 CC.

Considerandos

Primero. — Que el artículo 1.524 del Código Civil establece que «no podrá ejercitarse el derecho de retracto sino dentro de los nueve días contados desde la inscripción en el Registro, y en su defecto desde que el retrayente hubiere tenido conocimiento de la venta»; y el Tribunal Supremo ha venido a matizar y completar este precepto declarando que, en el caso de que el retrayente hubiera tenido conocimiento completo de la venta y de todas sus condiciones antes de la inscripción, es desde entonces cuando debe computarse el plazo de caducidad; mas, dejando al margen la cuestión de hecho relativa a si el hoy demandante de retracto, don F. L. S., tuvo anterior y suficiente conocimiento de la compraventa otorgada por su hermano don A. a favor de don D. R. V. en 14 de diciembre de 1977, hay que atender primordialmente a la circunstancia de que dicha compraventa ha tenido acceso efectivo al Registro de la Propiedad, en cuanto que quedó inscrita en el de A. el 27 de septiembre de 1988, según consta, tanto en la propia escritura que aparece en el folio 34 de las actuaciones, como en la certificación registral del folio 70; y aunque tal inscripción se haya verificado por la vía del artículo 205 de la Ley Hipotecaria y tenga suspendidos sus efectos hipotecarios respecto a terceros durante dos años a contar desde su fecha, ello no obsta a que cumpla la función de publicidad en que se apoya el citado artículo 1.524 del Código Civil, pues como se declara en la sentencia del Tribunal Supremo de 1 de julio de 1959, si bien tales inscripciones tienen limitados sus efectos hipotecarios por razones totalmente distintas a las que se le señalan como inicial del término para ejercitar 1 acción de retracto, ello no permite despojarlas de su cualidad de inscripción y por consecuencia, eficiente desde su fecha a dar comienzo al término de nueve días fijado en el precepto citado.

HUESCA

Sentencia de 31 de marzo de 1993. AC 860/1993.
Ponente: limo Sr. Serena Puig.

El plazo de la acción de retracto comienza desde el conocimiento de la venta si se prueba que es anterior a la inscripción registral.

Fundamentos de Derecho

Segundo.—Previene al artículo 1.524 del Código Civil que la acción de retracto se ejercerá dentro de los nueve días de la inscripción en el Registro de la Propiedad y, en su defecto, desde que el retrayente hubiera tenido conocimiento de la venta, es decir, el dies a quo, o de comienzo del cómputo del plazo de caducidad, es aquél en que el retrayente tenga cumplido conocimiento de la venta y de sus condiciones, con Independencia de que lo sepa a través del Registro o bien por otros medios, no pudiendo, en este caso, esperar a la inscripción para ejercitar sus derechos, así en la sentencia de 12 de diciembre de 1986, se decía «el cómputo del plazo para el ejercicio de la acción de retracto con base en la inscripción registral solo juega cuando no consta que el conocimiento de la enajenación date de anterior fecha y que ese conocimiento sea completo respecto de todas las condiciones y circunstancias en que la venta se efectuó, para que, con suficientes elementos de juicio, pueda el interesado decidir si conviene o no a su derecho e ejercicio de la acción que le asiste, aspectos que son de la exclusiva incumbencia del Tribunal *a quo*», doctrina seguida por las de 15 de mayo y 28 de abril de 1992, 30 de octubre de 1990, 9 de febrero de 1984, 8 de abril de 1980 y 30 de octubre de 1978.

LA RIOJA

Sentencia de 4 de junio de 1993. Ar. C. 1243/1993.
Ponente: limo. Sr. D. Alfonso Santisteban Ruiz

El plazo de la acción de retracto es de caducidad, lo que se aprecia de oficio, siendo susceptible de interrupción por la interposición del acto de conciliación.

Fundamentos de Derecho

Primero. —Dictada sentencia por el Juez de instancia en la que se declaraba la nulidad de la compraventa otorgada entre los codemandados otorgada entre los codemandados el día 9 de diciembre de 1987 ante el Notario de Nájera don Andrés S. R., con número de protocolo 1377, y debo de ordenar y ordeno la cancelación, en su caso de las inscripciones y anotaciones regístrales que traigan causa de dicha escritura, para cuya efectividad líbrese mandamiento por duplicado.

Que debo declarar y declaro el derecho de don Juan M. C. de retraer la parcela 254 del polígono 15 de Cenicero referida en la demanda condenando a don Matías R.R. y doña María F. M. a que otorguen en el plazo de 1 mes a partir de la firmeza de esta sentencia escritura de venta a favor de don Juan M. C. conforme a derecho y bajo apercibimiento de otorgarla de oficio si no lo hicieran.

... por lo que respecta a la excepción de caducidad, a que se refiere el recurso la apelante en su recurso, en primer lugar ha de señalarse que el plazo de 9 días de los arts. 1.524 del CC es de caducidad (SS. 25 de noviembre de 1955 (*Ar.* 1955, 3118), 28 de febrero de 1956 (*Ar.* 1956, 1128) y 4 de mayo de 1956 (Ar. 1956, 2412), y 1.620 de la LEC, apreciable por ello de oficio (al tratarse de caducidad y no de prescripción), pues la misma se impone por ministerio de la Ley cuando transcurre determinado plazo (SS. 12 de abril de 1927 y 12 de diciembre de 1933) como presunción de abandono del derecho por su titular que deja de instarlo, pudiendo hacerlo (S. 25 de noviembre de 1948), por ello si el término fijado es de caducidad, por cuanto su transcurso se opone al ejercicio del derecho de retracto sin necesidad de que se alegue (SS. 30 de abril de 1940 (*Ar.* 1940, 304) y 9 de abril de 1948 (*Ar.* 1948, 628), pues la caducidad no requiere su alegación por las partes, y opera por sí misma una vez conocida su existencia obligando al juzgador a declararla de oficio (S. 7 de abril de 1956 (*Ar.* 1956, 1552), aplicable además a todo tipo de juicio (S. 9 de noviembre de 1950 (Ar. 1950, 1542), aunque la misma es susceptible de interrupción, pues la interposición del acto de conciliación implica el ejercicio del derecho, a que se refieren dichos preceptos de retracto, porque mediante él se pretende la constitución del negocio jurídico de subrogación que la Ley otorga, y por consecuencia si se ha efectuado dentro del plazo, la interrumpe, ya que el art. 1.524, se refiere al ejercicio del derecho (S. 30 de octubre de 1965 (Ar. 1965, 4754), pues como también señala la S. 12 de marzo de 1967, el acto de conciliación, ejercitado dentro del plazo de caducidad, la interrumpe, como consecuencia de ser un acto universal válido (S. 22 de mayo de 1965 (Ar. 1965, 3013), 17 de febrero de 1979 (Ar. 1979, 517) y 8 de noviembre de 1983 (Ar. 1983, 6065), en el mismo sentido), por ello conocido por el actor el presente procedimiento, en el acto de conciliación celebrado en fecha 10 de noviembre de 1987, la primera venta de la finca litigiosa, se debe suponer que si se interrumpió, con el juicio del retracto núm. 526/1990, seguido entre don Juan M. C. y don Matías R. R., que dio lugar al Rollo de Apelación 322/1992, en el que se estimaron la excepción de falta de legitimación pasiva (S. 2 de noviembre de 1990; y de apelación de 11 de febrero de 1991, obrantes a los folios 12 y siguientes de los autos y en el presente rollo de apelación), incuestionado además tal procedimiento por la parte, en el que se conoció por el actor Juan M. C. la venta última a don Francisco R. M., como se viene a admitir en el recurso de apelación por la parte apelante, y por lo tanto dictada la Sentencia indicada por esta Sala 11 de febrero de 1991, notificada a las partes el 15 de febrero de 1991, con presentación a la demanda causa del presente recurso el 23 de febrero de 1993, es claro que no ha transcurrido dicho plazo, pues tal plazo inicia su cómputo cuanto consta el conocimiento de la enajenación (S. 12 de diciembre de 1986 (*Ar.* 1986, 7436), análogas de 1958 (*Ar.* 1958, 3457) y 8 de febrero y 21 de diciembre de 1946), y aun cuando el plazo de 9 días se debe contar desde la inscripción registral SS. 14 de marzo de 1956 (*Ar.* 1956, 1514) y 27 de febrero de 1954 (*Ar.* 1954 (*Ar.* 1954, 981), tal cómputo para ejercitar el retracto contado a partir de la inscripción solo cuenta, cuando no consta el conocimiento por el retrayente de la enajenación anterior (S. 31 de octubre de 1981 y análoga de 20 de noviembre de 1958), por lo tanto, aun cuando en algún sentido se haya entendido, que el plazo de caducidad no admite interrupción del tiempo, en el caso presente es que también se debe tener en cuenta, que el plazo comentado solo podía iniciarse a partir de la notificación de la sentencia dictada en grado de apelación en el juicio de retracto de referencia, en cuyo transcurso tuvo el actor conocimiento de la transmisión real operada, como se ha expuesto, y vienen a admitir las partes, por lo que aun cuando se llegase a admitir la no interrupción, tal plazo no había transcurrido, por lo que se debe concluir con la desestimación de la pretendida caducidad.

LAS PALMAS

Sentencia de 20 de enero de 1994 (Sección 1.ª). Ar. C. 81/1994.
Ponente: limo. Sr. D. Pedro Marcelino Rodríguez Rosales

Equiparación de la demanda de justicia gratuita al ejercicio de la acción de retracto —arrendaticio urbano— a efectos del plazo de caducidad.

Fundamentos de Derecho

Cuarto.—La cuestión se concentra, consiguientemente, en decidir si la solicitud del beneficio de justicia gratuita implica el ejercicio de la acción de retracto.

Son varias las resoluciones del Tribunal Supremo que equiparan la demanda de justicia gratuita al ejercicio de la acción principal. Vamos a citar varias, advirtiendo que, aunque se refieren al tema de la interrupción de la prescripción, lo que nos interesa de ellas es que sientan la doctrina de que dicha interrupción se ha producido en virtud del ejercicio procesal de la acción, que ha revestido la forma de la solicitud de justicia gratuita.

Así, la Sentencia de 17 marzo 1986 (*Ar.* 1986, 1474), después de afirmar que el ejercicio de la acción va ínsito en la interposición del escrito postulando el beneficio de asistencia judicial gratuita, añade que la solicitud de nombramiento de Abogado y Procurador «representa el punto de partida de trámites enderezados a la formalización de la demanda principal que escapan en buena parte a la esfera de la voluntad y la actividad del interesado, como así lo evidencian los antiguos arts. 41 y siguientes de la Ley de Enjuiciamiento Civil. Según el art. 1.973 del Código Civil, el efecto interruptivo se produce por el ejercicio de la acción ante los Tribunales, categoría en la que debe inscribirse la solicitud que se considera por cuanto es obligado antecedente de la demanda principal».

La tesis del Tribunal Supremo ha sido continuada por otras sentencias posteriores. La de 9 de julio de 1988 (*Ar.* 1988, 5602) explica que «dado que la demanda en solicitud del beneficio de justicia gratuita se presentó el 11 de mayo de 1985, es claro que la mentada acción no cabe estimarla prescrita, ya que el instituto de la prescripción quedó interrumpido por aquella demanda, cuya presentación llevaba implícito el uso de la acción civil ante los Tribunales».

La Sentencia de 26 de noviembre de 1988 (*Ar.* 1988, 8714) sigue el mismo criterio. Por todo lo cual, entendemos que la acción no ha caducado.

LLEIDA

Sentencia de 15 de noviembre de 1994 (Sección 2.ª). Ar. C. 2333/1995.

Ponente: limo. Sr. D. Antonio Angós Ullate

Procedencia del retracto arrendaticio urbano en las subastas judiciales, en cuyo caso la participación en la subasta por parte del retrayente no entraña la pérdida de su derecho a retraer. Inexistencia de la caducidad de la acción, cuyo plazo se cuenta desde la comparecencia en el procedimiento del art. 131 Lh.

Fundamentos de Derecho

Segundo.—Primeramente hemos de examinar la excepción de caducidad de la acción planteada por el demandado, problema que a su vez nos llevará al análisis de la legislación aplicable al retracto del inquilino de una vivienda adquirida en subasta judicial.

Al respecto, la Sentencia del Tribunal Supremo de 30 de junio de 1994 (*Ar.* 1994, 5997) (que cita las de 2 de marzo de 1959 (*Ar.* 1959, 1498), 23 de enero de 1971 (*Ar.* 1971, 4522), 2 de mayo de 1975, 30 de octubre de 1990 (*Ar.* 1990, 8268), 1 de julio de 1991 (*Ar.* 1991, 5311) y 11 de julio de 1992 (*Ar.* 1992, 6280) siendo la doctrina jurisprudencial que puede sistematizarse del siguiente modo: A) La Ley de Arrendamientos Urbanos establece un derecho de adquisición preferente en favor de los arrendatarios de vivienda (y, en general, de cualquier arrendatario) cuando se produce la venta del piso (o local), que se puede ejercitar a través de una de estas dos vías: el tanteo, a partir de la notificación fehaciente que debe efectuar el propietario que se propone vender indicando la persona adquirente (art. 47 (RCL 1964, 2885; RCL 1965, 86 y NDL 1844) y el precio fijado para la venta; y el retracto (art. 48), que se concede cuando no se le hubiere hecho la notificación anterior o se omitieren los requisitos exigidos, resultare el precio inferior, menos onerosas las restantes condiciones o se realizare a persona distinta de la consignada en la notificación para el tanteo. B) El derecho de adquisición preferente de la propiedad también debe reconocerse en los casos de venta judicial pues la propia Ley lo prevé respecto al arrendador en su art. 33. C) Como la Ley no regula el ejercicio del tanteo en favor del arrendatario de vivienda vendida en pública subasta, solo cabe aplicar por analogía el art. 33 o permitir directamente el retracto previsto en el art. 48 para los casos en que no se dio la notificación fehaciente prevista en el art. 47, situación que es lo habitual, pues el procedimiento judicial difícilmente permite al inquilino disponer del plazo de sesenta días para el ejercicio de su derecho y conocer directamente las condiciones de la subasta. D) Por ello, la participación del inquilino en la subasta no le impide ejercitar el derecho de retracto. Esta es la doctrina que la Sala asume superando criterios anteriores que haya podido seguir.

En el presente supuesto debemos concluir, siguiendo la anterior tesis, que, como no ha habido notificación fehaciente al actor, no podemos aceptar la caducidad del derecho de retracto por el transcurso del plazo de sesenta días, y que el art. 48.2 contempla a partir precisamente de dicha comunicación. En cualquier caso, no transcurrió dicho término desde que tuvo conocimiento de la subasta, es decir, cuando compareció en el procedimiento del art. 131 de la Ley Hipotecaria, que lo fue el día 15 de junio de 1993, hasta que presentó la demanda objeto del presente juicio: 30 de julio de 1993.

MADRID

Sentencia de 23 de junio de 1992 (Sección 21). Ar. C. 874/1992.
Ponente: limo. Sr. D. José Tomé Paule

Innecesidad de notificación fehaciente de la venta para el cómputo del plazo de la acción de retracto arrendaticio urbano cuando se pruebe el conocimiento cabal y completo por el retrayente de las condiciones esenciales de la enajenación.

Fundamentos de Derecho

Quinto.—El retracto legal es un derecho que ha de ejercitarse en el plazo marcado en el párr. 2.° del art. 48 de la Ley Arrendaticia Urbana, plazo que, como pone de relieve la STS 24 de febrero de 1991 (Ar. 1961, 904) es de caducidad y no de prescripción. Y si bien es cierto que la Ley inicia el cómputo de ese plazo a partir del momento de la notificación fehaciente, es lo cierto que, como aclara la STS 24 de mayo de 1988 tal notificación no es necesaria cuando se pruebe el conocimiento cabal y completo por el retrayente de la operación de venta y de sus condiciones esenciales y tanto por la intervención del ahora retrayente en el proceso penal que se tramitó como en el proceso civil de ejecución hipotecaria existen sobrados motivos para mantener que el señor N. conocía la venta y sus circunstancias desde mucho antes de los sesenta días naturales que la Ley le concede para el ejercicio del derecho. Por todo ello procede confirmar en todas sus partes la sentencia apelada y ello con expresa imposición de las costas de este recurso al apelante por estimar la Sala la existencia de la mala fe procesal en su actuación en este recurso.

Sentencia de 16 de febrero de 1993 (Sección 13.ª). Ar. C. 197/1993.
Ponente: limo. Sr. D. Francisco López Simó

Caducidad de la acción de retracto —arrendaticio urbano— al ser inoperante a efectos interruptivos el ejercicio del derecho de retracto en proceso anterior y distinto.

Fundamentos de Derecho

Tercero.—Como es sabido, dos maneras tiene la Ley de impedir que prosperen ante los tribunales los derechos cuya virtualidad se ha extinguido por el transcurso del tiempo prefijado para su eficaz ejercicio: la caducidad y la prescripción, y, aunque ambas «producen el mismo efecto extintivo y sirven a la común finalidad de impedir que permanezcan indefinidamente inciertos los derechos» (STS 26 de junio de 1974) (*Ar.* 1974, 3375), ofrecen la nota diferencial, entre otras, de que mientras la prescripción puede interrumpirse (como dice la doctrina, en la prescripción la posición subjetiva del titular puede afirmarse a través de actos interruptivos o del reconocimiento del derecho por el sujeto pasivo), los plazos de caducidad no son susceptibles de interrupción, ni les es aplicable lo dispuesto en el art. 1.973 CC (en general, en la caducidad se trata de plazos o, más bien, términos breves, sobre todo perentorios o improrrogables —SSTS. 23 de enero de 1960 (*Ar.* 1960, 439) y 1 de julio de 1970 (*Ar.* 1970, 4367)—y, además no susceptibles de interrupción, fatales). En este sentido, los de caducidad son, pues, casos de extinción de derechos por el transcurso del tiempo, en los cuales, a causa de la naturaleza del derecho (generalmente, derechos potestativos), el plazo corre inexorablemente, sin que pueda ser detenido por actuación alguna, mientras no se ejercite la acción correspondiente, de modo que, como ha señalado nuestra más autorizada doctrina científica, en al caducidad no valen, por tanto, para interrumpir la extinción, ni la reclamación extrajudicial, ni el reconocimiento del deudor, e incluso el ejercicio de la acción no vale sino en cuanto sea victorioso. No cabe aquí propia interrupción, sino que las acciones, o se ejercitan con éxito en tiempo hábil, o caducan inevitablemente. Y entre los supuestos más conocidos y menos discutidos de caducidad establecidos en nuestro ordenamiento jurídico, se encuentran los de ejercicio del derecho de retracto, y, por tanto, cómo uno de ellos, el retracto arrendaticio urbano, dado que conforme a la LAU (arts. 47 y siguientes) el arrendatario de un piso o local de negocio o casa en propiedad individual puede retraerlos en caso de venta o, en cuanto a las viviendas, división de la cosa común (salvo si la comunidad es de herederos); derecho de retracto que, según el art. 48.2 LAU, concretamente «caducará a los sesenta días naturales, contados desde el siguiente a la notificación que, en forma fehaciente, deberá hacer en todo caso el adquirente al inquilino o arrendatario de las condiciones especiales en que se efectuó la transmisión». Es este, en suma, un derecho cuyo plazo de ejercicio es breve, e indudablemente de los llamados en la doctrina y la jurisprudencia «de caducidad» (así SSTS, 30 de octubre de 1965 (Ar. 1965, 4754) y 21 de abril de 1975 (Ar. 1975, 1820).

Cuarto.—Sobre la base de la doctrina que se acaba de exponer en torno a algunas de las notas más caracterizadoras de la caducidad, ha de entenderse en el caso del presente recurso que el derecho que pudiera asistir la demandante para retraer la vivienda de la calle Ibiza núm. 52, 6.ª A, de Madrid, caducó por no haberlo ejercitado dentro del término de los sesenta días que concede el art. 48.2 LAU, ya que consta en autos (f. 48, acuse de recibo) que el 20 de septiembre de 1989 la inquilina demandante, señora S. A., tuvo conocimiento de la transmisión de la propiedad, que es el hecho decisivo a efectos de la iniciación del plazo para el retracto, y la demanda inicial de este pleito fue promovida el día 20 de julio de 1990 (con diligencia de presentación del 23 de julio de 1990; folio 21, vuelto); siendo inoperante a efectos interruptivos, como bien dice el juez *a quo* en el fundamento de derecho tercero de su sentencia, el ejercicio anterior por la demandante de la acción de retracto sobre la referida vivienda. Ciertamente el Tribunal Supremo ha reconocido en su S. 22 de mayo de 1965 (Ar. 1965 (Ar. 1965, 3013) que, con todo, «la regla general de la imposibilidad de interrumpir los plazos de caducidad de la acción tiene que admitir determinadas excepciones...», y varias sentencias (SSTS 5 de julio de 1957 (*Ar.* 1957, 2554), 12 de diciembre de 1962 (*Ar.* 1962, 4847) y 30 de octubre de 1965) han dado carácter interruptivo a la interposición del acto de conciliación, habiendo precisado la última citada, relativa precisamente a retracto, que «la interposición del acto de conciliación con consignación del precio implica el ejercicio de tal derecho...» (en el mismo sentido, STS 30 de abril de 1940 (*Ar.* 1940, 304); esta doctrina jurisprudencial que la recurrente invoca, sin embargo, no puede, a juicio de este Tribunal, aplicarse en el presente caso, en que se trata de ejercicio del derecho de retracto arrendaticio en un proceso anterior y distinto (en lugar del 91,66% que ahora se pide, solo se reclamaba entonces el derecho a retraer el 45,83% del total de la vivienda transmitida) y sin éxito (la sentencia que finalizó la primera instancia de aquel proceso, aportada a este por la actora; folios 11 al 14, desestimó la demanda), por lo que poco o nada tiene que ver con la hipótesis de haberse interpuesto en tiempo hábil acto conciliatorio a que se refiere la citada jurisprudencia, y, como ha dicho además el propio Tribunal Supremo —a propósito de la interrupción de la prescripción, art. 1.973 CC, aunque con mayor motivo podría decirse de la caducidad, en atención a lo que antes se ha subrayado sobre los caracteres de sus plazos—, los casos de interrupción no pueden interpretarse en sentido extensivo, por la incertidumbre que llevaría consigo la exigencia y virtualidad del derecho mismo (S. 18 de abril de 1989 (Ar. 1989, 3064). Por tales argumentos procede desestimar el recurso que se interpone contra la sentencia de primera instancia, cuyos pronunciamientos deben confirmarse.

Sentencia de 18 de mayo de 1993 (Sección 11.ª). RGD, septiembre 1993, núm. 588, pp. 8796 a 8791.

Ponente: limo. Sr. D. José Manuel Suárez Robledano.

El plazo del retracto —arrendaticio urbano— se computa a partir del momento en que el retrayente ha tenido conocimiento completo de la venta y sus circunstancias, incumbiendo al adquirente la obligación de participar al inquilino las circunstancias de la transmisión operada.

Fundamentos de Derecho

Segundo.—Dos son los puntos que centran el debate del recurso en razón del planteamiento defensivo realizado por el recurrente en la primera instancia, a saber, la existencia o no de conocimiento de la venta por el retrayente con anterioridad al plazo de caducidad del ejercicio del derecho del retracto contemplado en el párrafo segundo del artículo 48 de la Ley de Arrendamientos Urbanos y, en segundo lugar, la improcedencia del retracto sobre parte de la finca registral transmitida al recurrente como cuerpo cierto y como tal finca hipotecaria. No debiendo olvidarse que la omisión de la existencia del alquiler a favor del apelado en la escritura de compraventa impidió al Registrador de la Propiedad la calificación de los extremos atinentes a la notificación al inquilino de dicho negocio jurídico, tal y como prescribe el artículo 55 de la Ley de Arrendamientos Urbanos, procede recordar que —en relación con los artículos 47 y 48 de dicha Ley— la jurisprudencia tiene declarado que el plazo del artículo 48.2 de la Ley, para su ejercicio, se computa a partir del momento en que el retrayente ha tenido conocimiento completo de la renta y de sus circunstancias (sentencias de 25 de enero y de 15 de septiembre dé 1990), incumbiendo, en todo caso, al arrendador adquirente la cumplida, completa e ineludible obligación de participar al inquilino las circunstancias de la adquisición operada. En el caso examinado, tal y como se desprende del relato fáctico más arriba anticipado, ni el apelado conoció la transmisión ni se le comunicó fehacientemente impidiendo al Registrador la apreciación del defecto subsanable de tal notificación antes de la inscripción de la venta y, por último sin que todo ello quede desvirtuado por el hecho de percibir las rentas desde 1980 el recurrente ya que, al trabajador para la inicial propietaria y arrendadora —tal y como reconoció al prestar su confesión judicial— supuso el apelado que percibía la merced por encargo, cuenta y orden de doña J. y en beneficio de esta. Añadir, por último, que el documento privado aportado por el demandado, de acuerdo con lo dispuesto en los artículos 1.224 y siguientes del Código Civil, no afectaba ni es oponible al recurrido, tercero no interviniente en su elaboración.

Sentencia de 20 de septiembre de 1994 (Sección 13.ª). RGD, enero-febrero 1995, núms. 604 y 605, pp. 937 y 938.

Ponente: limo. Sr. D. Modesto de Bustos Gómez-Rico

Derogación del art. 1619 LEC por el art. 1524 CC. El plazo para el ejercicio del retracto se cuenta desde el día siguiente a realizarse la inscripción y no desde el asiento de presentación del título en el Registro al solo procurar un conocimiento parcial e insuficiente de la transmisión, salvo que cumplidamente se acredite por los demandados que el retrayente conoció la venta y sus pactos de modo completo antes de la inscripción, en cuyo supuesto se computará desde dicho conocimiento.

Fundamentos de Derecho

Cuarto. —Respecto al plazo de ejercicio del retracto debe concretarse en primer lugar si los preceptos vigentes y aplicables son los artículos 1.618.1 y 1.620 de la Ley de Enjuiciamiento Civil o, por el contrario, el artículo 1.524 del Código Civil y, en segundo lugar, si en todo caso es aplicable el artículo 1.619 de aquel Cuerpo legal procesal que permite, si el que intentare el retracto no reside en el pueblo donde haya otorgado la escritura que dé causa a él, ampliar los nueve días con uno por cada 30 kilómetros que distare de su residencia dicho pueblo.

Pues bien, en lo que atañe al primer punto la jurisprudencia del Tribunal Supremo viene reiterando de modo constante y unánime que el artículo 1.524 del Código Civil revisa lo preceptuado en los artículos 1.618 y 1.620 de la Ley de Enjuiciamiento Civil con los que resulta incompatible, debiendo reputarse por aquél derogados, añadiendo que el artículo 1.524 al señalar como comienzo del cómputo de los nueve días para el ejercicio del derecho de retracto la fecha de inscripción de la venta, que no la del asiendo de presentación del título del Registro al solo procurar un conocimiento parcial e insuficiente de la transmisión, establece la presunción de la transmisión, establece la presunción iuris et de iure de que en ese momento conoce el retrayente la enajenación de la finca, con lo que aquél plazo se contará desde el día siguiente a realizarse la inscripción —sentencias de 26 de febrero y 15 de diciembre de 1956, 1 de julio de 1959—, si bien cuando cumplidamente se acredite por los demandados, que es a quien incumbe, que el retrayente conoció la venta y sus pactos de modo cabal y completo con anterioridad a la fecha de la inscripción, el plazo se computará a partir de dicho conocimiento, pero no así cuando se invoque que el conocimiento fue posterior a la inscripción —sentencias de 5 de mayo de 1972, 27 de diciembre de 1988, 21 de marzo y 30 de octubre de 1990, 20 de mayo y 1 de julio de 1991, 19 de mayo de 1992, 21 de julio de 1993 y 11 de marzo de 1986—. Plazo que, como es sabido, es de caducidad, no admite interrupción, no se excluye de su cómputo los días inhábiles y obliga a la presentación, antes de su vencimiento, de la demanda y hacer la consignación aunque estos trámites no se efectúen al mismo tiempo —sentencia de 30 de septiembre de 1992—.

Resuelta la primera cuestión queda por dilucidar si el mencionado plazo es susceptible de extensión en virtud del artículo 1.619 de la Ley de Enjuiciamiento Civil, como así se mantiene en la sentencia apelada en sustento del válido y eficaz ejercicio de la acción (Fundamento de Derecho Cuarto). En tal extremo no es posible compartir la tesis de la sentencia, pues es doctrina jurisprudencial consolidada la expresiva de que el artículo 1.524 del Código Civil derogó el antes citado artículo 1.619 de la Ley de Enjuiciamiento Civil sobre ampliación del plazo de nueve días establecido para la interposición de la demanda de retracto, por lo que ha de estarse a lo dispuesto en dicho artículo 1.524.1 — sentencias del Tribunal Supremo 20 de marzo de 1925, 21 de febrero de 1931, 4 de abril y 4 de junio de 1955, 21 de febrero de 1931, 4 de abril y 4 de junio de 1955 y la más reciente de 28 de abril de 1992 (Ar. 3.418) que cita a las anteriores—...

MÁLAGA

Sentencia de 19 de noviembre de 1992 (Sección 4"). Ar. C. 1597/1992. Ponente: limo. Sr. D. Francisco Javier Arroyo

El ejercicio del retracto arrendaticio urbano 7 años después de la venta constituye abuso de derecho y ha sido realizado con mala fe porque no existía interés inicial durante largo tiempo en el retracto que solo surge cuando se va a producir el desalojo.

Fundamentos de Derecho

Cuarto. — Aun reconociendo legitimación activa a la señora S. G. no puede ignorar se que, al menos, desde 1985 hasta enero 1992, pudo y no quiso ejercer la acción de retracto, aunque también debe reconocerse que el demandado no facilitó los datos de la transmisión. La señora S. G. tras conocer el cambio de titular dominical actuó pasivamente, limitándose a no pagar las rentas, por lo que fueron promovidos al menos cuatro procedimientos de desahucio, y sin duda esa era la posición más ventajosa para ella, ya que abonando una renta cuasi simbólica, no le debía resultar interesante retraer la finca, y por ello no indaga por los procedimientos establecidos al efecto las circunstancias del cambio de propietario. Es en enero 1992, cuando presenta demanda de retracto, y sin embargo desde el 12 de junio de 1990 se había dictado sentencia en la que se negaban efectos enervatorios a la consignación operada. Es decir, la actora comienza a mostrar interés por el retracto, cuando conoce que deberá abandonar la vivienda, pues hasta entonces le era más cómodo y menos gravoso hacer frente a la parca renta que se devengaba.

De todo ello concluye la Sala que la demandante ostenta legitimación activa, al menos formalmente, pero el derecho que tiene a retraer por no haberle sido comunicado las condiciones de la cesión, ha sido ejercitado con manifiesta mala fe, pues durante siete años no ha mostrado interés por averiguar el precio y demás cláusulas, ya que abonando tan exigua renta no era conveniente ni interesante conocer el precio de la operación, y con la presente demanda introduce una cufia dentro de una situación jurídica consolidada por su propia voluntad, ya que mediante actos propios jurídicamente eficaces, aceptó la transmisión sin oponerse a ella, ni intentar subrogarse en la posición del nuevo propietario, postulando la retracción cuando era evidente que no podía continuar con su condición de arrendataria, por la que claramente había optado, como más beneficiosa que la era; por ello, impetrar tras siete años el auxilio judicial accionando de retracto, supone el ejercicio de un derecho con mala fe manifiesta, lo cual prohíben el art. 9 de la Ley de Arrendamientos Urbanos (RCL 1964, 2885; RCL 1965, 86 y NDL 1844) y el art. 7 del Código Civil.

Quinto.—Este Tribunal admite que el demandado no actuó con la necesaria lealtad al dejar de comunicar las condiciones de la transmisión, y ello habría sido decisivo si se hubiese ejercitado la acción de retracto en el plazo legal (art. 47 de la LAU), o desde el conocimiento de aquélla, y si la información no era completa, se debió intentar su ampliación, pero al no efectuarse ello queda acreditado que la señora S. no tenía interés alguno en abonar el precio de la compraventa, donación o similar, empeño que solo surge cuando va a ser desalojada, y ello tras discurrir, al menos, siete años desde que conoció el hecho escueto del cambio de propietario, conducta impregnada de mala fe y que por ello no debe prosperar, máxime cuando por «actos propios» ha hecho dejación ostensible de su derecho.

PAMPLONA

Sentencia de 24 de septiembre de 1990 (Sección 2.ª). RGD, julio-agosto 1991, núms. 562 y 563, pp. 6899 a 6902.

Ponente: limo. Sr. D. Alfonso Otero Pedrouzo

La única forma de ejercitar el retracto —gentilicio del Fuero Nuevo de Navarra— es a través de la correspondiente demanda o acto procesal equivalente, que puede ser el acto de conciliación, pero nunca la vía notarial. Carece de consistencia distinguir entre el reconocimiento del derecho a retraer, sometido a la caducidad, y el ejercicio de la acción para obtener la declaración de tal derecho, sujeta a prescripción.

Fundamentos de Derecho

Quinto.—Ya hemos proclamado la viabilidad del retracto por medio del acto conciliatorio, pero desde luego seguido de demanda, como claramente expresaba la jurisprudencia arriba citada.

Pero el problema surge a la hora de determinar en qué plazos debe presentarse la demanda indicada, intentada la conciliación, dado que la repetida jurisprudencia acudía a los dos meses del artículo 479 de la Ley de Enjuiciamiento Civil, hoy de distinta regulación tras la importante reforma procesal del año 1984 —ahora contiene una implícita remisión a los artículos 1.947 y 1.973 del Código Civil y 944 del Código de Comercio—. La cuestión se hace más espinosa si se repara en que, acaso por incoherencia legislativa, los artículos 1.621 y 1.622 de la Ley de Enjuiciamiento Civil mantienen en el juicio de retracto la exigencia de la conciliación, un tanto incomprensible tras la señalada reforma de 6 de agosto de 1984. De ahí que algunos autores, comentando esta reforma, opinen que desaparecida la necesidad de la conciliación y superado el requisito de los dos meses en la prescripción extintiva -aunque la jurisprudencia ya lo rechazaba-, debe sostenerse que los plazos de caducidad no se interrumpen por el acto de conciliación.

Si arduo es el tema en relación con la conciliación, insoluble es respecto del conducto notarial. De seguirse la tesis de la recurrente se crearía un clamoroso vacío regulador, una inadmisible indeterminación, pues «ejercitado» el retracto ante el Notario, el sedicente retrayente no quedaría sujeto ya a plazo alguno para acudir a los Tribunales, salvo el prescriptivo indicado de treinta años. No se nos negará que esta solución se compadece mal con aquellas razonables ideas de brevedad, certeza y seguridad jurídica...

SEVILLA

Sentencia de 7 de febrero de 1992 (Sección 6.ª). RGD, octubre-noviembre 1993, núms. 589 y 590, p. 10818.

Ponente: limo. Sr. D. Francisco de Paula Piñero Carrión

El plazo de la acción de retracto comienza desde el conocimiento de la venta si se prueba que es anterior a la inscripción registral.

Fundamentos de Derecho

Primero. — La jurisprudencia del Tribunal Supremo en este primer extremo objeto de tratamiento y decisión, cual es, la oportunidad o rechace de la caducidad de la acción de retracto de colindantes cuando se trate de la venta de una finca rústica establecido en el artículo 1.523 del Código Civil, es clara y contundente: saliendo al paso de la anomalía que pudiera significar que quien tuvo conocimiento de la venta antes de la inscripción en el Registro pretendiera validar la acción por la posterior constancia en el mismo, ha declarado que el cómputo del plazo que señala el artículo 1.524 a partir de la inscripción, solo juega cuando no consta que el conocimiento de la enajenación data de fecha anterior, entendiendo la incidencia de tal conocimiento precedente si el mismo queda probado en autos. Y negar que en el concreto supuesto sometido a resolución en este proceso, no ha quedado acreditado tal extremo equivaldría a desautorizar sin respaldo la indudable entidad probatoria que al efecto encierran las circunstancias o acaecimientos que caracterizan la hipótesis que se examina. La realidad de la compra de la finca llevada a cabo por el demandado a doña D. R. M. hermana de la actora retrayente en documento privado fechado el 24 de agosto de 1981; las ofertas anteriores hechas por doña D. a sus hermanas; el intento de deshacer el contrato con la idea de que la finca fuese adquirida por sus familiares; la lógica intuición y natural discernimiento, —no información que conlleve iracción del secreto profesional— que se desprende del propio desarrollo de la actividad asesora del Letrado que intervino; la misma existencia de un proceso anterior promovido con el fin de alcanzar la declaración de validez del contrato concertado en 1981 y su elevación a escritura pública en el que doña D. fue asistida por dicho Letrado; la fecha —30 de mayo de 1989 anterior a la escritura pública de la venta— del poder otorgado por la actora a favor de Procuradores; todo ello unido al dato no exento de importancia que se desprende de la estrechez de lugar que normalmente caracteriza a núcleos de reducida población, son datos significativos y explícitos para sentar que la retrayente tuvo completo conocimiento de la venta y sus condiciones con anterioridad a la fecha de la inscripción en el Registro de la Propiedad.

TOLEDO

Sentencia de 22 de diciembre de 1994 (Sección 1.ª). Ar. C. 2248/1995.
Ponente: limo. Sr. D. José Luis Quesada Varea.

El cómputo de la acción de retracto —arrendaticio urbano— ante la enajenación del inmueble en subasta pública en un procedimiento de ejecución judicial se inicia desde que el retrayente tuvo conocimiento de las condiciones sustanciales de la transmisión por información del Registro de la Propiedad.

Fundamentos de Derecho

Tercero.—La caducidad de la acción por el transcurso del plazo de sesenta días previsto en el artículo 48.2 de la Ley de Arrendamientos Urbanos, se fundamenta en que el momento inicial del cómputo en los casos de venta de la finca arrendada en pública subasta es el de la publicación por medio de edictos, en los diarios oficiales, del anuncio de la subasta y de sus condiciones generales, que no pueden ser desconocidas en razón de tal publicidad general por el retrayente, conforme a lo declarado también por la Sentencia de 10 de febrero de 1993.

Tal excepción encierra dos cuestiones diversas, cuales son la determinación del momento en que surge la acción de retracto y la fijación del *dies a quo* para el cómputo del plazo de caducidad para su ejercicio.

En cuanto a la primera, la Sentencia del Tribunal Supremo de 11 de julio de 1992 expone los dos criterios jurisdiccionales al respecto, especificando las resoluciones y los diversos argumentos que permiten considerar que es la consumación o perfección de la venta mediante la celebración de la subasta con aprobación del remate y adjudicación al rematante de la finca subastada lo que origina el nacimiento de la acción. No obstante, el comienzo del término legal para el ejercicio de la misma queda establecido en el artículo 48.2 de la Ley especial, que habrá de contarse desde el día siguiente a la notificación al arrendatario de las «condiciones esenciales» de la transmisión (comprensivas del precio, los datos personales del comprador y demás estipulaciones del contrato, conforme al primer párrafo del artículo 47), y ello «mediante entrega de la copia de la escritura o documento en que fuere formalizada». No hay duda que el conocimiento por parte del arrendatario, que el legislador pretende que sea exhaustivo, no puede suplirse por la publicidad derivada de los edictos de la subasta, pues estos no son significativos ni siquiera de la transmisión del bien, en cuanto es posible que las subastas anunciadas queden desiertas, ni del precio, dado que los edictos solo consignan el tipo de partida de la primera de las subastas y la tercera se celebra sin sujeción a tipo, ni, lógicamente, del adquirente, máxime cuando el ejecutante puede pedir la entrega en administración de los bienes y es admisible la cesión del remate a terceros (artículos 1.505 y 1.499 de la Ley de Enjuiciamiento Civil), e incluso tampoco las condiciones de la adquisición, puesto que el artículo 1.507 del mismo texto legal admite en tercera subasta el ofrecimiento del pago a plazos y la alteración de «cualquier otra condición» de la misma.

A tenor de la jurisprudencia, con la excepción constituida por la Sentencia de 10 febrero 1993 citada, ni la presencia del arrendatario en el acto de la subasta, ni tan siquiera su intervención como licitador, es determinante de su conocimiento de las condiciones de la venta ni suple las notificaciones prevenidas para el tanteo y el retracto en la Ley de Arrendamientos Urbanos (Sentencias de 23 de enero de 1971 y 30 de junio de 1994), por lo que menos aún podrá predicarse dicho conocimiento de la simple publicación en los diarios oficiales de las condiciones, no ya de la venta, sino de la subasta judicial de la finca.

En virtud de lo que antecede, y en lo que atañe al supuesto enjuiciado, la retrayente solo puede saber la modificación de la titularidad dominical del inmueble que ocupaba desde la visita que le hizo el nuevo propietario en febrero de 1993, y tuvo conocimiento de las condiciones sustanciales de la transmisión únicamente cuando obtuvo la oportuna información del Registro de la Propiedad mediante nota simple el 10 de marzo del mismo año, por lo que, cualquiera que sea la tesis que se adopte acerca de si tal conocimiento es hábil para soslayar el incumplimiento de la obligación de notificar impuesta al adquirente por el artículo 48 de la Ley arrendaticia, el *dies a quo* del plazo de caducidad para retraer no puede ser anterior a la última fecha mencionada, y habiéndose presentado la demanda ante el Juzgado el día 23 de abril, cabe afirmar que no había tenido ocasión de producirse la caducidad de la acción por el transcurso de los sesenta días que marca la Ley.

VALENCIA

Sentencia de 27 de abril de 1989. AC 105/1989.
Ponente: limo. Sr. Boquera Oliver

El derecho de retracto no nace con la enajenación, sino que existe desde que se constituyó por disposición de la Ley, siendo posible que el arrendatario renuncie al retracto en el contrato de arrendamiento urbano.

Fundamentos de Derecho

Cuarto. — ...parece oportuno pronunciarse sobre la renuncia del derecho de retracto por la demandante, pues en su eficacia se ha fundado de modo principal la sentencia apelada. Lo primero que conviene aclarar es que el derecho de retracto no nace cuando se enajena la cosa que se quiere retraer, sino que existe desde antes (desde que se constituyó por negocio jurídico o por disposición de la Ley) y se puede hacer valer cuando tal enajenación se realiza, de la misma manera que el derecho de hipoteca existe desde que se establece, y no solamente a partir del momento en que la obligación asegurada se incumple y se puede ejercitar el *ius distrahendi*. En el caso examinado las partes que concertaron el arrendamiento convinieron, al contratar este, que el arrendatario renunciaba al derecho de retracto en caso de enajenación del local de negocio arrendado, según consta en la estipulación sexta del documento correspondiente acompañado a la demanda. Lo que realmente hicieron los contratantes del arrendamiento fue regular los efectos de este y suprimieron, en uso de la autonomía de la voluntad, uno de ellos, el nacimiento del derecho de retracto. La validez de esta decisión depende e que se entienda que los preceptos que establecen el retracto arrendaticio son de derecho necesario o tienen naturaleza dispositiva. Según el artículo 6.3, de la Ley de Arrendamientos urbanos, los arrendatarios de locales de negocio pueden renunciar a los beneficios que les confiere la Ley, salvo el de prórroga del contrato de arrendamiento. El derecho de retracto es un beneficio del arrendatario al que podía renunciar la sociedad demandante cuando contrató el arrendamiento, y así lo hizo, pactando en el contrato que el arrendamiento no produjera el efecto de hacer nacer el derecho de retracto. Como este pacto debe considerarse válido y vigente, se ha de concluir que la demandante no tenía ni podía ejercitar el derecho de retracto de que se trata.

Sentencia de 20 de abril de 1994 (Sección 7.º). RGD, octubre-noviembre 1994, núms. 601 y 602, pp. 11555 a 11562.

Ponente: limo. Sr. D. José Francisco Beneyto García-Robledo

El cómputo del plazo de la acción de retracto de comuneros comienza desde que los actores conocieron con detalle las condiciones y precio de la venta judicial al haber tenido conocimiento de la subasta con anterioridad a la fecha oficial y fehaciente de la inscripción registral.

Fundamentos de Derecho

Cuarto.—Entrando en cuestión de fondo, y con consideración de lo dispuesto en el artículo 1.524 del Código Civil y de lo declarado en la Jurisprudencia del Tribunal Supremo, sobre el cómputo del plazo de caducidad de los nueve días (naturales), desde la inscripción en el Registro de la escritura de compra por el tercero, y salvo que se acreditare haber tenido el retrayente «conocimiento» cumplido y cabal, y con todas sus condiciones y pactos, como para poder subrogarse en ella) de la compraventa del comunero efectuado a un extraño; este Tribunal no puede compartir, sin embargo, el planteamiento de la parte demandada, en oposición a la acción de retracto ejercitada de contrario, y entendiendo dicha parte que la solicitud y la celebración de la misma del «acto conciliatorio» exigido en el viejo precepto de la Ley de Enjuiciamiento Civil y como «ejercicio en forma» de la acción de retracto respecto a «M.», se habían producido extemporáneamente en concreto, casi dos años después de la presentación de la demanda inicial de juicio de retracto e imputable ese retraso tan solo a los retrayentes (una vez que exigida por el Juzgado la justificación del resultado del acto de conciliación en la providencia de 16 de julio de 1990)...

Por otra parte, hoy ya sin virtualidad esa exigencia de justificación del acto conciliatorio, como celebrado, o como intentado sin efecto, acordada por el Juzgado en fecha 26 de julio de 1990 (folio 21), y condicionando la prosecución del juicio de retracto a la aportación, por la parte retrayente, de la oportuna certificación sobre su celebración; puesto que, ya explicada en la Exposición de Motivos de la Ley de Reforma Procesal 34/1984, la consideración de la conciliación en lo sucesivo «meramente facultativa», y ello, el haber resultado la institución poco satisfactoria según la «experiencia», ha sido la Jurisprudencia del Tribunal Supremo (sentencias de 21 de marzo de 1990 y 20 de mayo de 1991) la que ha venido después a entender la conciliación en el juicio de retracto como carente de «razón de ser», su falta de celebración ya no determinante de indefensión alguna, y el precepto de la Ley rituaria «tácitamente derogado», por ello, sin determinar su inobservancia o falta de celebración «nulidad» alguna, calificándose incluso la conciliación en el retracto (como justificación de su tácita abrogación por la Novela 34/1984) de «mero residuo» normativo, «olvidado por el Legislador, sin virtualidad procesal eficaz, y con equivalencia de entenderse tácitamente derogado, pues en función de los Tribunales de Justicia la adecuación, a la realidad social de los tiempos presentes, de la normativa vigente y evitar situaciones dispares que por si no conjugan y se presentan con todas las apariencias gravosas y, en cierto sentido, inútiles», y concluyendo, el mismo Alto Tribunal, que el acto de conciliación, con consignación del precio y como instrumento procesal idóneo y en cuanto modo adecuado para el «ejercicio del derecho de retracto», había que referirlo exclusivamente a las acciones postuladas antes de aquella Ley de 1984, por suprimida al presente su obligatoriedad. Y ello, con independencia de los alegatos de la parte apelada-demandada, de haberse demorado caprichosa y unilateralmente, por los actores, la celebración de la conciliación, y hasta casi dos años después del acuerdo judicial (exigiendo la justificación documental de celebrada la misma, en acatamiento del precepto de la Ley adjetiva), e incluso al margen del criterio de la misma parte demandada, de haberse tratado como de «interrumpir» por los retrayentes y de alguna manera (con peticiones de certificaciones inútiles, testimonio de los documentos de la demanda, en fecha 10 de abril de 1991, y folio 22, testimonio del poder acompañado a la demanda, en fecha 29 de junio de 1991, folio 24), un plazo que, como de «caducidad» y de automática «decadencia de un derecho», ni la posibilidad de la reanudación del cómputo, luego de tan intrascendentes peticiones; puesto que, como ya se dijo, el «ejercicio de la acción de retracto» se hizo temporánea y oportunamente en fecha 6 de julio de 1990, dentro en principio del plazo de los nueve días subsiguientes a la inscripción registral de la compra por «M.», también, con consignación del precio conocido (innecesaria un «reembolso» que podría se consecuencia en su caso del subsiguiente y ulterior allanamiento a la demanda, de la retractada, y una vez que concedido esta el trámite de contestación), y, en fin, con ofrecimiento por su parte de abonarse los pagos y gastos legítimos que se acreditaren sufragados; siendo cosa bien diferente de ello, el ejercicio en su tiempo o no de esa misma acción, pero utilizándose al efecto el plazo alternativo impuesto por la normativa legal y por la doctrina jurisprudencial, el de los nueve días naturales, pero computados desde que se tuvo «conocimiento cabal» de la compraventa ajena, base del retracto, y si es que se hubiera tenido con anterioridad a la fecha oficial y fehaciente de la inscripción registral.

BIBLIOGRAFÍA CONSULTADA

Alas, de Buen y Ramos:

De la prescripción extintiva, Madrid, 1918.

ALBALADEJO GARCÍA, M.:

Derecho Civil, t. 1, vol. 2, 10.ª. edic., Bosch, Barcelona, 1989.

Derecho Civil, t. III, vol. 1 y vol. 2., 8.ª edic., Bosch, Barcelona, 1994.

ARECHEDERRA ARANZADI, L. I.:

«Fianza y bienes de conquista». Revista de Derecho Mercantil 1987, pp. 63 ss.

BARBER CARCAMO, R.:

El retracto gentilicio, Montecorvo, Madrid, 1991.

BELLO JANEIRO, D.:

La defensa frente a tercero de los intereses del cónyuge en la sociedad de gananciales, Bosch, Barcelona, 1993.

«Comentario a la Disposición Adicional Décima», en *La nueva Ley de Arrendamientos Urbanos,* dirigido por V. GUILARTE GUTIÉRREZ, Lex Nova, Valladolid, 1994.

El retracto de comuneros y colindantes en el Código Civil, Aranzadi, Pamplona, 1995.

«Comentario a la STS de 8 de junio de 1995», CCJC 1995, n. 39.

BERCOVITZ RODRÍGUEZ-CANO, R.:

«Comentario a la STS de 30 de mayo de 1984», CCJC 1984, n. 6, p. 1817 ss.

«Comentario al artículo 31», en *Comentarios a la Ley de Arrendamientos Urbanos,* coordinados por el mismo autor, Aranzadi, Pamplona, 1995.

BORREL Y SOLER, A. M.:

El contrato de compraventa según el Código Civil español, Bosch, Barcelona, 1952.

CALVO VIDAL, F. M.:

«Comentario al artículo 31» en *La nueva Ley de Arrendamientos Urbanos,* dirigido por V. GUILARTE GUTIÉRREZ, Lex Nova, Valladolid, 1994.

CÁMARA ÁLVAREZ, M. DE LA:

Comentario del Código Civil, Ministerio de Justicia, T. I, art. 1607, pp. 2503 a 2506, 2.ª edic., Madrid, 1993.

CASALS COLLDECARRERA, M.:

El retracto en los arriendos de fincas rústicas, Bosch, Barcelona, 1946.

CASTAN TOBEÑAS, J.:

Derecho civil español, común y foral, t. IV, Reus, Madrid, 15.ª edic., 1993, revisada y puesta al día por FERRANDIS VILELLA, J.

CASTRO Y BRAVO, F. DE:

Temas de Derecho Civil, Marisal, Madrid, 1972.

CLAVERÍA GOSÁLBEZ, L.H.:

La confirmación del contrato anulable, Studia Albornotiana, Bolonia, 1977.

CLEMENTE DE DIEGO, F.:

Instituciones de Derecho Civil, Madrid, 1929.

«Del derecho de retracto: ¿Desde cuándo ha de empezarse a contar el plazo de nueve días que para su ejercicio conceden las leyes? Cual sea el verdadero momento inicial de dicho plazo», Revista de Derecho Privado, 1919, pp. 335 ss.

COBACHO GÓMEZ, J.A.:

«Comentario a la STS de 21 de octubre de 1985», CCJC 1985, n. 9, p. 3021 ss. «El plazo para el ejercicio del retracto de comuneros (Comentario a la STC 54/1994, de 24 de febrero)», Derecho Privado y Constitución, año 2, número 3, 1994, pp. 267 ss.

COCA PAYERAS, M.:

Tanteo y retracto, función social de la propiedad y competencia autonómica, Cometa, Bolonia-Zaragoza, 1988.

«Comentario a la STS de 28 de junio de 1991», CCJC 1991, n. 27, pp. 812 ss.

CORDÓN MORENO, F.:

«Los presupuestos del juicio de retracto», Ar. C., n.º 1, abril 1995, pp. 11 a 24.

CORTÉS DOMÍNGUEZ, V./GIMENO SENDRA, V./MORENO CATENA, V.:

Derecho Procesal. Proceso Civil, tirant lo blanch, Valencia, 1993.

CUBELLS ROIG, E.:

«La subasta y el retracto *ex lege*», RGD, mayo 1993, n. 584, pp. 4371 a 4384.

CUESTA SAENZ, J. M.ª.:

«Comentario a la STS de 10 de octubre de 1988», CCJC 1988, n. 18, p. 878 ss.

DELGADO ECHEVERRÍA, J.:

«Comentario a las SSTS de 19 de enero y 16 de febrero de 1987», CCJC, 1987, n. 13, pp. 4325 ss.

DÍAZ AMBRONA BARDAJÍ, M.ª. J.:

«El silencio en la teoría del negocio jurídico (Notas a la Sentencia del Tribunal Supremo de 19 de diciembre de 1990)», AC 1991/4, pp. 667 ss.

DÍEZ PICAZO, L./ GULLÓN BALLESTEROS, A.:

Sistema de derecho civil, vol. III, Tecnos, Madrid, 5.ª. edic., 1990.

FERNÁNDEZ ARROYO, M.:

«Una aproximación al estudio del retracto legal en el Código Civil español», Anuario de la Facultad de Derecho de la Universidad de Extremadura, Cáceres, n. 10, 1992, pp. 243 ss.

GARCÍA AMIGO, M.:

«Derechos reales de adquisición (Notas para una teoría general)», Revista de Derecho Privado 1976, pp. 99 ss.

GARCÍA CANTERO, G.:

Comentarios al Código Civil y Compilaciones Forales, dirigidos por ALBALADEJO GARCÍA, M. Y DÍAZ ALABART, S., tomo XIX, 2.ª edición, Edersa, Madrid, 1991.

GÓMEZ CORRALIZA, B.:

«Comentarios jurisprudenciales sobre la caducidad», La Ley 1988/4, pp. 800 ss. *La caducidad,* Montecorvo, Madrid, 1990.

GÓMEZ ORBANEJA, E.:

Derecho Procesal Civil, vol. 1.º, Artes Gráficas y Ediciones, Madrid, 8.ª edic., 1979.

GUILARTE GUTIÉRREZ, V.:

«Comentario a la STS de 7 de diciembre de 1989», CCJC 1990, n. 22, pp. 103 ss.

LACRUZ BERDEJO, J.L./ SANCHO REBULLIDA, F. DE A./LUNA SERRANO, A./ DELGADO ECHEVERRÍA, J./RIVERO HERNÁNDEZ, F./ RAMS ALBESA, J./ MENDOZA OLIVÁN, V.:

Elementos de derecho civil, t. III, vol. 2.º, 2.ª edic., Bosch, Barcelona, 1991.

LETE DEL RÍO, J. M.:

«Comentario al artículo 25» y «Comentario a la Disposición Adicional Décima», en *Comentarios a la nueva Ley de Arrendamientos Urbanos (Ley 29/1994, de 24 de noviembre)*, dirigidos por X. O'CALLAGHAN MUÑOZ, Edersa, Madrid, 1995.

LLEDÓ YAGÜE, F.:

«Comentario a la STS de 20 de mayo de 1993», CCJC, 1989, pp. 139 a 147.

MANRESA, J. M.ª.:

«Retracto de colindantes, cuando se realiza la venta sin escritura pública», RGLJ 1899, pp. 445 ss.

MANRESA Y NAVARRO, J. M.ª.:

Comentarios a la Ley de Enjuiciamiento Civil, t. VI, 5.ª edic., revisada por RIVES Y MARTÍ, F. DE P., Reus, Madrid, 1929.

Comentarios al Código Civil español, t. X, vol. 1, 6.ª. edic., revisada por BLOCH, J. M.ª., Reus, Madrid, 1969.

Montero Aroca/Ortells Ramos/ Gómez Colomer:

Derecho Jurisdiccional, t. II, vol. 1.º, Bosch, Barcelona, 3.ª edic., 1993.

MUCIUS SCAEVOLA:

Código Civil comentado y concordado extensamente, t. XXIII, 2.ª. edic., revisada por BONET RAMÓN, F., Reus, Madrid, 1970.

O'CALLAGHAN MUÑOZ, X.:

Compendio de Derecho Civil, t. I, 2.ª edic., Edersa, Madrid, 1992.

Compendio de Derecho Civil, t. III, 2.ª edic., Edersa, Madrid, 1985.

«La multipropiedad: su acceso al Registro de la Propiedad. Comentario a la RDGRN de 4 de marzo de 1993», Actualidad y Derecho, 1993, pp. 3 ss.

OLIVA, A. DE LA/FERNÁNDEZ LÓPEZ, M. A.:

Derecho Procesal Civil, vol. IV, Editorial Centro de Estudios Ramón Areces, 1.ª reimpresión de la 3.ª edic., Madrid, 1993.

PANTALEÓN PRIETO, F.:

«Comentario a la STS de 7 de julio de 1983», CCJC 1983, n. 3, pp. 825 ss. «Comentario a la STS de 9 de diciembre de 1983», CCJC 1984, n. 4, pp. 1 195 ss. «Comentario a la STS de 22 de septiembre de 1984», CCJC 1984, n. 6, pp. 1979 ss.

PARA MARTÍN, A.:

«Comentario al artículo 31» en *Comentarios a la nueva Ley de Arrendamientos Urbanos (Ley 29/1994, de 24 de noviembre)*, dirigidos por X. O'CALLAGHAN MUÑOZ, Edersa, Madrid, 1995.

PASQUAU LIAÑO, M.:

«La protección de los disidentes en el régimen de acuerdos de la Ley de Propiedad Horizontal», AC 1987/1, pp. 1057 ss.

PÉREZ ARDÁ, E.:

«Del plazo en los retractos legales», RGLJ 1907, t. 111, pp. 502 ss.

PÉREZ GONZÁLEZ, B./ ALGUER, J.:

Anotaciones al Tratado de Derecho Civil de Ennecerus/Kipp/Wolf t. III, vol. 2, 3.ª edic., Bosch, Barcelona, 1971.

PRIETO CASTRO Y FERRÁNDIZ, L.:

Tratado de Derecho Procesal Civil, t. I, Aranzadi, Pamplona, 2.ª edic., 1985.

Tratado de Derecho Procesal Civil, t. II, Aranzadi, Pamplona, 2.ª edic., 1986.

PUIG BRUTAU, J.:

Caducidad y prescripción extintiva, Bosch, Barcelona, 1986.

RAMOS MÉNDEZ, F.:

Derecho procesal civil, t. 1 y t. II, 5.ª edic., Bosch, Barcelona, 1992.

REINO CAAMAÑO, J.:

«El retracto legal y la libre contratación», RGLJ, 1918, pp. 274 y ss.

REBOLLEDO VARELA, A. L.:

Comentario del Código Civil. Ministerio de Justicia, t. II, arts. 1521 a 1526, pp. 1006 a 1019, 2.ª edic., Madrid, 1993.

REGLERO CAMPOS, L. F.:

«Comentario a la Disposición Adicional Décima», en *Comentarios a la Ley de Arrendamientos Urbanos,* coordinados por R. BERCOVITZ RODRÍGUEZ-CANO, Aranzadi, Pamplona, 1995.

ROCA TRÍAS, E.:

«Comentario a la STS de 23 de diciembre de 1983», CCJC 1984, n. 4, pp. 1219 ss.

RODRÍGUEZ MORATA, F. A.:

«Comentario al artículo 25» en *Comentarios a la Ley de Arrendamientos Urbanos,* coordinados por R. BERCOVITZ RODRÍGUEZ-CANO, Aranzadi, Pamplona, 1995.

RUBIO TORRANO, E.:

El pacto de retroventa, Tecnos, Madrid, 1990.

«Comentario a la STS de 14 de abril de 1989», CCJC 1989, n. 20, pp. 497 ss. *Comentario del Código Civil.* Ministerio de Justicia, t. II, arts. 1506 a 1520, pp. 988 a 1006, 2.ª edic., Madrid, 1993.

SANTOS VIJANDE, J. M.ª.:

«El derecho y la acción de retracto: su caducidad», La Ley 1988/2, pp. 1172 ss.

SERRA DOMÍNGUEZ, M.:

«Proceso de retracto», en *Estudios de Derecho Procesal,* Ariel, Barcelona, 1969.

SERRANO GARCÍA, F. J.:

«Comentario al artículo 31» en *La nueva Ley de Arrendamientos Urbanos,* dirigido por V. GUILARTE GUTIÉRREZ, Lex Nova, Valladolid, 1994.

TOMÉ PAULE, J.:

«El ejercicio del retracto legal frente a las ventas judiciales», Revista de Derecho Procesal 1965, p. 99 ss.

TORRES GARCÍA, T. F.:

«Comentario a la STS de 10 de marzo de 1986», CCJC 1986, n. 11, pp. 3572 ss.

VALVERDE Y VALVERDE, C.:

Tratado de Derecho Civil español, T. I, Parte General, Valladolid, 1909.

VATTIER FUENZALIDA, C.:

«Comentario a la STS de 11 de junio de 1991», CCJC, 1991, n. 26, pp. 66 ss.

El plazo de la acción de retracto legal
de Domingo Bello Janeiro
se imprimió en España en julio de 2022.

www.ingramcontent.com/pod-product-compliance
Lightning Source LLC
Chambersburg PA
CBHW061357240926
51846CB00007B/1439
9789564072371